本项目受国家自然科学基金委员会重大研究计划
"非常规突发事件应急管理研究"资助

"非常规突发事件应急管理研究"指导专家组

组　　长：范维澄
副组长：闪淳昌
专　　家：汪寿阳　刘铁民　王飞跃　孟小峰　王　垒　周晓林

总主编 杨 卫

非常规突发事件
应急管理研究

Unconventional Emergency Management Research

非常规突发事件应急管理研究项目组 编

ZHEJIANG UNIVERSITY PRESS
浙江大学出版社

总　序

　　合抱之木生于毫末，九层之台起于垒土。基础研究是实现创新驱动发展的根本途径，其发展水平是衡量一个国家科学技术总体水平和综合国力的重要标志。步入新世纪以来，我国基础研究整体实力持续增强。在投入产出方面，全社会基础研究投入从 2001 年的 52.2 亿元增长到 2016 年的822.9 亿元，增长了 14.8 倍，年均增幅 20.2%；同期，SCI 收录的中国科技论文从不足 4 万篇增加到 32.4 万篇，论文发表数量全球排名从第六位跃升至第二位。在产出质量方面，我国在 2016 年有 9 个学科的论文被引用次数跻身世界前两位，其中材料科学领域论文被引用次数排在世界首位；近两年，处于世界前 1% 的高被引国际论文数量和进入本学科前 1‰ 的国际热点论文数量双双位居世界排名第三位，其中国际热点论文占全球总量的25.1%。在人才培养方面，2016 年我国共 175 人（内地 136 人）入选汤森路透集团全球"高被引科学家"名单，入选人数位列全球第四，成为亚洲国家中入选人数最多的国家。

　　与此同时，也必须清醒认识到，我国基础研究还面临着诸多挑战。一是基础研究投入与发达国家相比还有较大差距——在我国的科学研究与试验发展（R&D）经费中，用于基础研究的仅占 5% 左右，与发达国家15%~20% 的投入占比相去甚远。二是源头创新动力不足，具有世界影响力的重大原创成果较少——大多数的科研项目都属于跟踪式、模仿式的研究，缺少真正开创性、引领性的研究工作。三是学科发展不均衡，部分学科同国际水平差距明显——我国各学科领域加权的影响力指数（FWCI 值）在 2016 年刚达到 0.94，仍低于 1.0 的世界平均值。

中国政府对基础研究高度重视，在"十三五"规划中，确立了科技创新在全面创新中的引领地位，提出了加强基础研究的战略部署。习近平总书记在 2016 年全国科技创新大会上提出建设世界科技强国的宏伟蓝图，并在 2017 年 10 月 18 日中国共产党第十九次全国代表大会上强调"要瞄准世界科技前沿，强化基础研究，实现前瞻性基础研究、引领性原创成果重大突破"。国家自然科学基金委员会作为我国支持基础研究的主渠道之一，经过 30 多年的探索，逐步建立了包括研究、人才、工具、融合四个系列的资助格局，着力推进基础前沿研究，促进科研人才成长，加强创新研究团队建设，加深区域合作交流，推动学科交叉融合。2016 年，中国发表的科学论文近七成受到国家自然科学基金资助，全球发表的科学论文中每 9 篇就有 1 篇得到国家自然科学基金资助。进入新时代，面向建设世界科技强国的战略目标，国家自然科学基金委员会将着力加强前瞻部署，提升资助效率，力争到 2050 年，循序实现与主要创新型国家总量并行、贡献并行以至源头并行的战略目标。

"中国基础研究前沿"和"中国基础研究报告"两套丛书正是在这样的背景下应运而生的。这两套丛书以"科学、基础、前沿"为定位，以"共享基础研究创新成果，传播科学基金资助绩效，引领关键领域前沿突破"为宗旨，紧密围绕我国基础研究动态，把握科技前沿脉搏，以科学基金各类资助项目的研究成果为基础，选取优秀创新成果汇总整理后出版。其中"中国基础研究前沿"丛书主要展示基金资助项目产生的重要原创成果，体现科学前沿突破和前瞻引领；"中国基础研究报告"丛书主要展示重大资助项目结题报告的核心内容，体现对科学基金优先资助领域资助成果的系统梳理和战略展望。通过该系列丛书的出版，我们不仅期望能全面系统地展示基金资助项目的立项背景、科学意义、学科布局、前沿突破以及对后续研究工作的战略展望，更期望能够提炼创新思路，促进学科融合，引领相关学科研究领域的持续发展，推动原创发现。

积土成山，风雨兴焉；积水成渊，蛟龙生焉。希望"中国基础研究前沿"和"中国基础研究报告"两套丛书能够成为我国基础研究的"史书"记载，为今后的研究者提供丰富的科研素材和创新源泉，对推动我国基础研究发展和世界科技强国建设起到积极的促进作用。

第七届国家自然科学基金委员会党组书记、主任

中国科学院院士

2017 年 12 月于北京

前　言

　　我国的公共安全与应急管理自 2003 年"非典"爆发后得到了更为广泛的关注和重视，国务院办公厅专门成立了突发公共事件应急预案工作小组，重点推动突发公共事件"一案三制"工作。2006 年，国务院发布《国家突发公共事件总体应急预案》；2007 年，《中华人民共和国突发事件应对法》颁布实施；此外，国务院在各个领域发布了一系列有关突发事件应急管理的政策性文件。党的十六大、十七大、十八大和十九大报告均强调了要完善公共安全和应急管理体系。习近平总书记在中共中央政治局第二十三次集体学习时强调，要编织全方位、立体化的公共安全网。

　　针对国家公共安全与应急管理的重大需求和前沿基础科学研究需求，国家自然科学基金委员会于 2009 年启动了"非常规突发事件应急管理研究"重大研究计划，遵循"有限目标、稳定支持、集成升华、跨越发展"的总体思路，围绕应急管理中的重大战略领域和方向开展创新性研究，通过顶层设计，着力凝练科学目标，积极促进学科交叉，培养创新人才。该重大研究计划共资助项目 121 项，包括培育项目 92 项、重点支持项目 25 项、集成项目 4 项，资助总经费 1.2 亿元，全部资助项目已于 2017 年底顺利结题。8 年里，在多个学科的科学家的共同努力下，本重大研究计划聚焦非常规突发事件的信息处理与演化规律建模、非常规突发事件的应急决策理论以及紧急状态下个体和群体的心理与行为反应规律三大核心科学问题，系统运用管理学、信息学、心理学等相关学科的理论方法，通过相关多学科的观测、实验和理论创新与综合集成，取得了系列创新性研究成果，推进了中国非常规突发事件应急管理领域的跨越式发展，为国家应急管理决策提供了坚实的科学基础。同时，该重大研究计划推动了"安全科学与工程"一级学科和"公共安全科学技术学会"一级学会等的设立和建设，并提高了我国公共安全与应急管理在国际学术界的声望。

2014 年，我国正式成立中央国家安全委员会。2015 年 7 月，第十二届全国人民代表大会常务委员会第十五次会议通过了《中华人民共和国国家安全法》，这标志着我国对安全问题的重视提升到了一个新的战略高度。当前我国仍处在突发事件易发、频发和多发阶段，维护安全的任务重要而艰巨，公共安全和应急管理科研工作任重道远。

为了更广泛地和广大科研人员、应急管理工作者以及关心、关注公共安全和应急管理问题的公众分享重大研究计划的研究成果，在国家自然科学基金委员会管理科学部的支持下出版此书，希望能为公共安全与应急管理领域的研究和探索提供更有力的支持。

2018 年 12 月·北京

目 录

第1章 项目概况

1.1 项目介绍

"非常规突发事件应急管理研究"重大研究计划（以下简称本重大研究计划）是国家自然科学基金委员会"十一五"期间启动的第二批重大研究计划。自 2009 年 2 月正式启动以来，本重大研究计划共资助项目 121 项，包括培育项目 92 项、重点支持项目 25 项、集成项目 4 项，资助总经费 1.2 亿元，全部资助项目已于 2017 年底顺利结题。

突发事件是指在短时间内突然发生，对社会与公众生命财产产生严重负面影响的事件，可以表现为自然灾害、事故灾难、公共卫生事件和社会安全事件等。非常规突发事件是指前兆不充分，并表现出时间稀有性、时间紧迫性、后果严重性等明显的复杂性特征，采用常规管理方式难以应对处置的突发事件。现代文明社会是由人类与自然组成的耦合系统，呈现出复杂巨系统的典型特征，而越复杂的系统往往越脆弱。近年来，非常规突发事件呈高频次、多领域发生的复杂态势。在我国目前的发展目标下，如何提高对现代条件下灾害事故特点与科学规律的理解和认识，从而加强预防和处置突发事件的能力以及防灾减灾能力，是为保障国家管理正常运行以及社会良性发展而亟待解决的重要问题。

自党的十六大以来，我国政府全面加强了应急管理工作。2006年1月，国务院发布《国家突发公共事件总体应急预案》，全国应急预案体系基本形成；2007年8月，第十届全国人民代表大会常务委员会第二十九次会议通过了《中华人民共和国突发事件应对法》，以该项法案为核心的应急管理法律体系框架逐步形成；2007年，党的十七大报告中要求，"坚持安全发展"，"完善突发事件应急管理机制"；2008年国务院政府工作报告指出，要"加强应急体系和机制建设，提高预防和处置突发事件能力"。

本重大研究计划立项前，相关研究主要部署在技术和工程层面，较少涉及应急管理的科学问题。学界对"预测－应对"型问题研究较多，对"情景－应对"型问题没有给予高度重视，缺乏支撑应对决策环节的应急管理科学系统研究，且针对跨学科内容的研究比较薄弱。本重大研究计划以应急决策环节为核心，组织交叉学科研究，将"国情特征"作为非常规突发事件应急管理研究的基本参量，并考虑特殊的事件约束条件——实时性、极端环境、资源紧张、信息缺失或过载、心理压力、利益冲突、系统结构复杂，将多学科的研究成果综合集成到非常规突发事件应急管理体系之中，旨在为国家应急管理决策提供坚实的科学基础。

1.1.1 项目部署

本重大研究计划项目面向重大工程、大科学问题、大模拟平台，实现"集成、升华、跨越"，遵循"有限目标、稳定支持、集成升华、跨越发展"的基本指导思想，体现"依靠专家、科学管理、环境宽松、有利创新"的宗旨，构建可持续平台与集成系统。

在实施本重大研究计划的8年内，遵循既定目标，分阶段推进研究计划。①立项研究阶段（2009—2011年）：实行边研究边集成的创新思路，对集成项目、培育项目、重点支持项目并行资助。②中期评估（2011年）：

根据中期评估的意见，对研究计划提出调整方案，为后阶段项目研究奠定基础。③中期评估后（2011—2017 年）：选择对实现研究计划总体目标有决定作用的研究方向，设立总集成项目，对于现实热点问题，以重点支持项目的形式予以资助。

根据研究目标和科学问题，本重大研究计划资助项目共计 121 项，包括培育项目 92 项（包括一般培育项目 53 项、小型集成平台项目 23 项、调增培育项目 6 项、于田地震应急项目 2 项、丛书出版项目 1 项、结束评估项目 7 项），重点支持项目 25 项，集成项目 4 项。其中，培育项目和重点支持项目根据非常规突发事件的信息处理与演化规律建模、非常规突发事件的应急决策理论以及紧急状态下个体和群体的心理与行为反应规律三个核心科学问题划分。

1.1.2 综合集成

本重大研究计划鼓励不同项目间开展实质性的多学科交叉，基于各项目研究成果设立小集成项目，部署新项目与整合集成在研项目相结合，设立 4 项集成项目：非常规突发事件动态仿真与计算实验系统集成研究；突发事件应急预案与应急准备集成研究；国家应急平台体系基础科学问题集成升华研究；非常规突发事件应急管理总集成升华研究。它们的布局和实施思路如下。

（1）非常规突发事件动态仿真与计算实验系统集成研究

该集成项目在本重大研究计划前期的培育项目和重点支持项目的研究成果的基础上开展集成研究，重点突破非常规突发事件动态仿真与计算相关的科学和技术问题，构建人工社会模型，优化算法进而开展仿真推演，以实现非常规突发事件动态仿真与计算实验的重点跨越。具体研究内容包括以下几个方面。①突发事件应急管理建模方法与技术：针对疫情事件、舆情事件、核生化事件等非常规突发事件，运用面向应急管理的多范式建模方法进行建模。②人工社会构建方法与技术：采用模型驱动架构（model driven architecture，MDA）思想，基于模型框架进行形式化、显式化设计，实现领域模型。③大规模人工社会计算实验方法与技术：提出面向平行应急管理计算实验的多租户云服务技术，面向人工社会的云仿真资源管理和调度方法，以及面向大规模人工社会仿真的中央处理器（CPU）/图形处理器（GPU）异构计算加速方法。④面向应急管理的平行系统技术：提出大数据信息实时感知与处理方法、异构数据深度融合方法、社会网络分析与关联挖掘方法、人工社会计算实验中的数据挖掘方法等一系列面向应急管理的平行系统技术，实现人工社会与真实社会间的信息交互。⑤非常规突发事件动态仿真与计算实验：进行计算实验，为总集成平台的决策提供特定情景的演化过程演示，实现情景演化，完善平台功能性能，集成模型和数据。

（2）突发事件应急预案与应急准备集成研究

该集成项目针对我国突发事件应急预案针对性、实用性和可操作性不足以及各级政府的应急建设（风险评估、基础设施、应急演练等）欠缺等问题，以仿真系统集成项目获取非常规事件的总体描述为基础，辅以应急决策理论的研究为指导，重点突破应急预案体系与应急准备体系的相关理论和科学问题，提供应急预案编制及修订指南，完成相关的决策理论、系统和实践验证，以实现突发事件应急预案与应急准备的重点跨越。具体研究内容包括以下几个方面。①突发事件风险与脆弱性评估理论与方法：提出了系统脆弱性分析及安全防御系统设计模型，建立了多层次网络输入输出模型和应急策略，提出了脆弱性系统的保护策略和方法。②重特大突发事件情景构建的理论与方法：提出了重特大突发事件情景构建的理论与方法，形成了预案评估指标体系和评估方法。③应急预案体系优化与完善的理论与方法：提出了符合国情的应急预案体系框架和核心要素、预案体系演化模型、预案数字化管理策略以及城市关键基础设施保护计划编制理论与方法。④应急预案有效运行的理论、方法与模型：构建了基于"情景－任务－能力"的应急演练评估方法和模型，提出了不确定性背景下应急资源动态调配模型，提出了区域人群系统失稳的临界条件、失稳过程及演化机制，设计开发了以"情景－能力－预案－推演"为主线的预案集成系统平台原型系统。

该集成项目将各方面研究成果以案例库、知识库、数据库、模型库等形式，集成到"应急预案集成运行与展示平台"，进行成果集成、完善和展示。选择有代表性的非常规事件情景，对应急准备与应急预案体系方面的研究成果进行综合集成展示，以反映研究成果对应急管理实践可能产生的效果。

（3）国家应急平台体系基础科学问题集成升华研究

该集成项目面向非常规突发事件应急平台建设的重大国家需求，解决国家应急平台体系的基础学科问题，紧密围绕核心科学问题，重点围绕模型推演、数据融合、案例推演、心理行为演化，为构建"情景－应对"型应急决策理论方法，从综合集成升华研究方面，围绕网络集成、计算集成、应用系统集成来进行搭建，构建"情景－应对"型应急决策理论方法，主要进行数据集成、决策模型和心理行为三个方面的研究。①数据集成：主要集成多渠道（新闻、微博、社会网络）信息监控和多阶段预警（潜在事件和虚假信息识别、事件演化和关键点预警）的应急信息管理模型，网络可视数据流的实时挖掘模型，话题识别与跟踪、文本情感倾向性分析和舆情预警模型，时序文本流突发事件检测模型等。②决策模型：主要集成国家应急平台体系技术原型系统，水灾害应急管理综合集成研讨应用平台，非常规突发事件应对集群决策的询议决模型及地铁建设安全应急辅助决策支持系统，生物恐怖事件演化发展过程重构模型与系统，洪水应急决策模拟原型系统（以三峡区域洪水为背景），人工社会和计算实验相结合的专用疫情应急原型系统及相应模型库、案例库和知识库，突发事件动态演化和应急处置推演模型，自然灾害应急救助数字化应急预案系统，态势评估模型和非常规突发事件社会影响及态势发展预测与评价系统，大规模人群疏散网络模型，基于事件链、预案链的预测预警和应急决策模型，多方在线会商模式，区域大规模疏散模型与仿真系统，蓄意致灾事件的应急决策模型与系统，大范围传染病传播动力学模型，情景导向式应急决策方法与模型，基于案例推理的非常规突发事件的动态预测与决策方法与模型，一体化应急资源保障模型和应急资源调配仿真平台，应急资源调配优化模型等。③心理行为：主要集成应激心理和生理响应特征以及应激－应对模型，复杂网络环境下突发事件谣言传播动力学和群体行为特征的模型，突发性疫情情况下个体风险感知、群体风险感知和应对特征，救援人员的个体抗逆力和组织抗逆力模型等。

（4）非常规突发事件应急管理总集成升华研究

在上述三个集成项目的成果的基础上，建立一个总集成平台，使之与国家应急体系的相关平台（如国家应急平台体系等）对接，研发、集成、验证最新的基础研究成果并直接服务于国家应急体系，为国家科学、有序、高效应对非常规突发事件提供科学基础、技术支持和决策参考。

"非常规突发事件动态仿真与计算实验系统集成研究"项目将为总集成平台提供非常规突发事件的典型情景反演及计算实验结果，"突发事件应急预案与应急准备集成研究"项目将为总集成平台提供应对决策中预案方面的理论基础，"国家应急平台体系基础科学问题集成升华研究"项目将为总集成平台提供应对决策中技术层面的工具和实现平台。因此，需要加强上述三个集成项目之间的需求沟通和内容协调，重点考虑集成平台的通用性和扩展性、规范化和标准化、共享性和交互性以及在集成后如何升华，从而实现更有效的对接和综合集成。具体研究内容包括以下两个方面。①"一本四全"综合风险研判。考虑"事件链－舆情传播－心理行为"耦合反馈的基本原理以及全风险、全过程、全方位、全社会，将物理性风险、社会性风险的演化过程进行动态呈现，确定风险发生、传播和扩散的关键节点和路径。通过事前干预、事中处置和风险传导机制，形成全风险、全过程的风险管理模式，揭示风险信息传导、物理传导、政策传导机制和非常规突发事件风险演化机理，建立非常规突发事件综合研判理论与方法体系。②全景式安全管理与协同决策范式。建立多主体、多目标、多任务协同决策与情景推演方法，揭示公共安全治理体系中政府、公众等各参与主体的认知－行为机理，建立网络空间与现实空间融合互动的应急管理和协同决策方法。

1.1.3 学科交叉情况

非常规突发事件应急管理的对象是一个开放的复杂巨系统，包含着丰富而深刻的复杂性科学问题。本重大研究计划需要管理科学、信息科学和心理行为科学等学科的交叉与融合。其理论基础属管理科学，重点包括应急管理、运筹学、决策理论与方法，以及决策支持系统技术等。数据集成的基础理论为信息科学，包括云计算、数据与知识管理、计算智能、数据挖掘以及管理信息系统等技术。心理行为科学体现意识心理学和神经科学的结合，从心理学角度关注个体的行为表现，从神经科学角度关注影响大脑机制的因素，并试图采集相关生物学指征。

据不完全统计，本重大研究计划涉及的学科方向包括：公共安全与危机管理；公共管理与公共政策；信息资源管理；决策理论与方法；信息系统与管理；评价理论与方法；预测理论与方法；管理心理与行为管理系统工程；风险管理技术与方法；组织行为与组织文化；信息理论与信息系统；信息处理方法与技术；计算机软件；计算机体系结构；计算机应用技术；信息安全；计算机网络；系统科学与系统工程；流行病学方法与卫生统计；心理学；神经生物学；认知科学；传染病流行病学；概率论与随机分析；数理统计；运筹学；应用数学方法；流体力学；基础物理学；传热传质学；燃烧学；环境工程；交通工程；防灾工程；水文水资源；地理信息系统；社会学；法学；民族问题研究；语言学；新闻学与传播学等。

因此本重大研究计划的学科交叉有三个特点：①学科类型众多，跨度极大；②一些基础学科的应用和发展，如统计物理基本理论和方法；③应用一些前沿理论方法，如社会计算、人工社会、复杂网络等。本重大研究计划的各个项目组由具有不同专业背景的研究人员构成，其在项目研究中充分发挥各自优势，优势互补。这样多学科、多部门的合作为本重大研究计划开展高水平的研究提供了有利的科研条件和宽广的研究视野。

本重大研究计划依托国家自然科学基金委员会管理科学部，与生命科学部、信息科学部都有密切联系和交叉。本重大研究计划聚集了我国不同学科相关研究的成果，初步形成一个新的交叉学科方向——应急管理交叉学科（二级学科），并推动了"安全科学与工程"一级学科的设立（见图1.1），完成了对应急管理从零散性到系统性研究的第一步跨越。

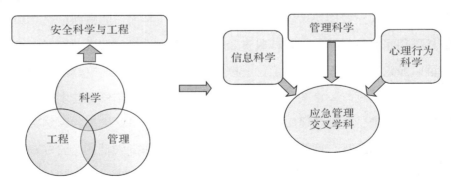

图 1.1　多学科交叉示意

1.1.4 指导专家组和管理工作组

本重大研究计划设置指导专家组和管理工作组，如表 1.1 和 1.2 所示。

表 1.1 指导专家组

组内职务	姓名	专业技术职务	专业	所在单位
组长	范维澄	院士	公共安全	清华大学
副组长	闪淳昌	参事	应急管理	国务院参事室
成员	汪寿阳	研究员	管理与决策	中科院数学与系统研究院
成员	刘铁民	研究员	安全科学	中国安全生产科学研究院
成员	王飞跃	研究员	自动化	中国科学院自动化研究所
成员	孟小峰	教授	数据处理	中国人民大学
成员	王垒	教授	心理行为	北京大学
成员	周晓林	教授	心理行为	北京大学

表 1.2 管理工作组

组内职务	姓名	专业技术职务	专业	所在单位
组长	李一军	教授	管理科学与工程	管理科学部
成员	高自友	教授	管理科学与工程	管理科学部
成员	曹河圻	副研究员	心理学	生命科学部
成员	刘克	教授	数据处理	信息科学部
成员	杨列勋	副研究员	管理工程	管理科学部
成员	王歧东	研究员	环境化学	计划局

1.2 研究情况

1.2.1 总体科学目标

本重大研究计划的总体科学目标如下：①集成多学科的观测、实验和理论成果，形成对应急管理中的核心环节"监测预警与应对指挥"的客观规律的深刻科学认识，并提供科学方法；②在非常规突发事件应对方式上有所突破，构建"情景 - 应对"型的非常规突发事件应急管理的理论体系，增强应急管理科技的自主创新能力；③提高国家应急管理体系（包括应急平台／预案体系）的科学性，为国家有序、高效应对非常规突发事件提供决策参考；④构建应急管理交叉学科，使其在国际应急管理科学领域居于重要地位，为我国应急管理培养创新型人才。

1.2.2 核心科学问题

本重大研究计划以国家公共安全发展形势与需求为导向，紧密结合国家安全和公共安全的重大战略规划，着力解决非常规突发事件的共性关键科学问题。围绕非常规突发事件应急管理的实践问题，攻克技术和工程层面的科学难题，设计非常规突发事件的核心科学问题框架，为国家应急平台和预案体系的"壳资源"注入科学内涵，直接辅助我国应急管理实践。本重大研究计划通过相关多学科的观测、实验和理论创新与综合集成，着重围绕非常规突发事件的信息处理与演化规律建模、非常规突发事件的应急决策理论以及紧急状态下个体和群体的心理与行为反应规律三个核心科学问题（其框架如图 1.2 所示）开展研究。

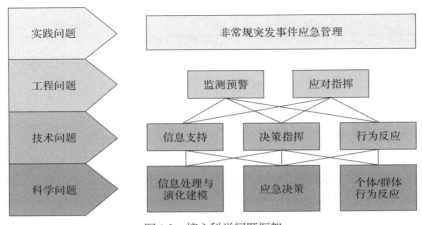

图 1.2 核心科学问题框架

（1）非常规突发事件的信息处理与演化规律建模

该核心科学问题针对非常规突发事件的可能前兆和事件演化过程中的海量、异构、实时数据，研究对这些信息进行收集获取、数据分析、传播、可视化和共享的科学问题，研究非常规突发事件演化规律的非传统（如数据驱动的、基于计算实验的）复杂性建模理论与方法。该核心科学问题可分为如下两个方面。

①非常规突发事件的信息处理。具体包括：地理空间/社会传感器网络构建理论和方法；面向应急管理的不确定与半/非结构化信息构造与挖掘方法；应急管理中数据清洗、挖掘、传播、可视化和共享原理；实时动态信息快速分析、数据缺失补偿的新理论和新方法；社会数据获取系统设计及信息监控分析方法；多平台异构数据集成管理理论与方法；基于多源动态信息和演化规律的事件重建方法。

②非常规突发事件的演化规律建模。具体包括：征兆信息的早期获取和分析新理论；异常数据与非常规突发事件演化的关系理论；非常规突发事件非完备信息建模理论与方法；非常规突发事件进程的影响因素识别、评估及作用机理；非常规突发事件间的衍生、次生及耦合的非线性动力学规律；非常规突发事件形成的复杂系统的解耦理论；城市生命线系统的复杂性及脆弱性理论。

（2）非常规突发事件的应急决策理论

该核心科学问题研究非常规突发事件应急的现场决策所蕴含的动态评估决策的理论方法；研究应急决策指挥体系、救援/执行体系、资源动员体系的组织设计、运行和评估理论及方法；研究面向多事件耦合与情景构建的综合决策支持系统技术平台。该核心科学问题可分为如下三个方面。

①应急评估、研判与决策理论及方法。具体包括：应急决策与非常规

突发事件演化的相互作用规律；非常规突发事件的全过程评估理论与方法；非常规突发事件的综合研判理论；冲突性多目标多阶段复杂动态应急决策模型；非常规突发事件的资源调度模型；基于复杂任务的动态协作规划与实时调整方法；非常规突发事件应对中的信息管制和公共沟通决策机制。

②应急指挥体系的组织设计与运作优化。具体包括：应急指挥体系的拓扑表达及其完备性和流程再造问题；应急决策体系的有效性评估理论和方法；应急预案的生成、调整和评估理论与方法；多主体多层级救援体系柔性组织和协调运行机制设计理论；财政－金融－捐助多方应急筹资机制与应急资金的动态优化筹集模式；应急供应链快速形成机制及全社会救援资源的筹集储备、协调补给、征用补偿和使用监督方法与机制。

③应急决策综合支持理论与方法。具体包括：非常规突发事件的情景构建和决策模拟原理、模型和仿真技术平台；基于非常规突发事件情景构造的应急决策支持系统的新原理和技术方法；应急情景决策演练技术系统设计理论和实现方法；应急决策信息系统和异构公共数据平台设计基础；应急决策支持系统的技术原型设计方法；应急决策支持平台的软硬件体系集成理论与方法；移动应急平台的设计理论及实现方法。

（3）紧急状态下个体和群体的心理与行为反应规律

该核心科学问题研究紧急状态下管理者、救援人员和民众等几类主要参与者的作为个体和群体的心理、行为反应规律。该核心科学问题可分为如下两个方面。

①压力环境对个体心理的作用机理。具体包括：个体对非常规突发事件的风险认知与决策特征及其心理影响因素；文化差异对个体风险认知和决策行为的影响；个体对非常规突发事件应激、情绪反应的心理和文化特征；个体对非常规突发事件及相关处置的态度形成、演化规律及干预；灾民行为和需求动态评估及管理策略；冲突条件下的群体认同感对个体行为

的影响规律；管理者应对非常规突发事件的心理素质 / 胜任力。

②突发事件中的群体行为。具体包括：群体的结构特征与演化规律；非常规突发事件中群体的自组织现象与干预机制；非常规突发事件中的群体社会认知和心理行为；社会变革中不稳定因素形成的社会心理动力学特征；复杂条件下超大规模人群的动态优化疏散问题；群体决策的策略转换与交互构建过程；应急决策缺陷对群体心理和社会稳定性的影响规律。

1.3　取得的重大进展

本重大研究计划在三个核心科学问题研究成果的基础上，进行集成升华，建立了全风险、全过程的"风险政务"模式，揭示了非常规突发事件风险演化机理，形成了短期和中长期监测预测预警方法与机制；揭示了安全事件的态势演化规律，并进行态势预判，形成了全景式安全管理与协同决策范式；揭示了公共安全治理体系中政府、公众等各参与主体的认知 – 行为机理，提出了应急管理领域的"中国方案"。本重大研究计划推进了非常规突发事件应急管理领域的跨越式发展，主要体现在非常规突发事件应对方式、应急模式、管理机制、影响范围四个方面（见图 1.3）。

非常规突发事件的基础研究为关键应急技术研发提供了理论基础。"十三五"国家重点研发计划已部署新一代应急平台、国家安全平台等技术研发，国家公共卫生应急平台体系 2.0、"中国 – WHO"公共卫生应急科技创新行动计划等也已提上日程。

本重大研究计划资助项目完成后的领域发展态势对比如表 1.3 所示。

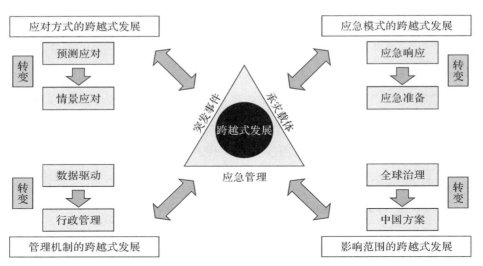

图 1.3　非常规突发事件应急管理领域的跨越式发展

表 1.1 项目完成后的领域发展态势对比

核心科学问题	子问题	计划启动时	计划结束时 国内研究状况	计划结束时 国际研究状况	与国际研究状况相比 的优势和差距
信息处理与演化建模	非常规突发事件的信息处理	无法解决应急管理数据多样性、技术复杂性等问题	发展和完善了非常规突发事件信息处理与演化建模理论与方法，形成了面向非常规突发事件应急管理的大规模数据云服务系统，并融合物联网技术与方法等，构建了面向应急指挥的物联网感知大数据存储与分析系统	国外非常规突发事件信息管理的研究相对丰富，为应急管理中的大数据处理提供技术支撑；应急管理中的数据分析、传播、可视化和共享等科学问题特别受关注	我国开发的实验级系统的算法及软件在世界顶级会议上位居前两名，开发的平台可应用于食品安全信息监控和分析、经济金融舆情指数分析，整体达到国际先进水平
	非常规突发事件的演化规律与演化建模	非常规突发事件具有偶发性、特殊性、环境复杂性、演变不确定性等特点，无法进行较为可靠的事件动态建模，无法准确反映事件的演化过程	提出了基于多源危机情报挖掘的非常规突发事件态势研判的决策支持理论、模型、方法和算法，突破了社会接触网络的拓扑结构计算建模与演化规律分析方法	国外研究主要集中在系统分析与建模、集成数据管理、传感器网络、机器人技术、数据获取系统及监控、生物计量、人类社会组织行为，并特别关注对突发事件应急项目的协调和集成	对非常规突发事件的在线应急感知的科学问题，基础理论和关键技术做出了系统性贡献，对突发事件应对研究的方法论有重大发现，在基础理论和关键算法方面有突破进展，整体达到了国际先进水平
应急决策	应急评估、研判与决策理论及方法	无法完成多重承灾体信息融合与表达，难以预测突发时间变化规律；缺乏相应的动态风险评估方法和灾害应对决策预案评估方法	在突发事件灾害时的空演化规律、动态风险评估，应急方案预评估等方面获得了理论成果，并在国家应急平台体系中进行应用	国外针对突发事件灾害研判理论与方法研究较为丰富，能在较大程度上为决策提供支持	构建了灾害应对决策预评估系统，研发出综合应急应急模拟原型系统，有一定的进度，仍处于国外相比跟随状态
	应急指挥体系的组织设计与运作优化	应急管理体系的形成过程员有渐进性、短期性和累积性的特征，难以适应突发事件频发、复合性增强、破坏性增大等新形势	从根本上推动了我国当前的应急管理体系向开放、协同和弹性的管理体系转型，为全面提升我国应急管理的能力和效率提供了理论支撑	国外在应急指挥体系上具有丰富的经验，同时与国外相比	重构了应急管理体系模式，在提高应急管理体系的运行效率方面，整体达到了国际领先水平

续表

核心科学问题	子问题	计划启动时	计划结束时 国内研究状况	计划结束时 国际研究状况	与国际研究状况相比 的优势和差距
个体与群体行为反应	压力环境对个体心理的作用机理	相关研究主要来源于灾难中个体突破生理极限创造生命奇迹的实例,对于极限环境下应激与耗竭状态的个体的生理资源和心理系统的特征表现研究以及危机情景下个体与群体的心理过程和规律研究均处于空白状态	提出并验证了身心互动效能的理论模型,该理论为理解危机下个体与群体的心理特征提供了一个新视角,同时也为危机干预提供了新的理论思路及坚实的实验证据	国外对极限状态条件下的人体心理和生理系统的应激反应规律研究丰富,为研究认识心理特征对个体认知的影响提供方法	揭示了危机情景中人员个体的生理与心理应激反应规律,对紧急状态下心理特征对个体认知以及风险认知等心理特征影响规律的研究有一定的进展,与国外相比仍处于跟跑状态
	突发事件中的群体行为	大规模人群安全应急管理相对缺乏,对大规模人群的疏散风险、行为监测、人员追踪的理论方法的研究较少	从宏观尺度构建了大规模人群疏散行为模型,预测耦合灾害下大规模人群疏散风险;研发了大规模人群运动行为特征提取算法,对大规模人群活动的异常行为进行检测,为大规模人群安全应急管理提供了重要数据支撑	国外应对大规模人群聚集活动的经验较为丰富,研究成果种类也较多,为风险预测和应急管理提供了重要技术支撑	我国城市化进程起步较晚,对大规模的群体活动的应对研究较少,与国外相比仍处于并跑状态

16

第 2 章　国内外研究情况

自 16 世纪以来，人类历史共经历了五次科技革命。科技革命一方面带来了新工具和新方法，使生产和生活方式发生巨大变革，使公共安全管理能力逐步增强，另一方面，也为公共安全带来了新问题和新挑战。应急管理以政府设立专门的管理机构或明确原有相关机构的应急管理责任为发端。据此标准，应急管理的历史可划分为前应急管理时期、应急管理规范时期和应急管理拓展时期三个阶段，如图 2.1 所示。

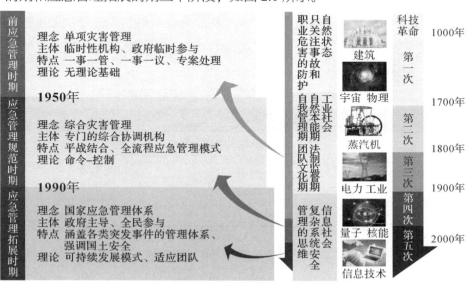

图 2.1　应急管理的发展历程

2.1 公共安全应急管理的国际发展历程

安全是世界各国经济社会良性发展，国家管理正常运行的前提和基础。在 2001 年 "9·11" 事件的巨大冲击下，公共安全受到世界各国高度重视并被上升到国家战略的高度。美国、英国、日本、德国等国家均构建了突发事件管理和应对系统，并制定了相关法案以及各类应急预案，确保高效应对重大突发事件。

2.1.1 美国应急管理体系的发展历程

美国应急管理体系是 "综合应急模式" 的典型代表，其应急管理体系既具有较为稳定的内核，又具有灵活性特征。历经多次重大灾难之后，美国逐步形成了一个较为完善的应急管理体系，在突发事件中能表现出较高的处置能力和效率。

"9·11" 事件之后，美国应急管理体系经历了三次重大调整（见表 2.1），完成了从 "应急响应" 到 "应急准备" 的转型。每次调整的动因都是在本国或别国发生的重大突发事件中发现了应急能力的不足。

表 2.1　近年来美国应急管理体系的三次重大调整

年份	动因	主要内容	结果	代表性文件
2001	"9·11" 事件	国家安全战略调整，强调国土安全	2003 年 2 月 28 日，发布第 5 号国土安全总统令（Homeland Security Presidential Directive 5, HSPD-5）：国内突发事件管理（Management of Domestic Incidents）； 2003 年 3 月，美国国土安全部（United States Department of Homeland Security, DHS）成立； 2003 年 12 月 17 日，发布第 8 号国土安全总统令（Homeland Security Presidential Directive 8, HSPD-8）：国家应急准备（National Preparedness）	国家突发事件管理系统（National Incident Management System, NIMS）；国家响应计划（National Response Plan, NRP）

年份	动因	主要内容	结果	代表性文件
2008	"卡特里娜"飓风	强调应急管理中的统一指挥	2006 年 10 月通过了《后"卡特里娜"飓风应急管理改革法》，该法案给美国政府(包括联邦、州、县和城市)乃至社区及各种机构组织的应急组织架构、资源体系、预案、指挥等各个环节的变革带来重大影响	《后"卡特里娜"飓风应急管理改革法》；《国家响应框架》(National Response Framework, NRF)
2011	东日本大地震	加强全国准备，推动核心能力建设	2011 年 3 月 30 日发布第 8 号总统政策指令 (Presidential Policy Directive 8, PPD-8)，应急管理体系的逻辑性、针对性、可控性显著增强；2011 年 11 月，美国开展国家战略风险评估 (Strategic National Risk Assessment, SNRA)，对国家安全领域的各类风险开展全方位、系统性和定量化的分析和测算	PPD-8；《国家应急准备目标》(National Preparedness Goal, NPG)

2011 年 3 月 11 日，东日本大地震对美国社会产生了强烈震动，美国参议院迅速召开听证会，考虑如何应对类似的重特大突发事件风险。2011 年 3 月 30 日，美国总统奥巴马签发的 PPD-8 取代了 HSPD-8，成为发展和完善国家准备体系的纲领性文件，开启了构建"国家准备体系"的序幕。

PPD-8 的出台标志着美国政府对其应急管理体系展开新一轮重构，正式提出了"全社会参与"(whole of community)的应急管理工作理念，把全国准备(National Preparedness)工作作为一项基本战略，把核心能力(Core Capability)建设作为应急管理体系建设的基本方向。以应急管理核心能力建设为导向的应急管理框架的建立，使美国应急管理体系的逻辑体系更加清晰、实用和完善。

美国在 2011 年后建立了国家准备体系(National Preparedness System, NPS)，将国家响应框架(NRF)作为国家准备体系的一部分。国家响应框架和国家准备目标(National Preparedness Goal, NPG)分别按预防、保护、减缓、响应和恢复五个阶段界定了国家准备的总体战略和核心能力。美国应急管理政策框架体系的演变如图 2.2 所示。从中可以看出，应急管理的重点从应急响应转向应急准备。

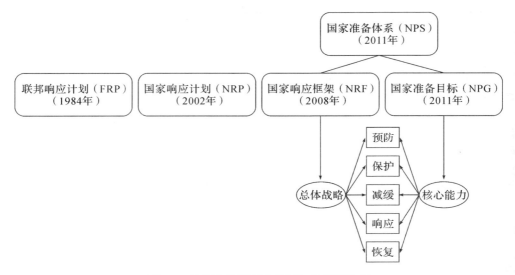

图 2.2　美国应急管理政策框架体系的演变

2.1.2　欧盟应急准备和响应的发展历程

　　欧盟的应急准备和响应以民防机制（civil protection mechanism）为主。当欧盟范围内发生任何类型的自然灾害或人为灾害（包括环境灾害、海洋污染、卫生事件等）时，欧盟通过汇集各成员国的民防力量，更好地保护人类、环境、财产和文化遗产。"9·11"事件后，欧盟理事会通过了《建立促进民防援助干预合作的共同体机制的决定》（Council Decision of 23 October 2001，2001/792/EC，establishing a Community mechanism to facilitate reinforced cooperation in civil protection assistance interventions），标志着欧盟民防机制的正式成立。欧盟民防机制在欧盟系列决议文件指导下迅速发展，并在国际重大突发性事件中发挥了重要的作用。2007 年 3 月 5 日，欧盟通过了《建立民防财政工具的决定》（Council Decision of 5 March 2007，2007/162/EC，establishing a Civil Protection Financial Instrument）；同年 11 月 8 日，通过了《建立共同体民防机制的决定（重制版）》（Council Decision of 8 November 2007，2007/779/EC establishing a Community Civil Protection Mechanism (recast)）。在民防机制发展历程中，还制定了《2001/792/EC 的执行条例》（C（2003）5185）、《2007/779/EC 的执行条例》（C（2010）5090），作为法律文件的补充。考虑到自然和人为灾害的数量迅速增长，严重程度也日益加剧，未来灾害可能更加极端和复杂，且可能产生长期、大范围的影响及后果，在灾难管理中采用综合的方法是非常重要的。因此，欧盟着眼于改进预防、准备和响应的系统有效性，于 2013 年 12 月 17 日通过了《欧盟民防机制的决定》（Decision 1313/2013/EU on a Union Civil Protection Mechanism）。

欧盟民防机制涵盖了灾害管理的主要环节——预防（prevention）、准备（preparedness）和响应（response）。其目的是动员所有欧盟成员国的资源和力量，将各类有关政府服务部门、专业人员、网络和系统统一于欧盟机构的协调和指挥之下。根据要求，各欧盟成员国必须指定官员负责本国的民防工作和协调工作，欧盟委员会任命一名协调官全权负责统筹民事民防相关措施。民防机制主要包括以下内容。

①监测和信息中心（Monitoring and Information Centre，MIC），2012 年由应急响应协调中心（Emergency Response Coordination Centre，ERCC）取代并升级。该中心除了能够开展全天候值班制度，高效协调欧盟成员国的响应行动外，还能快速收集并分析实时风险信息，确保实时监控和即时响应各类突发事件。同时，中心配备了各类风险管理专家，进一步增强了风险监测和分析能力，大幅提升了派遣欧盟专家干预队的工作效率。

②应急通信和信息共享系统（Common Emergency Communication and Information System，CECIS），是为确保成员国之间以及 MIC 与成员国之间的应急交流而开发的平台。通过该平台，可以发送和接收预警信息，发出援助请求，以及在在线日志中观察突发事件的进展情况。欧盟委员会管理的 MIC，CECIS 和成员国联络点构成了欧盟民防组织结构。

③评估和协调的专家组（experts team），包括技术专家、评估专家、协调组成员、协调主管。专家的选择需要遵守统一标准；MIC 必须明确专家组的任务和派遣程序；专家信息由参与国提供并定期更新，可在 CECIS 中编辑和查询专家数据库；专家需遵循培训项目。

④培训项目（training programme），其设立的目的是协调并确保援助队伍之间的兼容性和互补性，提高援助专家的评估能力，提高响应能力并缩短响应时间。培训项目包括联合课程和演习、成员国之间的交换制度、响应程序和通用语言以及经验教训分享。

⑤民防模块（civil protection modules），已经认定森林火灾、洪水、搜救、医疗等 17 项民防模块的通用要求，有助于民防快速反应能力的提高。

2000 年，欧盟构建了统一的公共安全管理技术支撑系统 e-Risk。e-Risk 系统以卫星宽带传输技术为基础，协助成员国开展涉及洪水、海啸、地震、火灾、核泄漏、恐怖事件等各类风险的监测和信息分析，为其成员国跨国、跨专业、跨警种高效及时处理突发事件和自然灾害提供支持。2010 年，欧盟制定了《关于国家风险评估与风险图编制的指引》，把现有的欧盟法律和规范均考虑在内，既包括欧洲洪水风险指令、欧洲关键基础设施的保护指令、重大灾害的控制指令等法令，也包括一系列的欧洲规范。

2.1.3　英国应急管理体系的发展历程

英国政府强调组织间的协同配合和全方位的资源整合，并提出从水平、垂直、理念、系统四个方面实现全面整合的目标。水平整合是指建立同级政府各部门间的协作机制。在中央层面，主要通过国民紧急事务委员会（Civil Contingencies Committee，CCC）和国民紧急事务秘书处（Civil Contingencies Secretariat，CCS）来实现整合。在地区和地方层面，主要依靠地区或地方应急管理讨论会（Local Resilience Forum）来实现整合。该讨论会相当于我国的联席会议制度，是地区和地方应急管理的领导机构。讨论会下设多个工作委员会，如伦敦应急管理讨论会下设卫生委员会、交通委员会、公用事业委员会、志愿者组织委员会等。委员会还下设若干工作小组，如疏散工作小组、风险评估小组、现场清理小组、演练小组等。为保证应急处置过程中各部门的协调一致，英国建立了"金、银、铜"三级处置机制。"金"级是战略决策层，主要解决"做什么"的问题；"银"级是战术决策层，主要解决"怎么做"的问题；"铜"级是操作执行层，是第一线的处置者，如消防队、警察等。

2004年，英国政府根据应急管理的新形势颁布了《民事紧急状态法》（Civil Contingencies Act 2004），重点强调预防事故是应急管理的关键，要求政府把应急管理与常态管理结合起来，尽可能减少灾难发生的风险。同时，该法明确规定了中央政府和地方政府对紧急状态进行风险辨识与评估、制订应急计划、组织应急处置和恢复重建的职责。之后陆续下发了《2005年国内紧急状态法执行规章草案》《应急准备》和《应急处置和恢复》等法制文件，作为基本应急法案的补充。

开展业务持续性管理（business continuity management，BCM）是英国应急管理工作的一个鲜明特色，即突发事件发生后，要确保各组织社会功能的正常运转，以此来提高整个社会的抗风险能力。为准确了解全国抗风险能力的发展水平，英国政府于2002年发布报告《风险：提升政府管理风险与不确定性的能力》（Risk: Improving Government's Capability to Handle Risk and Uncertainty），还在全国范围内进行两年一次的国家应急能力调查（National Capability Survey，NCS），并于2005年开始进行风险排查登记工作，评估未来五年内英国可能面对的重大灾害与威胁。根据调查的结果，政府将着手从公共政策层面对存在的差距和问题进行研究和改进。

2.2 公共安全应急管理的国内发展历程

自新中国成立以来,我国应急管理体系经历了一元化、多元化、结构化三个阶段,如图 2.3 所示。从 1949 年到 2003 年,虽然应急管理案例和经验很多,但是没有专门的应急管理体系,其反应机制是典型的"撞击 - 反应"模式,应急管理的重心是救灾救援。突发事件的前期准备与预防预警、后期的恢复重建工作没有受到重视,现代意义的全过程应急管理体系建设处于空白状态。国内 2003 年出现的严重急性呼吸综合征(severe acute respiratory syndrome virus,SARS)事件,极大地推动了我国应急管理体系的发展。

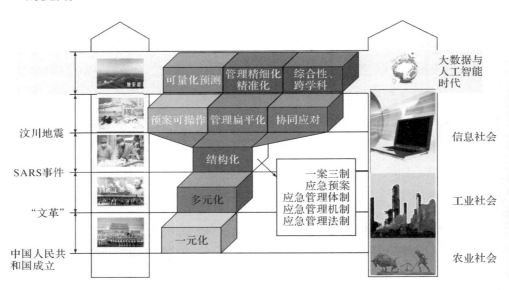

图 2.3 国内应急管理体系发展历程

2003 年 7 月 28 日,党中央、国务院第一次把非常态管理提上议事日程,这是我国应急体系建设的第一个里程碑。随后,国家提出加快突发公共事件应急机制建设的重大课题,国务院办公厅专门成立"突发公共事件应急预案工作小组",重点推动突发公共事件"一案三制"(即应急预案和应急体制、应急机制、应急法制）工作。到 2005 年底，我国突发公共事件的应急预案体系框架基本建成，这被认为是我国应急管理体系建设的第二个里程碑。2006 年 5 月，国务院应急管理办公室成立，隶属国务院办公厅，直接向国务院总理负责，履行值守应急、信息汇总和综合协调职责，发挥运转枢纽作用。这一举措被认为是应急管理"常态化和专门化"的一个标志。《国家突发公共事件总体应急预案》和《中华人民共和国突发事件应对法》分别于 2006 年、2007 年颁布实施，标志着我国应急管理法律体系基本建成，这被认为是我国应急管理体系建设的第三个里程碑。

自 2003 年公共安全作为重要领域被纳入国家经济社会发展规划和国家科技规划以来，我国公共安全科技水平和保障能力得到迅速提升，成果显著。国家应急平台体系基本建成，应急能力建设大幅提升，应对和管理突发事件的能力显著增强；自然灾害监测预测预警时效性和准确性明显提升，社会安全风险防控网络基本形成，快速反应和现场处置能力显著增强，公共安全综合保障一体化和社会化趋势日渐明显；成套化技术装备体系向国外输出，国际技术竞争力明显提升，如 ECU911 技术系统在厄瓜多尔 7.8 级地震救援和震后重建中发挥了巨大作用。

2.3　公共安全应急管理的国际趋势

近年来，随着新技术的发展和全球化趋势的推动，高度重视公共安全已经成为国际共识，公共安全科技创新与引领成为国际趋势。2015 年，联合国通过了《2015—2030 年仙台减轻灾害风险框架》（Sendai Framework for Disaster Risk Reduction 2015-2030，简称《仙台减灾框架》），提出大幅降低灾害对全球人口、经济、重要基础设施和服务的影响。美国发布《危机响应与灾害韧性 2030：打造不确定时代的战略行动》，将未来公共安全综合保障聚焦于个体角色变化、关键基础设施保护以及新技术应用等方面。

欧盟发布《地平线 2020 计划》，专门提出"安全社会——保障欧洲及其公民的自由与安全"（Secure Societies：Protecting Freedom and Security of Europe and its Citizens）版块，将保护公民安全、打击犯罪和恐怖主义、保护民众不受自然灾害和人为事件的伤害等作为主要研究方向。日本在《科学技术基本计划（2016—2020）》中确定了 13 个科技创新重点方向，其中国家安全保障等 4 个方向与公共安全直接相关。我国的《国家中长期科学和技术发展规划纲要（2006—2020 年）》对公共安全科技发展进行了系统的研究和部署。

2.3.1　《2015—2030 年仙台减轻灾害风险框架》

2015 年 3 月 18 日，第三届世界减灾大会在日本仙台闭幕。会议在评估《2005—2015 年行动纲领：加强国家和社区的抗灾能力》（简称《兵库行动纲领》）执行情况的基础上，交流了世界各国和各地区灾后重建、运用科技进行减灾决策等减灾工作的经验，分析了减灾在经济方面的影响等，并通过了《2015—2030 年仙台减轻灾害风险框架》，预期了未来 15 年全球减灾工作的成果和目标，确定了 7 项具体目标、13 项原则和 4 项优先行动事项，明确了各利益相关方的作用和责任，以及国际合作的具体实施方法。这次大会还通过了《仙台宣言》和《利益相关方自愿承诺》两项文件。

（1）总体目标

《仙台减灾框架》以《兵库行动纲领》为基础，力求在未来 15 年内取得以下成果：大幅减少生命、生计和健康灾害风险和损失，大幅减少人员、企业、社区和国家的经济、实物、社会、文化和环境资产方面的灾害风险和损失。为实现预期成果，须设法实现以下目标：采取综合和包容各方的经济、结构性、法律、社会、卫生、文化、环境、技术、政治和体制措施，防止产生新的灾害风险，减少现有的灾害风险，防止和减少危害暴露程度和受灾脆弱性，加强救灾和恢复的准备，从而提高抗灾能力。

为了有效评估该框架的目标和成果在全球的进展情况，《仙台减灾框架》提出了以下 7 项全球性具体目标：

①到 2030 年，大幅降低全球灾害死亡率，2020—2030 年平均每十万人全球灾害死亡率低于 2005—2015 年；

②到 2030 年，大幅减少全球受灾人数，为实现这一具体目标，2020—2030 年平均每十万人受灾人数须低于 2005—2015 年平均受灾人数；

③到 2030 年，使灾害直接经济损失相对全球国内生产总值有所减少；

④到 2030 年，通过增强重要基础设施和基本服务的韧性（resilience）等办法，大幅减少灾害对重要基础设施（包括卫生和教育设施）的损坏和基础服务的中断；

⑤到 2020 年，制定国家和地方减轻灾害风险策略的国家大幅增加；

⑥到 2030 年，大幅提高发展中国家的减灾国际合作参与度，对执行本框架的发展中国家完成其国家行动提供充足和可持续的支持；

⑦到 2030 年，大幅增加多灾种预警系统（multi-hazard early warning systems）的可用性，以及获取灾害风险信息和评估结果的机会。

其中，前 3 项目标针对人员伤亡、受灾人数和直接经济损失给出了量化指标，后 4 项目标针对基础设施安全、减轻风险战略实施、发展中国家行动支持和多灾种预警系统利用明确了可比较性目标。

（2）优先行动事项

《仙台减灾框架》制定了以下 4 个优先行动事项，并给出了地方、国家、区域和全球不同层次的具体行动方案。

①理解灾害风险。灾害风险管理的政策和实践应该建立在对灾害风险

各个维度的充分理解之上，包括脆弱性、能力、人员与财产的暴露程度、危害的特征及其环境等。这些知识有助于开展灾前风险评估、防灾减灾以及制订和执行恰当有效的灾害准备和响应计划。

②加强灾害风险治理，管理灾害风险。第二个优先行动事项突出了防灾、减灾、备灾、救灾、恢复和重建，推动各方在综合治理、减灾救灾与可持续发展领域的密切合作。需要在部门内部和各部门之间制定明确的构想、计划、职权范围、指南与协调办法，还需要利益相关方的参与。

③加大减少灾害风险领域的投入，提高抗灾能力。第三个优先行动事项大力倡导全方位投资于防灾减灾救灾各个领域，公共和私营部门通过结构性与非结构性措施投资于预防和减少灾害风险，加强个人、社区、国家及其财产在经济、社会、卫生和文化方面的抗灾能力。

④加强灾害准备以有效响应，并在恢复、善后和重建中建设得更好。《仙台减灾框架》认为灾害风险不断增加，人员和财产暴露程度越来越高，主张将加强灾害准备作为一项优先行动事项，在事件预测基础上采取行动，将减少灾害风险纳入应急准备，确保有能力在各层级开展有效的救灾和恢复工作。关键是要增强妇女和残疾人的权能，公开率先采取促进性别公平和普遍适用的救灾、恢复、善后和重建办法。灾后的恢复、善后和重建也需要在灾前着手筹备，这个阶段也是一个重要的契机，可将减少灾害风险纳入各项发展措施，使国家和社区具备更好的抗灾能力。

（3）利益相关方作用

在各利益相关方角色方面，《仙台减灾框架》明确了民间社会、志愿者及其组织以及社区组织应承担的责任：在制定与执行减少灾害风险规范性框架、标准和计划时提供专门知识及实用指导；参与实施地方、国家、区域与全球计划和战略；协助和支持提高公众认识，培养预防文化，开展灾害风险教育；酌情倡导建立具有复原力的社区，开展具有包容性的全社会的灾害风险管理，加强各群组之间的协同增效。特别需要关注妇女、儿童和青少年、残疾人、年长者、原住居民、移民等人群，以及与学术相关的机构和组织、企业、专业协会和私营部门的金融机构、媒体等发挥的作用。

（4）国际合作和全球伙伴关系

在国际合作方面，《仙台减灾框架》明确了减轻灾害风险国际合作应考虑的一般性因素，比如国家发展水平的差异，对灾害频发的发展中国家应予以特别关注和援助；利用现有的机制、平台，将减轻灾害风险中的信息共享、技术转移等纳入多边、区域、双边发展援助方案；明确了国际组织的支持领域和主要内容，强调战略协调，加大支持力度，充分发挥已有平台的作用，以及发挥联合国减灾战略署在支持实施和审查上的作用，号召国际金融组织为发展中国家提供财政支持和加大贷款力度，提升联合国系统协助发展中国家减轻灾害风险的整体能力。

2.3.2　欧盟应急管理的发展趋势

（1）"地平线 2020"计划

2010 年，欧盟在"里斯本战略"落幕的同时启动了新的十年经济发展规划——"欧洲 2020 战略"。"第七框架计划"（7th Framework Programme, FP7）作为落实欧盟发展战略的主要操作工具在 2013 年底结束，新的研究与创新框架计划"地平线 2020"（Horizon 2020）于 2014 年正式启动，为期 7 年（2014—2020 年）。

"地平线 2020"计划总预算 770 亿欧元，计划执行期为 2014—2020 年。其三大战略优先领域为卓越科研、产业领导力和社会挑战。该计划在战略优先领域"社会挑战"中，提出了"安全社会——保障欧洲及其公民的自由与安全"。这个版块的研究与创新活动涉及保护公民、社会、经济、基础设施和基础服务、经济繁荣、政治稳定和社会福利。建设"安全社会"的主要目标包括：①提高人类社会抵御自然和人为灾害的韧性，开发新型危机管理工具和通信互动式操作方式，提供保护关键基础设施的新型解决方案；②打击犯罪和恐怖主义，使用全新法律工具预防爆炸等活动；③改善边境安全，增强海上边界保护，实现岛链安全，支持欧盟的对外安全政策，包括冲突预防与和平建设；④加强网络安全，包括采用安全的信息共享模式和新型的信息保护模式。

灾害防护是社会运转的核心要素之一，几乎所有社会部门都在一定程度上受到灾害以及韧性和安全问题的威胁。打击犯罪与恐怖主义需要新的技术和能力，包括打击能力和预防能力［如预防犯罪（包括网络犯罪）、非法贩运和恐怖主义（包括网络恐怖主义）］，以及了解和应对恐怖分子的想法与信仰的能力。欧洲边界保护要求开展系统、设备、工具、流程和快速鉴定方法等方面的研究，包括在欧盟关税政策下保证供应链的安全，以及开展解救方案的研究，以支持欧盟外部安全策略及民用任务。数字安全方面的挑战聚焦于提高现有应用、服务和基础设施的安全性，通过整合国家最先进的安全解决方案或进程，支持在欧洲建立市场导向和市场激励机制。这项挑战的驱动力应是最终用户，包括执法机构、急救人员、关键基础设施运营商、ICT 提供商、ICT 生产商、市场经营者和公民。此外，还要综合考虑所有相关者的安全利益，最终用户的参与非常重要。

从总体来看，"地平线 2020"的资助项目主要关注新一代的应急服务、监控、响应、通信系统，针对交通安全、环境安全、油气安全、城市安全、打击犯罪和恐怖主义、边境安全、数字安全等领域，展开了重要基础设施保护、抗灾能力/韧性、安全文化、安全装置、执法机构、应急救援规划等方面的研究。开展安全社会方面的研究将有助于落实"欧洲 2020 战略"的政策目标，有助于落实安全产业政策、内部安全策略和网络安全战略。

（2）欧盟《仙台减灾框架》行动计划

对应《仙台减灾框架》的 4 个优先行动事项，欧盟提出了以下 4 个关键领域和相应的实施重点。

①在欧盟所有政策中完善风险知识基础（对应于"理解灾害风险"）。实施重点：加强收集与共享有关损失和损害的基本数据库；利用预测、情景和风险评估，更好地应对现有与新兴的风险以及新形式的风险；进一步与研究团体合作，更好地弥补灾害风险管理知识和基础方面的空白，鼓励加强决策过程中的科学 – 政策互动界面。

②全社会参与灾害风险管理（对应于"加强灾害风险治理，管理灾害风险"）。实施重点：研究教育措施在减少灾害风险中的潜力；通过相互学习和专家评审，促进良好的实践交流，完善灾害管理政策；与利益相关者，包括当地政府、公民社会和社区，一起制定针对风险认知的战略；与私营部门合作，鼓励在灾害风险管理的所有领域开展商业驱动的创新；加强灾害风险管理、气候变化适应和生物多样性战略之间的联系；加强灾害风险管理、气候变化适应和城市政策与规划之间的联系；支持制定有包容性的地方和国家减轻灾害风险战略，动员当地官员、社区和公民社会等积极参与；协助区域组织支持国家机构实施《仙台减灾框架》的工作，包括开发国家和区域的减灾平台。

③在欧盟范围内促进风险告知的投资（对应于"加大减少灾害风险领域的投入，提高抗灾能力"）。实施重点：在欧盟所有外部金融工具中，实施多边和双边发展援助，促进风险告知的投资；在所有人道主义项目和发展援助项目中，追踪减轻灾害风险的投资动向；促进欧盟范围内的防灾投资；加强对灾害风险融资机制、风险转移和保险机制、风险共担和风险自留机制的运用；鼓励和实施基于生态系统的减灾方法。

④支持开发整体的灾害风险管理方法（对应于"加强灾害准备以有效

响应，并在恢复、善后和重建中建设得更好"）。实施重点：在欧盟成员国制定的国家减轻灾害风险战略中，针对整合文化遗产建立良好的实践；提高应对和防范会影响健康的灾害的能力，促进与卫生部门及其他利益相关者的合作；加强国家政府、社区和其他行为主体在管理灾害风险方面的能力建设；发展和整合跨国监测和早期预警及警报系统，更好地开展灾害防范和应急行动；将"重建更好的未来"目标整合到管理灾害风险和提高恢复力的评估方法、项目和标准中。

（3）欧盟应急管理体系建设的主要经验

欧盟在应急管理体系建设中主要强调了以下几个方面。

①减轻多灾种灾害风险。包括由自然致灾因子引发的多灾种灾害风险（如地震地质、气象水文、海洋、生物、生态环境灾害风险）和技术与环境灾难风险，以及相关联的人为灾害风险。

②多尺度减轻灾害风险。从地方、企业、国家、区域上升至全球，形成一个完整的应急管理体系。

③多领域减轻灾害风险。包括经济、政治、社会领域，以及文化、卫生和环境领域。

④从多级组织层面减轻灾害风险。包括发挥个人、企业、社区和整个国家的作用，以及发挥各利益相关方、区域和国际组织的作用。

⑤应用大数据技术。将人员流动和物资流动转化为各种形式的大数据，通过对这些数据集的分析，针对灾害发生的时空规律，对应急资源进行优化配置，对危机情景下应急物资的调运进行线路的最优设计。

⑥应用虚拟实现技术。针对公共安全事件，进行现场模拟和实景还原，形成一套可重构的事件场景。可应用于第一响应者训练、交互式团队协作训练等应急培训，预案编制工作，以及设备、物资、队伍等调动和储备规划。

2.3.3 美国韧性基础设施重大研究计划

预见可帮助应急管理部门或机构在不确定的环境中做出决策。为了提升应急管理中的预见能力，美国联邦紧急事务管理署（Federal Emergency Management Agency，FEMA）执行了战略预见计划（Strategic Foresight Initiative）。2012 年 1 月，FEMA 发布了进展报告《危机响应与灾害韧性 2030：打造不确定时代的战略行动》，聚焦于个体角色的变化、关键基础设施的保护、信息技术的及时应用、技术变革的依存度，强调跨部门的准备和基层个体的共识，通过国家层面的整体规划，以 15 个国家级巨灾情景为抓手，进行了一体化的综合保障能力整体设计。

相互依赖的关键基础设施系统（Interdependent Critical Infrastructures，ICIs）由互联的网络－物理－社会系统组成。韧性的基础设施和应急资源是减轻灾害的主要手段。2015 年 3 月，美国国家科学基金会（National Science Foudation，NSF）设立了重大研究计划"韧性的相互依存的关键基础设施系统与过程"（Critical Resilient Interdependent Infrastructure Systems and Processes，CRISP），研究相互依存的重要基础设施系统的设计和性能，提高不同规模的服务韧性，以抵御自然事故灾害、恐怖主义、网络攻击或非预期软件错误等造成的危害。2015 年启动 20 个项目，每个项目执行期为 3~4 年，共资助 2000 万美元；2017 年启动 15~20 个项目，每个项目执行期为 2~4 年，共资助 2290 万美元。

该重大研究计划的目的是：①创造新的知识、方法和工程解决方案，提高 ICIs 的韧性、性能和应对能力；②创造重要基础设施系统、过程和服务的理论框架与多学科模型，提高复杂行为的分析预测能力，以应对系统和政策的变化；③研究 ICIs 的物理、网络、社会、行为、经济这几个元素之间的关联性框架，包括但不限于 ICIs 的物理设计和布局优化，新材料的使用，ICIs 的软件和计算系统集成框架，ICIs 的建模、仿真、监控和控制系统框架，以及创新的软件工程方法；④研究 ICIs 改进的组织、社会、心理、法律和经济问题及对策。

总结 CRISP 计划的资助项目，研究关注点主要是：通过工程领域、社会经济科学、行为认知科学、信息科学与工程领域的多学科交叉，针对重要基础设施系统（包括物理基础设施，资源、能源、交通、金融、供应链、物理和社会网络等系统及其耦合系统），开展对新材料使用、布局优化、可持续性和韧性设计、数据驱动的实时仿真、自适应控制、行为感知恢复、综合决策框架 / 模型、综合网络韧性分析、韧性城市 / 社区计算框架等方面的研究。

2.4　国内的社会变革和技术发展状况

自改革开放以来，我国取得了巨大成就，党的十六大报告指出，"我国已进入改革发展的关键时期，经济体制深刻变革，社会结构深刻变动，利益格局深刻调整，思想观念深刻变化"。党的十七大报告指出，要"全面认识工业化、信息化、城镇化、市场化、国际化深入发展的新形势新任务"。作为一个发展中的大国，我国将在未来相当长时期处于工业化、信息化、城镇化、市场化、国际化"五化"同时推进并深入发展的过程中，这是绝大多数发达国家和发展中国家都不曾遇到过的问题。

在工业化、市场化、城镇化和国际化这四个趋势中，城镇化是最核心也是最复杂的命题。主要原因是，城镇化是工业化的载体、市场化的平台和国际化的舞台。刘鹤在谈中国未来趋势时提出，面对国内城市化进程挑战诸多的背景，需要接受发达国家和部分发展中国家"大城市病"的教训，审慎和负责地处理各类现实问题，在建立城市功能区，接受大量转移劳动力，治理大城市带来的噪音、空气和水污染、交通堵塞以及解决社会难题等方面走出符合中国国情的新路径。城市化使得安全风险及其治理呈现出复杂性和综合性的特点，这就要求应急管理必须从灾后被动救助向灾前主动预防发展，从应对单一灾种向应对复合灾种发展，从减少灾害损失向减轻灾害风险转变。2016 年 12 月发布的《中共中央　国务院关于推进防灾减灾救灾体制机制改革的意见》对推进防灾减灾救灾体制机制改革明确了五项基本原则：坚持以人为本，切实保障人民群众生命财产安全；坚持以防为主、防抗救相结合；坚持综合减灾，统筹抵御各种自然灾害；坚持分级负责、属地管理为主；坚持党委领导、政府主导、社会力量和市场机制广泛参与。

　　安全是城市的生命，是现代化城市的第一要素，是建设新区必须坚守的红线和底线。随着"五化"快速推进，各种变革调整速度之快、范围之广、影响之深前所未有，公共安全面临着一些突出矛盾和问题。我国正处在公共安全事件易发、频发、多发期，维护公共安全的任务重要而艰巨。近年来，国际组织和发达国家在安全领域开始广泛使用韧性的概念，美国、英国、日本等积极推进安全韧性城市建设。安全韧性城市可定义为能够吸收未来对其社会、经济、技术系统和基础设施的冲击与压力，且能维持其基本功能、结构、系统和身份的城市。为了对经济、科技、社会发展中出现的一些重大管理问题快速做出反应，及时为党和政府高层决策提供科学分析与政策建议，2017 年，国家自然科学基金委员会管理科学部第 4 期应急管理项目"安全韧性雄安新区构建的理论方法与策略研究"，分别从 8 个方面探讨安全韧性雄安构建的理论方法和对策研究：①安全韧性雄安构建顶层设计研究；②面向自然灾害应对的雄安防灾能力提升策略研究；③雄安新区安全生产风险管控与综合监管能力提升策略研究；④雄安新区公共卫生应急能力提升对策分析；⑤雄安新区社会安全新态势与社会治理新模式研究；⑥雄安新区城市基层社区公共安全风险评估机制与韧性提升策略研究；⑦雄安新区生态安全保障机制研究；⑧雄安新区规划、建设过程中的水安全保障及其治理机制研究。这些研究对于在新区打造坚实的新区城市安全保障体系具有重要意义。

2017 年科技部印发的《"十三五"公共安全科技创新专项规划》指出，我国公共安全科技创新还存在一些薄弱环节和深层次问题，主要表现在：基础理论研究不足，自主创新性成果缺乏；总体技术水平与国外领先国家相比还有差距，一些关键安全与应急技术装备依赖进口；国家重点实验室等科研基地和人才队伍建设依然薄弱。同时，上述规划明确了"十三五"期间公共安全科技领域的发展思路、发展目标、重点任务和政策措施，涵盖了社会安全、生产安全、综合保障与应急等公共安全科技领域；指出了要从公共安全共性基础科学问题、国家公共安全综合保障技术、社会安全监测预警与控制技术、生产安全保障与重大事故防控技术、国家重大基础设施安全保障与智慧管理技术、城镇公共安全保障技术、安全与应急产业关键技术、公共安全技术成果转化、安全与应急产业等方面提升我国公共安全能力。

在信息时代的背景下，中国社会城市发展呈现出网络化、虚拟化、扁平化的变化趋势。管理扁平化，信息泛在化，个体作用凸显。随着移动互联网、物联网、大数据、云计算等技术的快速发展，一方面，承灾载体发展为物理和网络信息两个社会；另一方面，个体及社区共同参与应急管理成为必然趋势（见图 2.4）。

面向未来公共安全复杂巨系统"风险 – 预测 – 处置 – 保障"高度联动和智慧、韧性管理的重大发展需求，应继续提升风险评估、监测预警、处置救援、综合保障的技术水平，实现应急管理系统的全面感知、高效预测、智能决策、主动保障；构建全方位立体化的公共安全网，实现跨领域、跨层级、跨时间、跨地域全方位的公共安全保障。

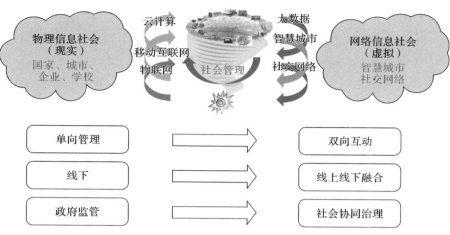

图 2.4　物理信息社会和网络信息社会的治理模式

第 3 章　重大研究成果

本重大研究计划面向国家公共安全与应急管理重大战略需求，围绕信息支持、决策指挥、行为反应三大实践问题，聚焦信息处理与演化建模、应急决策、个体与群体行为反应三大核心科学问题，扎根中国大地，面向中国问题，立足中国实践，提出中国方案，系统地从以下几个角度运用管理、信息、心理等相关学科的理论方法，进行多学科交叉研究，有效地推动了国家应急管理能力的跨越式发展：①提出情景构建理论与方法，为基于底线思维构建公共安全网络注入了科学内涵；②提出应急准备理论与方法，实现由专注抗灾和救援走向韧性和能力提升，为突发事件应急体系建设规划编制实施提供技术支撑，提升了我国应急体系的科学性；③掌握突发事件演化和应急决策的科学规律，提出应急决策技术支持系统集成原理与方法，实现由简单行政管理向数据驱动的复杂系统治理转变，为国家应急平台提供了支撑；④为世界卫生组织提供应急平台方案，牵头制定应急能力评估国际标准，为厄瓜多尔、委内瑞拉等国设计建设公共安全系统平台，提升了我国在国际应急管理中的制度性话语权。

本重大研究计划的重大研究成果主要包括以下三个方面：①围绕预防与应急准备，形成了风险治理、情景构建、事件演化建模与仿真的理论和方法，实现了由事件预防向风险治理、事件预测向情景构建转变，完善了"一案三制"，提出了基于"情景－任务－能力"的应急准备理论与方法，为国家应急体系建设提供了理论与技术支撑；②围绕监测与预警，形成了基于物联网的危险源在线监测监控、在线感知、数据挖掘的理论与方法，提出了基于事件演化规律、人类行为规律的预警理论与方法，利用云计算技术创新综合研判、信息发布的方法，构建了典型事件的监测预警方法体系；③围绕应急救援与处置，把握人员伤害、心理与行为变化规律，形成了信息支持下应急指挥与协调、智能决策与控制的理论与方法，提升了应对典型非常规突发事件的人员搜救、紧急医疗、心理与行为干预、人群疏导与约束控制、工程抢险、隔离防疫等核心应急能力。

3.1　预防与应急准备

3.1.1　事件演化规律

3.1.1.1　非常规突发事件演化建模理论与方法

清华大学黄全义课题组提出突发事件"元作用"概念，实现不同类型突发事件作用机理的泛化表达。将每类事件的作用形式分解为基本的"元作用"，包括物理、化学、生物、信息、社会等，提出致灾体、承灾体和孕灾体的属性集以及元作用集，考虑致灾体、承灾体和孕灾体间的相互转化特性，构建了突发事件链式效应模型（见图 3.1），表述致灾体、承灾体和孕灾体之间的作用关系。

突发事件易引发多个、多级次生衍生事件，形成链式结构关系，即事件链式效应。清华大学袁宏永课题组研究突发事件链式效应规律，为突发事件的处置救援提供决策支持，有效地降低损失、减轻影响。基于所提出的链式效应模型，分析事件的转化特性，研究次生衍生事件的形成机理，分析"5·12"汶川地震灾害链和东日本大地震灾害链，得到了地震灾害链成灾机理（见图 3.2）。

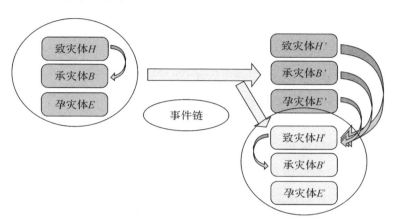

图 3.1　突发事件链式效应模型

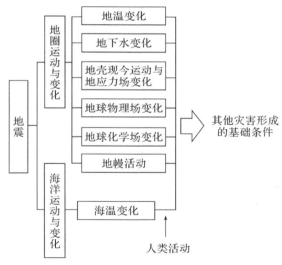

图 3.2　地震灾害链成灾机理

3.1.1.2 人工社会与平行计算实验建模理论与方法

中国人民解放军国防科学技术大学邱晓刚课题组基于非常规突发事件发生、发展、转化、演化的机理，以及"情景－应对"需求，以平行执行理论与公共安全体系"三角形模型"为指导，系统地提出人工社会构建方法、计算实验方法和平行执行方法，突破了大规模人工社会构建与运行、多范式模型集成、事件实时态势感知、大规模人工社会仿真异构计算加速、人工社会计算实验数据挖掘与可视化等关键技术。设计面向平行应急管理的动态模拟仿真与计算实验平台（见图3.3）。平台可辅助开发各类突发事件平行应急管理所需的基础模型，生成千万级人工人口数据库、人工社会初始情景，具备实验前设计、实验中动态干预以及大规模情景可视化的能力，亦支持突发事件数据的实时获取与分析。平台实现了模型与数据分离、模型与行为规则分离，具有开放、可扩展和可定制等特性，可与其他应急管理平台综合集成。平台运行流程如图3.4所示，平台软件构成如图3.5所示。

中国科学院自动化研究所曾大军课题组聚焦公共卫生和社会安全事件的平行应急管理，建立由主体（agent）、环境实体、社会网络、传染病等模型，以及人工北京人口数据库、实验管理控制模块、显示模型等组成的人工北京计算实验平台，可针对不同类型、规模、地点的舆情与疫情类突发事件进行计算实验，还可支持疏散、心理战和经济等多主体（multi-agent）社会建模仿真研究。

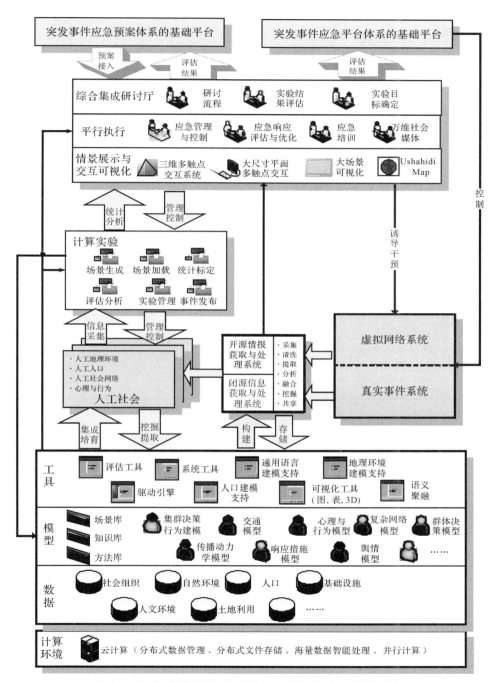

图 3.3　面向平行应急管理的动态模拟仿真与计算实验平台

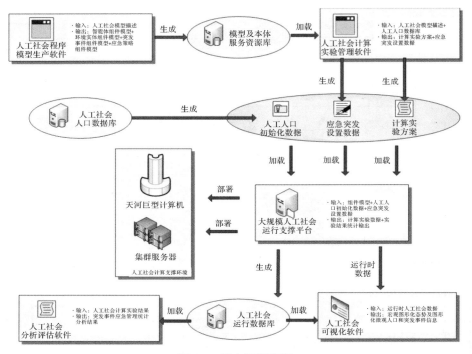

图 3.4　平台运行流程

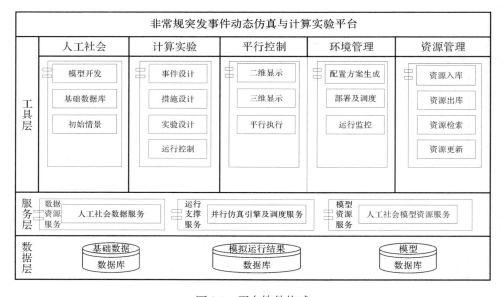

图 3.5　平台软件构成

3.1.2 风险治理理论与方法

3.1.2.1 非常规突发事件风险评估理论与方法

（1）城市公共安全综合风险评估方法

中国安全生产科学研究院李湖生课题组基于国内外相关风险评估标准，提出城市公共安全综合风险评估方法，即系统识别风险来源，科学分析风险发生的可能性与后果，综合考虑风险承受能力和控制能力，评估风险级别，确定风险控制策略。以深圳市为例进行了实践性应用，按 11 个行业领域辨识了 60 个风险源，其中高风险源和极高风险源共占 46.67%（见图 3.6）。

- ❖ 极高等级风险源：4项
- ❖ 高等级风险源：24项
- ❖ 中等等级风险源：30项
- ❖ 低等级风险源：2项

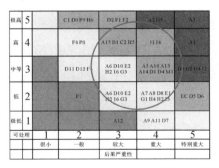

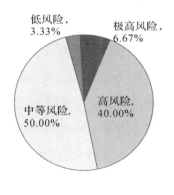

图 3.6　风险评估结论

（2）生命线系统网络脆弱性分析方法

上海交通大学刘晓课题组分析识别了生命线系统网络的脆弱环节、关键点、瓶颈点和其他脆弱区域等，基于多层次网络模型，设计生命线系统网络脆弱性分析模型。以上海市供水系统为研究对象，研究电力系统与水系统的相互依存关系，调研水系统网络结构及其关键节点和路径，考虑突发事件应对系统面临的风险，建立上海市供水系统脆弱性评估模型，设计了求解模型的进化算法，拓展了系统内部与各系统间的脆弱性研究。

（3）基于风险的城市关键基础设施脆弱性评估方法

哈尔滨工业大学李向阳课题组提出了城市关键基础设施脆弱性多维评估模型，应用状态指数计算构件内生脆弱性，引入网络权重、损失程度变量来计算外生诱发的构件脆弱性，考虑自然异动风险因素计算基础设施网络异动脆弱性。以深圳市为例，分析电网构件和结构的脆弱性，有针对性地提出风险防控策略和对策措施，提高了城市风险管理的科学性。

3.1.2.2 非常规突发事件情景构建理论与方法

为了更好地应对非常规事件情景，一种有效方法是根据国家和地区相关事件的历史案例及未来发展趋势，事先设定非常规事件情景，并编制对应的应急预案，提前做好应急准备，提升综合应急能力，从而提高响应速度和处置效果。中国安全生产科学研究院李湖生课题组提出的重特大突发事件情景构建理论与方法，涵盖情景筛选、情景演化过程构建、后果评估与模拟、应对行动分析、情景描述与展现、情景应用与更新全过程，以及基于情景的应急资源与能力差距分析、能力建设目标的设定和规划、预案的评估和完善、应急培训和演练策划等情景应用的方法。以北京市和石油化工行业为例，筛选典型非常规突发事件，构建事件情景（见表3.1），完善预案体系，分析应急资源与能力的差距，为开展应急准备工作奠定科学基础，为基于底线思维编织全方位的公共安全网络注入科学内涵。相关成果受到国家和地区相关部门肯定，并已在应急管理领域推广应用。

表 3.1　重特大突发事件情景构建应用示范

北京市突发事件情景构建	石油化工行业突发事件情景构建
破坏性地震	化工园区重大危险源危险物质泄露事件
特大洪涝灾害	海上石油开发井喷事故
大范围暴雪灾害	油气长输管线泄露爆炸事件
水源严重污染事件	大型储罐区火灾爆炸事件
大面积停电事件	井喷有毒气体扩散事件
燃气多门站停气事件	石油炼化厂区有毒气体泄露事件
大规模网络信息安全事件	
不明原因重大传染病疫情事件	
大规模群体性事件	
民航空难事件	

3.1.2.3　危机风险沟通障碍及其疏导策略

（1）情绪对风险决策的影响

不确定性易引发即时的焦虑和抑郁等负性情绪反应，这是灾害中常见的心理反应。灾害情景可引发急性情景性情绪反应，如恐惧、悲哀、压抑、失望，甚至反应性意识障碍和情绪障碍等，严重的可导致行为障碍，失去生活兴趣和自理自救能力。急性情景性情绪反应还可能在情景过后延续，即不自主地陷入当时的情景性反应，包括白日梦、噩梦等。中国科学院心理研究所张侃课题组应用国际标准情绪图片进行情绪启动刺激实验，可得到不同情绪的电压值振幅。结果表明，情绪（不论正负）会强化人们对不确定问题的早期感知(探测)；负性情绪会增强人们对风险的感知；情绪（不论正负）会降低人们的决策踏实感（即增大决策难度）。

（2）基于 Multi-Agent 的口碑传播机制

驾驭从众效应是控制群体行为（即控制群体的危机传播或扩散行为）

的关键，口碑传播在从众效应的形成过程中起着核心驱动作用。信息是决定人们的态度、决策和行为的核心要素。突发事件后，环境中充斥着各种真实或虚假的信息，最终可能演化成口口相传、短信相传、网络媒体（包括 E-mail、论坛、微博、博客等各种渠道）相传等交织在一起的巨大口碑传播网络。浙江大学马庆国课题组考虑口碑传播影响因素（见图 3.7），构建基于 Multi-Agent 的在线口碑传播网络仿真模型，应用 NetLogo 软件进行模拟。

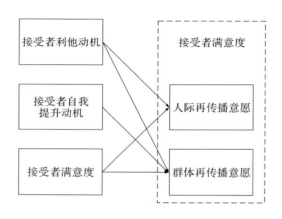

图 3.7　口碑传播影响因素

口碑传播仿真结果揭示了以下结论。①口碑信息传播分为初始传播和再传播两个阶段，初始传播由口碑信息的制造者完成，再传播由口碑信息的接收者完成。群体传播概率大的个人是在线口碑传播网络中的第一类关键节点，人际传播次数较多的个人是在线口碑传播网络的第二类关键节点。由此，为使在线正面口碑传播更快、更广，参与口碑传播的关键个人传播者越多越好；对于在线负面口碑传播，则相反。②个体间无数非线性作用是口碑传播网络形成的基础，网络中极少数主体属性值的微小改变，能引起系统长期的、巨大的连锁反应，使网络整体表现出极大的差异性。

（3）组合干预机制与管理对策

中国科学院心理研究所张侃课题组从非常规突发事件特征要素的提取分析与人群行为的模拟两方面入手，分别应用数据挖掘和群体行为模拟仿真，全面分析非常规突发事件特征要素间的相互关系，动态追踪事件演化，提出了有针对性的管理对策。

特征要素的提取分析，分别以 2008 年南方特大雪灾和"5·12"汶川地震为例，应用文本挖掘技术收集数据并分类，分析了人群反应与事件状态、政府应对的相关关系。研究结果表明，人群反应与事件状态、政府应对存在较强的相关性，政府可以通过调控，适当引导人群反应，有效应对突发事件，从而减少事件所带来的破坏和损失。特征要素及干预措施如表 3.2 所示。

表 3.2　非常规突发事件特征要素及干预措施

非常规突发事件	特征要素	干预措施
公共卫生事件	高传染性	断然隔离
	过度感知时间险情	公开事件信息
	过度反应	用少数先锋引导，多数人回到正常（从众）
地震	生存设施彻底破坏	转移、安置灾民
	交通阻断	抢修（队伍、设备）
洪水	围困	转移、疏散、安置灾民
	过度反应	用少数先锋引导，多数人回到正常（从众）
雪灾	交通阻断	抢修（队伍、设备）
	过度反应	用少数先锋引导，多数人回到正常（从众）

人群行为的模拟，以群体行为作为研究对象，以雪灾下大规模春运为例，构建社会力模型，应用 NetLogo 软件进行模拟研究。根据群体行为随时间进程的变化过程，结合仿真结果，深入探讨了突发事件后群体行为的运动规律，提出了相应的管理对策。

3.1.3 应急准备理论与方法

3.1.3.1 非常规突发事件应急准备规划理论与方法

（1）应急准备体系结构

中国安全生产科学研究院李湖生课题组分析了应急准备体系中各功能要素的关系，从应急准备的对象，涉及的使命领域、责任主体、评估和改进，应急能力单元的构建，应急能力的集成与配置、应用与验证，以及社会政治、经济、法律和文化基础等方面，构建了应急准备体系结构（见图3.8）。

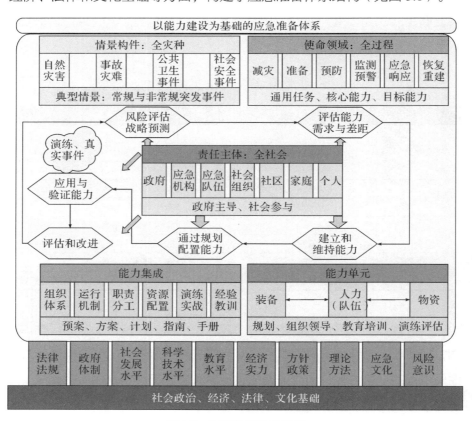

图 3.8　应急准备体系结构

应急准备的对象，既包括常规的自然灾害、事故灾难、公共卫生事件和社会安全事件，还包括发生概率较低但后果严重的非常规突发事件。应急准备涉及的使命领域，包括突发事件的预防、监测预警、应急响应、恢复重建等，以及减灾和准备两类为减轻事件损失而开展的行动。应急准备的责任主体，包括政府、应急机构、应急队伍、社会组织、社区、家庭和个人等方面。应急能力单元的构建，包括装备、人力（队伍）、物资等基本能力物资要素，通过与规划、组织领导、教育培训、演练评估等非物资要素的组合，形成各种应急能力单元。应急能力的集成与配置，是将应急能力单元与特定的组织体系、运行机制、职责分工、资源配置、演练实战、经验教训等相集成，形成应对某类突发事件的制度安排，包括各种预案、方案、计划、指南、手册等。应急能力的应用与验证，是通过情景模拟、事件应对使应急能力得到检验的。社会政治、经济、法律和文化等方面的基础，以及法律法规、政府体制、社会发展水平、科学技术水平、教育水平、经济实力、方针政策、理论方法、应急文化和风险意识等，既构成了应急准备的基本社会环境，同时也为应急准备提供资金、人力、资源、理论、方法、政策等方面的支撑。

（2）应急准备规划体系结构

李湖生课题组从中国应急管理的薄弱环节、所面临的公共安全形势、应急准备规划的限制条件等方面，分析了应急准备战略规划的现状与挑战，综合应用基于情景、任务和能力的规划方法，提出了符合中国国情的应急准备规划体系结构（见图3.9）。规划体系包括六个层次：①政策法规，指与公共安全和应急管理相关的法律、法规、政府规范性文件等，是开展应急准备规划的法律基础；②国家战略，指一个时期内，国家在公共安全与应急管理方面的宏观战略、基本愿景和重点领域等；③理论规范，指开展应急准备规划的理论、方法和标准规范等；④战略规划，指针对应急准备的不同方面、重点事件情景等的宏观战略性安排，包括定义使命、确定

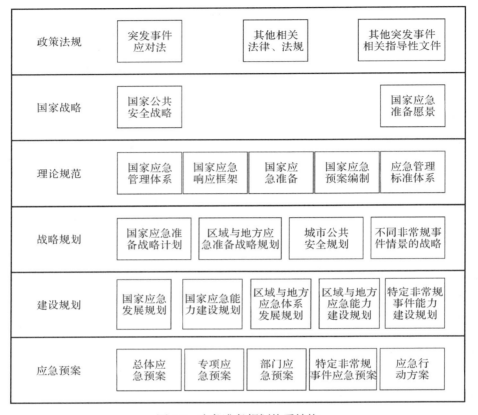

图 3.9　应急准备规划体系结构

负责部门、描述责任、确定关键能力和预期目标等；⑤建设规划，指能力建设规划和发展规划等；⑥应急预案，指操作性计划和方案。

（3）应对通用任务框架

《中华人民共和国突发事件应对法》将突发事件应对活动划分为预防与应急准备、监测与预警、应急处置与救援、事后恢复与重建等。国外应急管理理论与实践，将应急管理划分为预防、准备、响应、恢复、减灾等阶段。李湖生课题组全面分析了国内外分类方法的优缺点，将应急管理的使命领域划分为预防、准备、减灾、监测预警、应急响应、恢复重建等，涵盖了应急管理活动的各个方面。应用任务领域分析法，得到突发事件应对的通用任务框架（见图 3.10）。

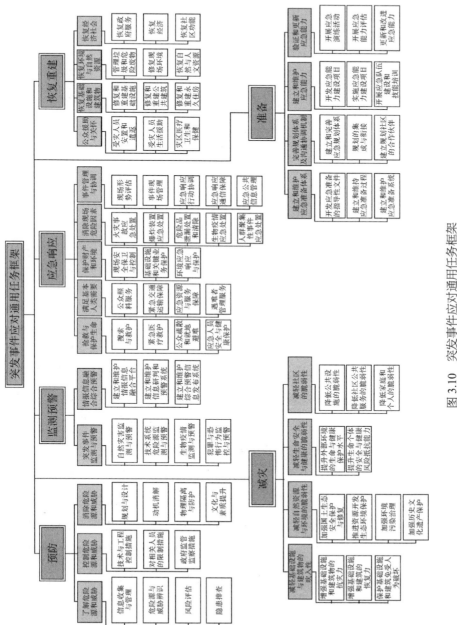

图 3.10 突发事件应对通用任务框架

（4）应急文化的结构逻辑与培育策略

同济大学韩传峰课题组从应急文化的深度、宽度和演化三个维度辨析中国现有应急文化的培育要素，如图 3.11 所示。

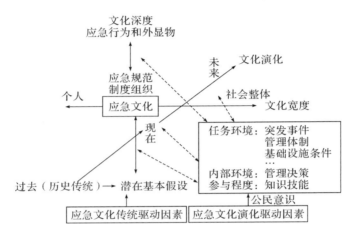

图 3.11　应急文化培育维度及要素

①应急文化的深度，表现为应急文化的层次结构，包括物象层、规范层和潜在基本假设层。物象层，指应急文化的物品和行为及其相互的联系，反映了应急文化更深层次的内容；规范层，既是适应物质文化的固定形式，又是塑造精神文化的主要机制和载体；潜在基本假设层，是整个应急文化有机体的神经系统，是应急文化的精神支柱和灵魂。

②应急文化的宽度，即民族和区域内应急管理涉及个人、组织和社会（群体）的因素。个人因素，主要关注个人的应急意识和应急行为；组织因素，涉及突发事件应急管理的责任主体——国家管理体系，以及参与应急管理各阶段的社会组织的应急文化水平和组织间的连接关系；社会因素，关注社会整体层面，包括自然领域、经济领域、政治体制，以及文化体系对应急文化的影响。

③应急文化的演化，即在主体解决应急外部适应和内部整合问题过程中形成和发展，由不同的过程状态组成。

韩传峰课题组针对应急文化传统驱动因素"潜在基本假设"和应急文化演化驱动因素，分析应急文化培育机制。高效科学的应急文化系统培育机制应包括能力提升机制、目标达成机制、系统整合机制和价值导进机制（见图3.12）。这些机制涵盖应急文化"潜在基本假设""任务环境""内部环境"和"参与程度"四个培育要素的各项功能，它们相互渗透补充，相互促进，难以单独割裂研究。从奠定应急物质基础、优化应急制度体系和塑造科学应急价值观等方面，提出应急文化培育策略，以维护处于潜在状态的价值模式，维持社会共同价值观的基本模式，并使其在系统内保持制度化，最终达到应急管理目标，促进社会和谐发展。

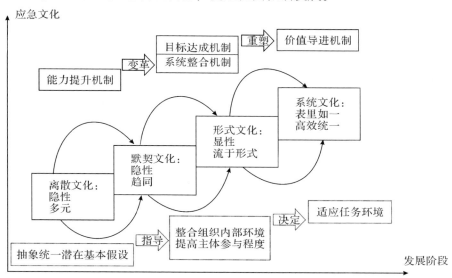

图 3.12　应急文化培育机制

上述研究成果综合构成了应急准备规划理论框架，为国家突发事件应急体系"十一五""十二五"和"十三五"规划编制提供了直接的技术支撑，提升了中国应急体系规划建设的科学性。

3.1.3.2　非常规突发事件应急预案优化理论与方法

（1）应急预案体系结构及分类

中国安全生产科学研究院李湖生课题组从应急预案的结构原型、管理办法、编制指南，以及重要基础设施保护计划、工作连续性计划等方面，提出适用于中国国情的应急预案体系总体结构。以国家总体预案与行动预案、地方政府综合应急行动预案、企事业单位和社区的行动预案为对象，考虑所应对突发事件的影响范围、严重程度和复杂性的差别，分别分析不同层级应急预案的功能特点，根据突发事件的不确定性与应急职能的确定性等特点，提出了构建稳健型应急预案体系框架的思路。应急预案体系结构及分类如图 3.13 所示。

系统	特点				
	应对目标	使用单位	基本任务	弹性需求	细化程度
国家总体（战略）预案	巨灾或各类危机	国务院及其组成部门	协调统一重大支援行动	弹性小，大多不涉及具体活动	不确定性高，只做原则要求
省市各地方政府综合行动预案	灾难或影响范围较大突发事件	县以上地方政府及所属部门、单位	协调统一指挥、组织现场应急响应	具有一定弹性，对疏散保护等功能保有具体安排	具有不确定性，应规划较清晰的行动路线
村镇乡、社区和企事业单位应急行为预案	一般事故或事件	基层组织或企事业单位	现场"第一响应"，组织开展现场救援活动	弹性较大，应灵活应对各种随机情景	任务明确，安排细致
政府及其部门应急预案	总体应急预案	规定突发事件应对的基本原则、组织体系、进行机制，以及应急保障的总体安排。明确各方的职责和任务。			
	专项及部门应急预案	国家层面	省级层面	市县级层面	乡镇级层面
		应对原则、指挥机制、预警分级、信息报告要求，体现政策性和指导性	组织指挥机制、信息报告要求、分级响应行动、物资保障及调动	指挥机制、风险评估、监测预警、处置措施、物资调动程序	预警信息发布、先期处置和自救互救、信息呼救信息收集报告、人员临时安置等
	重要基础设施、生命线工程重要目标保护预案	明确风险信息及防范措施、预测预警、信息报告、应急处置和紧急恢复			
	重大活动保障预案	侧重明确活动安全风险信息及防范措施、预测预警、信息报告、应急处置、人员疏散组织和路线			
	联合应急预案	侧重明确相邻、相近地方人民政府及其部门间信息通报、处置措施衔接、应急资源共享等应急联动机制			
单位和基层组织应急预案	侧重明确应急响应责任人、风险信息情况、信息报告、预警响应、应急处置、人员疏散组织和路线、可调用或可请求援助的应急资源情况，体现自救互救、信息报告和先期处置特点				

图 3.13　应急预案体系结构及分类

（2）基于生命周期的预案管理模型

大连理工大学荣莉莉课题组认为，预案系统运行的生命周期取决于其熵增和熵减。其研究应用熵表示预案系统的混乱程度，提出通过熵值计算预案生命周期曲线的变化趋势。基于预案生命周期曲线，建立了基于信息熵的预案生命周期曲线（见图3.14）。由于不同预案生命周期存在差异性（见图3.15），需根据预案的不同，从生命周期不同阶段，识别实现应急预案持续改进的关键驱动因素，包括时间及非时间驱动因素等，建立基于多变量的预案体系演化模型，计算得到预案规定和实际的平均修订周期（见图3.16）。结果表明，预案体系的有效性随颁布预案概率的增加而减弱，修订预案时去除法律法规的数量先增强后减弱。

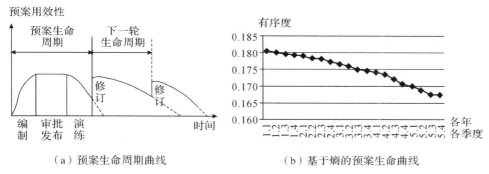

（a）预案生命周期曲线　　　　（b）基于熵的预案生命曲线

图3.14　预案生命周期曲线和基于熵的预案生命周期曲线

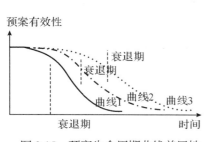

图3.15　预案生命周期曲线差异性

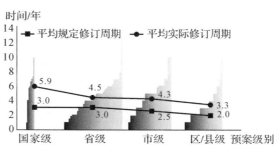

图3.16　预案规定和实际的平均修订周期

（3）基于预案有效性内部影响因素的修订策略

荣莉莉课题组从法律法规、演练效果等方面，识别预案有效性内部影响因素，明确各类各级预案的生命周期和预案的动态管理过程，搜集分析预案修订与演练周期的实例数据，提出预案修订的策略。考虑法律法规变化、演练效果以及综合考虑所有内部因素的修订策略分别如图 3.17、3.18 和 3.19 所示。结果表明，预案编制时所参考的法律法规变化后，相关预案必须及时修订；演练效果达到某一阈值后，需修订预案；确定单个应急预案的修订周期，需综合考虑影响预案有效性的所有内部因素。

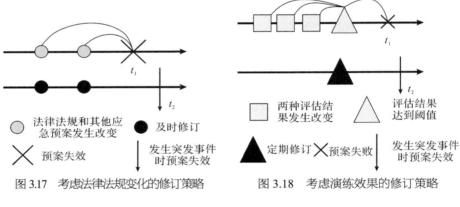

图 3.17 考虑法律法规变化的修订策略　　图 3.18 考虑演练效果的修订策略

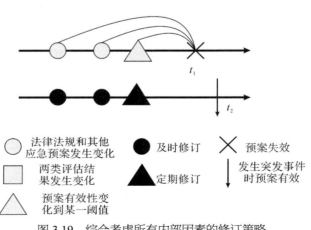

图 3.19 综合考虑所有内部因素的修订策略

（4）应急预案数字化模型

荣莉莉课题组关注突发事件应急决策和应对需求，考虑主体层、主题层、任务层和资源层，综合构建了预案的层次网络模型（见图 3.20）。当前以自然语言发布预案，内容具有离散性和集中性等特点，易导致预案信息查找困难。因此，构建了基于层次网络模型的预案管理原型系统。系统具有以下功能：实现预案、法律法规、灾害案例、推演模型等的数字化管理和查询；针对四大突发

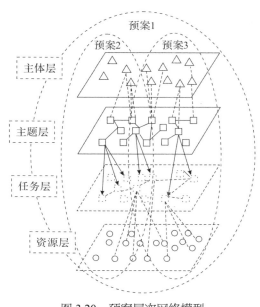

图 3.20　预案层次网络模型

事件，实现应急响应方案的推演；根据系统中存储的模型，推演灾害的发展演化；建立有效性评估预案体系，并提供修订建议。该系统推动了全国应急预案体系的调研和评估，提出了进一步完善中国应急预案体系的意见和建议，为国务院办公厅编制发布《突发事件应急预案管理办法》提供了理论基础和技术支持。

3.1.3.3　中国特色应急管理体系的顶层设计理论

（1）中国应急管理体系计算实验方法

同济大学韩传峰课题组厘清应急管理组织系统结构层级，把握层级间的信息、物资、资金等要素流动规律。针对协调层，基于 NK 模型，构建

应急管理组织系统适应性模型，研究不同情境下，集权、分权和层级等决策模式的组织系统的适应性特征，以及组织文化、决策者能力、信息流等因素的影响机理，优化组织模式设计和组织关系协调。针对保障层，分析城市内涝的情景特征，构建应急资源配置模型，综合考虑内涝发生概率和救援需求的不确定性以及物流成本和风险惩罚，优化救援中心选址和资源配置。将应急组织协调转化为与应急组织相对应的功能协调，对不同组织的应急功能进行抽象，建立随机规划模型，协调资金投入，以改善组织在自然灾害应对中的功能输出。组织的功能协调以系统的优化为最终目标，针对处置层，构建马尔可夫决策模型，针对应急管理的不确定性情景特征，提出基于马尔可夫决策的动态决策模型，支持应急管理决策。综合集成应急管理体系模型方法，开发动态决策支持原型系统，明确原型系统的逻辑结构和运行流程，优化制度、策略选择，实现最优资源配置，支持管理者决策。中国应急管理体系计算实验的研究框架如图 3.21 所示。

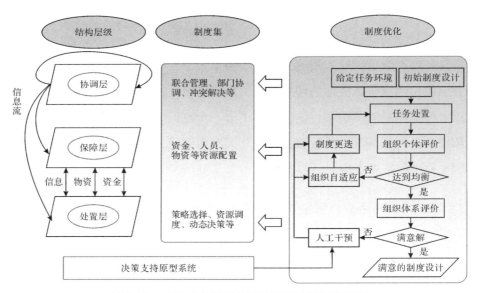

图 3.21　中国应急管理体系计算实验的研究框架

（2）中国应急管理体系模式重构

韩传峰课题组基于应急管理体制的先决性，系统分析体制对法制、机制及预案的建构作用，探究确定法制的应然地位，以及机制和预案的催化功能，厘清"一案三制"的内涵、功能及相互作用关系。分析美国和中国应急管理体系的动力结构特征，提出应急管理体系的动力结构分析框架，为应急管理体系研究提供新视角。

"一案三制"，即应急体制、应急机制、应急法制和应急预案（见图3.22），是为明确行为主体及其角色定位、行为的方式与边界，在一定的规则约束下所建立的制度系统。"一案三制"本质上是系统活动的抽象，集中概括了应急管理体系的核心内容，明确了突发事件应急管理的主体、规范、方法和程序，彼此联系、互为补充，构成具有特定功能的有机整体。①应急体制，是系统运行的基础，强调主体的关联关系，以权力为核心，以组织结构为主要内容，明确应急主体的组织形式、职能分工等，相当于人机系统中的硬件，具有先决性基础作用。②应急机制，主要指应急法制与体制的管理方法与措施的规范化、制度化，强调主体相互作用的过程与效率，以运行为核心，以处置方式为主要内容，解决组织协调、信息沟通、资源调度等问题，相当于人机系统中的软件，具有支持保障作用。③应急法制，主要指应急管理组织

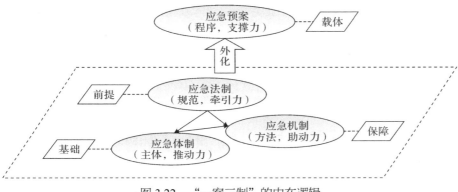

图 3.22　"一案三制"的内在逻辑

系统运行的规范，强调应急管理主体行为的约束与边界，规定机构的设置与职能，明确命令传递、信息沟通等指挥协调机制，规范个人及组织的行为，规制系统运行，具有指导性准则作用。④应急预案，是体制、机制、法制三者作用关系的外化，构成系统运行的载体，强调主体微观层次的操作执行，按照法制的要求，结合体制和机制的实际，精细化应急管理流程，促进应急管理的有序高效进行。应急体制是基础，属推动力；应急机制是保障，属助动力；应急法制是前提，属牵引力；应急预案是载体，属支撑力。"一案三制"是应急管理组织系统运行和演化的内在动力。

现有应急管理体系暴露出应急主体错位、关系不顺、机制不畅等一系列结构性缺陷，必须通过自上而下的顶层设计加以完善和提升。研究发现，应急管理体系模式重构需重视以下问题：①理念问题，即政府、市场、社会的定位及互动关系；②体制问题，即应急管理组织体系中的横向和纵向关系；③机制问题，要关注应急管理体系的运行效率；④工具问题，要明确应急管理的政策工具选择。因此，要结合中国应急管理所面临的理论预设更新、执政方式转变、社会结构变革、社会风险加剧等新态势，秉承多元治理理念，以制度创新为核心，从重塑应急管理组织文化、变革应急管理组织结构、完善应急管理组织机制、着重应急管理人才培养、强化现代信息技术应用等方面，提出中国应急管理体系的模式原则、功能和重构策略，形成模式重构新思路。中国应急管理体系模式重构策略如图 3.23 所示。

3.1.3.4　非常规突发事件应急组织设计理论

（1）应急管理组织结构动态重构机制

非常规突发事件使应急组织的内外部环境不断改变，把握多变情景的组织重构规律成为迫切需求。北京航空航天大学赵秋红课题组以分形理论为基础，研究了"情景－应对"的应急管理组织动态重构机制。从应急管

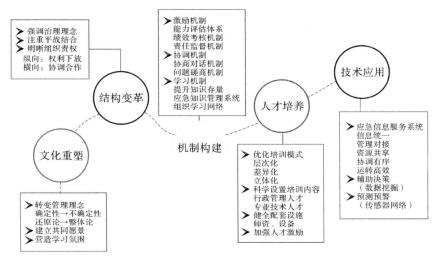

图 3.23　中国应急管理体系模式重构策略

理的体制、机制、法制以及应急预案等方面，分析中国应急体系现状，结合美日应急管理组织结构特性，提出了基于协同思想的应急管理体系架构，改进了中国现有应急管理组织结构，以突出各级决策者的专业性和多部门的协同性。三级应急组织架构如图 3.24 所示。

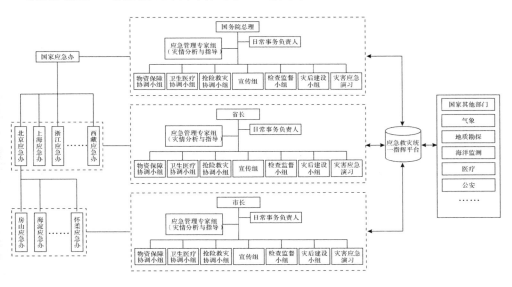

图 3.24　三级应急组织架构

从复杂系统视角，借鉴关系驱动型和项目导向型分形系统方法，研究非常规突发事件的组织系统。在协同应急组织框架下，以应急单元间的供需关系和"委托－执行"关系为主线，生成应急组织分形元，构建分形应急组织系统框架，提出了不同情景的应急组织动态重构机制。以"8·12"天津重大安全生产事故为例，从应急任务、应急能力和应急指挥三个维度，研究应急状态下分形应急组织的重构过程，验证了分形协同下应急组织重构的高效性和灵活性。

（2）应急组织的能力与绩效评估

赵秋红课题组总结应急能力评价相关的理论研究、实践经验，分析影响非常规突发事件应急管理不同阶段应急能力的因素，依据评价指标体系的构建原则和步骤，构建非常规突发事件应急管理不同阶段的评价指标体系，并提出评价方法。应急组织的能力与绩效评估包括应急预案完备性评估、应急组织有序度评估、应急监测预警能力评估、应急响应能力评估、灾中应急组织绩效评估、灾后应急管理体系完善性评估等方面。

①应急预案完备性评估。预案优劣关乎整个应急管理的成败，现有应急组织模式从物质保障、人员保障、基础设施保障、政策和非政府组织保障四个维度，分析评估应急预案的非常规突发事件应急保障能力，构建了应急预案完备性评价指标体系。

②应急组织有序度评估。应用结构熵方法，评价了北京市和深圳市的防汛应急组织有序度。结果表明，在防汛应急组织结构中，信息流通的时效和质量都很重要；在制定应急体系时，信息传达层级过多，层级间的管理跨度过大，易造成信息传递延误和失真等问题。此外，针对中国救助物资供应、管理等方面的问题，提出了新的物资发放组织，并应用结构熵方法比较了新旧组织的有序度。

③应急监测预警能力评估。以非常规突发事件及其次生和衍生事件为

监控对象，从监测能力、辨识能力、损失评估能力和预警能力四个维度，构建了非常规突发事件应急监测预警能力评价指标体系。

④应急响应能力评估。应急响应能力指决策者利用相关部门提供的各类信息，及时制定响应方案并发出应急救援指令的能力。从灾情评估能力、指挥协调能力、应急救援能力和信息传递能力四个维度，构建了非常规突发事件的应急响应能力评价指标体系。

⑤灾中应急组织绩效评估。借鉴平衡计分卡的指标建立方法，从公民（救援能力）、投入控制、内部运作及改进和提高四个维度，构建了灾中应急组织绩效评价指标体系。基于灾中应急组织绩效评价影响因素及因素间的反馈关系，以"7·21"北京特大暴雨事件为例，进行系统动力学仿真。结果表明，提高组织分工与协调水平对综合绩效的影响最大，接下来依次为救援人员充足情况、物资满足情况、向专家咨询情况；在灾害环境下，考虑各种因素的影响和成本约束，可让应急组织的绩效维持在一个适当的水平；研究有助于建立绩效实时监控系统，辅助管理者监控综合绩效变化。

⑥灾后应急管理体系完善性评估。非常规突发事件应急管理的成败还涉及灾害损失评估能力、事后补偿能力、应急预案维护能力和灾后重建能力等诸多要素。借鉴美日等发达国家的应急管理经验和研究成果，构建了灾后应急管理体系完善性评价指标体系。

（3）国家应急处置合作网络结构及运行机制

同济大学韩传峰课题组从新浪网、中新网、搜狐网和凤凰网等，收集了汶川地震、玉树地震、雅安地震和定西地震的专题报道，总计4270条，42万字。基于各级政府应急组织间的垂直隶属关系，运用指数随机图多层网络模型，针对组织间关系的层次性和对偶性，建立上述四次地震政府应急组织关系矩阵，构建了政府应急组织合作网络模型（见图3.25），剖析合作网络结构逻辑，探究上下级政府应急组织合作的一致性。结果表明，

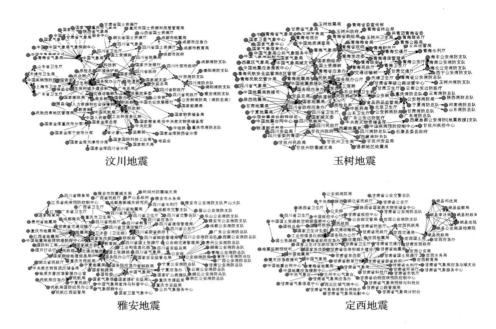

图 3.25　四次地震政府应急组织合作网络模型

国家级应急组织参与数量与受灾人数（遇难人数＋受伤人数＋失踪人数）成正比；国家级应急组织可增大整个应急网络的集中趋势，其占比越大，信息在整个网络中的传递速度越快，组织间信息沟通越频繁；具有信息和物资等资源的组织更容易产生合作，县级应急组织彼此联系非常紧密，但处于合作网络边缘；在中心度前十名的组织中，国家级应急组织占比最大。

　　韩传峰课题组解析了隶属关系对多层合作网络结构的作用方式，研究了应急组织合作的整体性建构模式。应用二次指派程序，分析汶川地震应急组织合作的决策传递网络、信息沟通网络、资源流动网络，以及应急组织的级别、任务和性质等的相关性。结合组织关系理论，剖析应急组织间多维关系的交互模式，运用多网络交互模型、方法和技术，分析多维网络交互的结构逻辑和应急组织属性的作用。从决策传递、信息沟通和资源流动三方面，探究应急组织合作的宏观运行机制。

　　韩传峰课题组以汶川地震为例，进行了汶川地震应急组织的命令传递网络、信息沟通网络和资源流动网络仿真分析。结果表明，在命令传递网络中，集权特征突出，命令传递具有明显的集中性，存在关键传递组织；网络闭合不显著，无分布式决策特征；结果验证了同质性理论，级别、任务、性质等属性相同的应急组织间命令传递显著。信息沟通网络中，信息交互关系显著；集中性突出，具有一定的集权特征；高序网络闭合显著，途径缩短，局部聚集，向多个相同组织发送信息的组织间无联系，接收多个相同组织信息的组织间有联系；级别、任务相同的应急组织间命令传递显著，性质对信息传递无显著作用。在资源流动网络中，集权特征突出，命令传递具有明显的集中性，存在关键传递组织；网络闭合不显著，无分布式决策特征；组织属性对组织间资源流动无显著作用。

3.1.3.5　非常规突发事件应急管理的法制保障系统

（1）应急法律体系重构

中国政法大学马怀德课题组研究认为，以《中华人民共和国突发事件应对法》为核心的现有应急法体系与非常规突发事件应对的要求差距明显。为适应非常规突发事件应对的迫切需要，有必要以增强法的适应性为主要目标，重构中国的应急法律规范体系，具体措施包括：设计确保应急能力最大化的组织体系和指挥机构；为应急资源的保障和筹集做出制度安排；为非常规突发事件的应急决策提供足够的权力空间；规范非常规突发事件处置的结束与常态法律秩序的恢复；明确应急法在应急管理中的功能定位。

（2）风险规制的法律制度完善

马怀德课题组以全国人大常委会对突发事件风险规制方面法律的执法检查情况为对象，研究了中国风险规制法律制度的现状、问题与完善，认为《中华人民共和国突发事件应对法》将预防为主确立为突发事件应对工作的原则，但切实预防突发事件需要依赖常态下风险规制体系的完善，从重申政府安全保障职能、强化规制机构的负责性、完善规制措施等方面，提出寻求风险规制活动法治化的建议。

（3）应急决策的行政法律制度设计

马怀德课题组认为，在现代社会中，当行政机关对公众的需求进行有效的回应成为其管理的合法性基础时，其所制定的为防止极端事件发生的行政措施有时会出现非理性的情况。为确保行政措施的合法性，需要对行政法律制度进行变革，包括建立一种长效的风险治理与评估机制，以对公众的要求加以反思、评估和过滤；通过规则实现行政措施的过渡性；通过"日落条款"规定行政措施的适用期限；通过补偿机制确保公正，同时增加行政措施的合理性。

3.1.3.6 应急资源保障与协调优化理论与模型

（1）基于系统动力学的应急资源需求预测方法

救援物资需求种类及数量的合理评估与预测是高效分配和运输应急物资的前提。非常规突发事件应急物资需求具有影响因素复杂、各因素量纲不统一和历史数据缺少等特点，需要根据灾害属性、受灾地区经济社会指标及已配送物资情况，构建大规模突发事件的应急物资分配决策情景。大连理工大学王旭坪课题组应用三种相似度方法测量各受灾点的物资分配情景，建立了基于情景的应急物资需求比例评估方法。算例分析结果表明，与现有方法相比，所提出的方法不仅能够处理精确值、区间值和模糊值同时存在的混合情景，而且能够反映出决策者偏好。

针对路况动态变化的地震物资调配问题，基于前景理论，考虑救援中心和受灾点，分别构建不同主体的风险感知函数，以衡量主体的物资供应不足和延迟的风险感知程度，建立考虑主体行为的物资调配全过程系统动力学仿真模型，包括道路运力评估、物资流动、决策过程、物资需求等模块。考虑整个救灾物资分配运送的因果关系，从应急物资供给－分配－消耗系统的角度提出震后应急物资需求预测方法，能够全面系统地模拟地震灾害救援物资协调决策效果，还能推导出受灾点的应急物资需求，以及实时显示物资的供给、库存和运送等情况。算例分析结果表明，救援中心和受灾点主体的决策态度不一致时，受灾点主体的决策偏好对联合决策影响较大；若主体持乐观态度，救援中心发货频率、救灾点物资供应频率较高，若主体持悲观态度，救援中心单次发货量、库存相对较高。

（2）应急资源动态优化模型及算法

在资源约束条件下，及时有效的应急物资动态调度是快速开展救援工作的关键。王旭坪课题组以灾民损失和车辆调度费用最小为目标，构建混合整数规划模型，优化运力约束条件下救援车辆路径选择和应急物资分配等决策问题，应用分层求解策略缩小解空间，改进基于客户点的编码方式，设计遗传算法求解模型。算例分析结果表明，当运力在一定范围内变化时，救援效果随物资集散地运力的增加不断优化，总惩罚费用降低，配送时间减少；若投入救援车辆过多，救援时间不但不会缩短，运作费用反而会增加。

（3）一体化应急资源保障分区方法

在非常规突发事件背景下，中国科学院大学黄钧课题组研究应急资源保障分区和中央储备库布局，建立应急资源一体化区域保障体系，以保障物资供应。首先，考虑行政区域、地理位置、灾害类型、交通条件、气候类型等因素，构建分区的协调性指标，应用聚类方法求出中国应急资源保障初始分区方案。然后，考虑资源保障的时效性、可靠性、均衡性等要求，提出被覆盖满足率与需求点的多覆盖度概念，考虑资源需求量、最坏情景、优势情景等，建立基于被覆盖满足率与多覆盖度的最小费用布局模型、基于协调保障可靠性的需求点多级保障最大覆盖布局模型、基于应急物流网络可靠性的覆盖模型，根据计算结果给出中央储备库的布局的调整方案；最后，以全局性、可靠性、时效性、均衡性、经济性为指标，应用数据包络分析方法比较分析中央储备库布局方案，最终确定中央储备库应布局在天津、沈阳、哈尔滨、合肥、郑州、武汉、长沙、南宁、成都、西安、昆明、乌鲁木齐、济南、杭州、南昌、石家庄、呼和浩特。

（4）血液保障体系设计和协调优化模型

西南交通大学马祖军课题组结合汶川地震、"9·11"事件等的应急血液保障情况，从血液需求、血液采集、血液供应、临床用血、用血安全等方面，分析非常规突发事件应急血液保障的特征。根据国内外血液保障工作现状和应急血液保障体系的构建要求，设计了中国应急血液保障体系的框架；基于突发事件应急指挥体系，建立了国家、省、地方三级应急血液保障指挥体系，并提出了非常规突发事件应急血液保障协调优化模型及算法。首先，根据应急血液保障不同阶段的特点，分别提出了基于 Logistic 曲线特征的应急血液需求总量预测模型、基于灰色包络－马尔可夫链的应急血液信息更新模型、基于灰色－人工神经网络的应急血液组合预测模型，优化非常规突发事件的应急血液需求预测。其次，分别提出了国家血液战略储备库的选址－分配模型、基于禁忌搜索算法的两阶段启发式算法、血液战略储备库库存轮换更新策略、应急血液动态采集量模型及遗传算法，优化应急血液储备与应急采血计划。最后，分别提出了应急血液调剂出救血站选择－分配模型以及向量编码遗传算法、应急血液调剂出救血站选择－运输路线安排问题优化模型以及遗传－禁忌混合算法、考虑血型替代的应急血液分配问题双层规划模型以及贪婪启发式算法、基于血液库龄的应急积压血液转运优化模型以及解析算法，优化应急血液调剂模式。

3.2　监测与预警

3.2.1　监测预警技术体系与模型

3.2.1.1　非常规突发事件应急物联网技术与方法

（1）主动感知与应急指挥的物联网技术与方法

物联网技术虽已得到人们的广泛重视并逐步成为人们的研究重点，但面向非常规突发事件的物联网系统主动感知和应急指挥尚处于初级阶段，仅集中在传感器层、网络层、服务器硬件层，面向海量异构传感数据的处理与智能分析等方面的研究鲜见，难以满足非常规突发事件应急管理的要求。中国科学院软件研究所丁治明课题组结合物联网技术和应急管理技术，应用个体感知、群体统计感知、模型预测感知等技术，分析预警突发事件，通过应急资源统一管理与状态跟踪，以及多资源和多任务的优化调度，实现应急指挥工作协同，为非常规突发事件应急管理提出了新方法和新思路。基于物联网技术的非常规突发事件主动感知与应急指挥框架如图 3.26 所示。

（2）兼容"键 – 值"查询与逻辑条件查询的物联网海量数据存储技术

在传感器数据管理、时空数据库及移动对象数据库等领域，已有学者研究了全球定位系统（global positioning system，GPS）、射频识别（radio frequency identification，RFID）等单一类型传感器所采集的时空数据存储技术。但是，在海量异构传感器流式时空数据的统一表示、查询与互操作等方面，尚无切实可行的方案。丁治明课题组面向各类异构传感器流式时空数据，提出统一的数据库表示与查询处理方法，构建时空数据类型、查询操作与查询语言、数据流时空索引机制，统一表示、处理与查询各类传

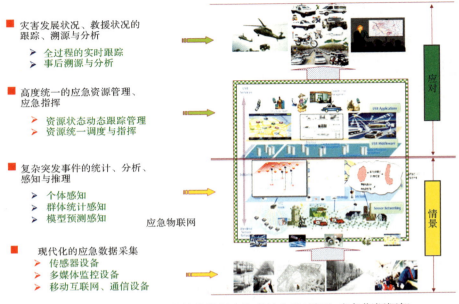

灾害发展状况、救援状况的
跟踪、溯源与分析
- 全过程的实时跟踪
- 事后溯源与分析

高度统一的应急资源管理、
应急指挥
- 资源状态动态跟踪管理
- 资源统一调度与指挥

复杂突发事件的统计、分析、
感知与推理
- 个体感知
- 群体统计感知
- 模型预测感知

现代化的应急数据采集
- 传感器设备
- 多媒体监控设备
- 移动互联网、通信设备

应急物联网

应对

情景

图 3.26   基于物联网技术的非常规突发事件主动感知与应急指挥框架

感器数据序列。

　　已有研究多应用"顶层改造"方法，基于原有"键－值"数据管理层，增加一层，支持关系数据库查询语言。由于模型转换复杂，"顶层改造"方法效率较低。丁治明课题组提出能够兼容"键－值"查询与逻辑条件查询的物联网海量数据存储机制，利用底层模型结合关系数据库与"键－值"数据库的优势，通过支持与优化全局数据分布、全局索引、全局查询机制，满足了非常规突发事件物联网海量数据的高效管理与查询处理要求；提出"海－云"协同的海量物联网感知数据存储与查询处理模型，有效地提高了系统的大数据存储能力。

　　（3）基于物联网海量数据流和事件感知规则的突发事件分布式感知机制

　　应急物联网包含海量的传感器结点和计算机结点。为满足最小业务半径原则，保证任务处理效率，事件感知规则需分布式存放和执行，已有研究较少关注这一问题。丁治明课题组研究提出一种分布式的非常规突发事件主动探测机制,大量预警规则在传感器接入层执行,应急感知与指挥层的推理规则完成复杂的数据分析工作,并对事件进行推理,保证了事件感知的效率;提出基于数据库集群内核级的物联网感知数据统计分析模型,支持物联网统计分析;提出基于物联网动态感知数据的突发事件检测技术,实现事件精确感知;提出社会传感网络分层模型,有效地提高了系统的突发事件感知性能;提出基于海量感知数据的突发事件影响力衡量技术,提高了突发事件的探测与预警能力;提出群体异常态势演化模型,实现了群体行为感知;提出基于事件态势演化的灾害跟踪技术,提高了系统的突发事件处置能力。基于物联网海量数据流和事件感知规则的突发事件分布式感知过程如图 3.27 所示。

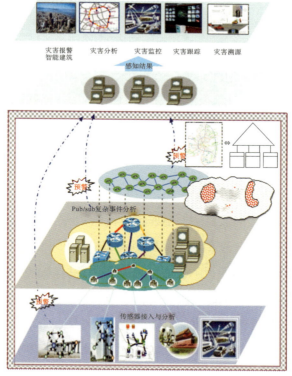

图 3.27 基于物联网海量数据流和事件感知规则的突发事件分布式感知过程

（4）基于时空逻辑的统一应急指挥与调度机制

丁治明课题组研究提出仓库、救援机构等位置固定的应急资源，救援车辆、应急物流车辆等位置移动的应急资源的统一时空、状态管理方法，位置移动的应急资源的多渠道定位方法（如 GPS、RFID），以及基于统一时空轨迹模型的位置跟踪方法；提出应急资源管理的层次、批次表示模型，实现海量应急资源的有效管理；提出基于交通状况、气象条件、灾害状况等多种因素融合及诱导规则库的智能型和持续动态导航机制；提出基于空间代价及时间约束的时空多资源－多任务匹配方法，以及基于多重衡量标准的启发式资源调度策略，优化应急资源调度；提出基于事件发展态势的动态交通诱导及疏散技术，提高应对突发事件的应急指挥与调度能力。

3.2.1.2　非常规突发事件在线感知预警理论与方法

（1）在线危机情报的抽取、过滤技术

北京邮电大学方滨兴课题组提出多通道在线危机情报获取的高性能体系架构，为满足情报信息采集规模和灵活性等要求，采用"主从分布、自主协同"的分布式定向采集体系架构。提出面向微博、论坛及社交网络的主动采集技术，通过人机辅助策略定位帖子索引页面（即版块页面），再通过精确的网页信息抽取算法，精准定位目标帖链接，可以完全消除噪声链接。提出基于页面分割和逆序解析 DOM 树的新闻信息提取方法，应用页面分割算法得到新闻网页的主要区域，逆序解析其 DOM 结构，以达到成功提取新闻的内容、标题、出版社和出版时间等新闻关键信息的目的。提出面向情报信息抽取的高效文本分类技术，基于 MapReduce 的分布式编程框架，实现基于向量空间模型的在线垃圾过滤高效文本分类技术。

（2）多源危机情报智能分析与态势研判技术

方滨兴课题组提出原子事件演化模式挖掘方法，基于谱聚类方法从文本语料库中抽取原子事件（包括时间、地点、人物等特征），根据事件信息的内容和时间相似性及事件在多个文档中的共现频率等因素，判断事件关联度，挖掘事件的演化关系。提出基于多维向量的微博情感分析模型，从临床心理学抽取情感词，构成情感向量多元模型，基于在线微博数据流，实时监测情感向量，挖掘频繁出现的主流情感模式，通过分析其时序特征检测用户情感演化。提出面向安全事件的情感演化分析方法，定义正面、负面和正负面情感相对强度，刻画情感演化状态，确定影响情感演化的主要因素分别为情感因素、社会影响力因素和动态因素，设计计算方法，基于安全相关数据，监测公众情感波动。

（3）网络事件传播与演化过程的不确定性分析

网络事件的复杂性和突发性等特征，使网络事件传播与演化过程的不确定性难以分析。因此，要研究不同类型网络事件的特征及其分布的不确定性，建模计算网络事件的真实程度。提出一种基于特征分布的网络事件不确定性度量方法。首先，从来源网站、事件来源网页、事件属性等方面，分析影响网络事件不确定性的因素。其次，应用矩阵运算，分析计算过程，提出影响网络事件不确定性特征模拟仿真算法。最后，验证了网络事件不确定性测量算法的有效性。

（4）在线异常征兆的早期探测与预警技术

方滨兴课题组提出基于隐马尔可夫模型的多序列突发事件发现技术，应用改进马尔可夫转换模型和具有两条可观测时间序列的模型，进行突发事件爆发预测，通过引入跳跃点的方式拟合异常值，通过优化方法，找到最可能的隐变量序列，并预警潜在突发事件的发生时间点。提出基于时空扫描统计的异常安全事件爆发预警技术，时空扫描统计各类突发事件，实时监测所关注的事件，对比局部与全局的泊松分布的显著性差异，发现存在时空异常聚集的未知风险区域和时段，以实现对突发事件爆发的预警。

研究成果广泛应用于暴力恐怖等突发事件的分析和预警，全面覆盖微博、博客和论坛等社交网络的通道5000多个，全面支持在线危机情报采集、智能分析与态势研判、线上线下交互机制、异常探测与预警、动态情报导航与人机交互协作、在线危机指挥控制机制的设计与优化，并提供在线应急感知、情报分析预警和危机情报导航等功能（应用示范体系结构见图3.28）。

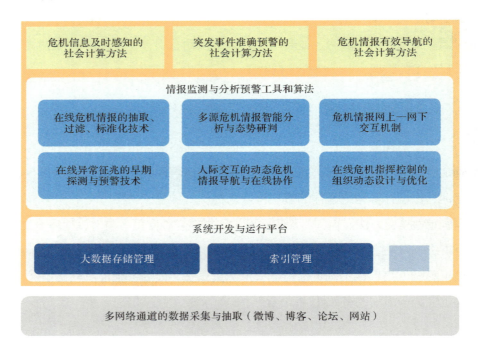

图 3.28　应用示范体系结构

3.2.1.3　非常规突发事件多源数据挖掘与融合理论

　　清华大学张辉课题组提出针对突发事件的应急数据管理系统整体框架（见图3.29），动态实时采集、清洗、集成和融合数据。应急数据管理系统整体框架分为三层：①数据源层，需要有效管理和集成来自相关部门、互联网及现场采集等的多源数据；②数据处理层，包括数据抽取、数据集成、实体及其关联关系的存储三项关键技术；③应用层，开发应用基于数据处理层获得的实体及其关联数据库，以满足决策者使用 Web 数据的需求。

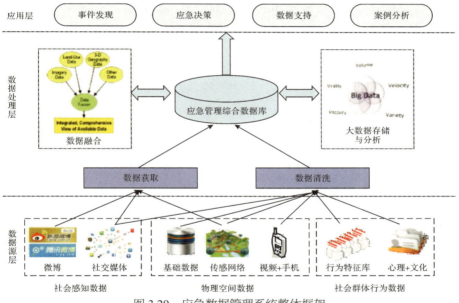

图 3.29　应急数据管理系统整体框架

　　突发事件数据源的感知、挖掘技术，包括数据抽取、分类方法以及Web 信息可信度识别方法等，根据应急管理情景数据集成的需求，采用多源数据集成技术路线，分析数据源，总结建立配置说明文件，应用面向领域的 Web 数据集成技术，将半结构化和无结构化的数据源集成为结构化数据集。

①数据存储与查询技术。张辉课题组提出基于"双核"和云的数据存储和管理系统框架，开发完成了云数据管理原型系统 TaijiDB，提出备份数据的查询调度算法，以提高查询并行度，保证节点间的负载均衡，提出高效、可扩展的多维索引架构，提出云环境下基于 MapReduce 的在线聚集系统，开发完成了在线聚集系统 COLA。

②应急数据的共享与调用标准。针对非常规突发事件的数据共享问题，采用 PAVLL 开源方案实现分布式虚拟网络的构建。基于云计算技术的服务支撑，初步建立和设计了非常规突发事件数据处理和分析实验平台，为应急管理需求方提供大规模智能计算方法和计算支持，为运筹优化模型提供基于互联网构架的并行计算服务，为平台部分模型提供远程共享的并行计算资源。

③轨迹数据隐私保护技术。针对轨迹数据发布的个人隐私泄露问题，从隐私保护算法、数据可用性衡量标准等方面入手，基于不同攻击模型，提出了轨迹数据隐私保护技术，包括区分位置敏感度的轨迹隐私保护方法、基于前缀树的轨迹隐私保护方法、推理隐秘位置的轨迹重构攻击。

④移动互联网查询技术。考虑移动互联网开放、分享、协作和创新等特点，以向用户提供高效精准的查询结果和高质量的服务为目标，提出了协同"空间－标签"关键字查询、访问序列受限的多关键字路线查询、基于信任机制的移动用户查询三种新型的移动互联网关键字查询技术。

3.2.1.4 非常规突发事件应急管理云服务体系

（1）应急管理云服务架构

非常规突发事件具有突发时效性、海量信息性、复杂多样性、动态关联性、高度不确定性等特点。在制定应急管理决策时，需要综合各领域的数据，考虑生命期的各种信息特征和复杂科学问题。现有的应急管理体系多是面向具体目标的系统，是针对功能的组合，难以有效解决非常规突发事件应急管理的数据多样性、技术复杂性等问题。

中国科学院计算机网络信息中心黎建辉课题组从经济金融、食源性疾病等应急管理典型案例需求出发，设计普适性和动态可扩展性的应急管理云服务体系，形成适合中国国情的完整应急管理云服务体系理论和方法，为不同应急需求提供可扩展的服务接口，为应急管理所需要的监测预警、信息报告、应急处置、善后处理、完善预案等工作，提供了以云计算技术为依托的一系列应急管理服务。应急管理云服务体系架构（见图 3.30）主要包括基础设施、平台和软件三个层次，可快速调配资源，支持实时的应急管理决策。

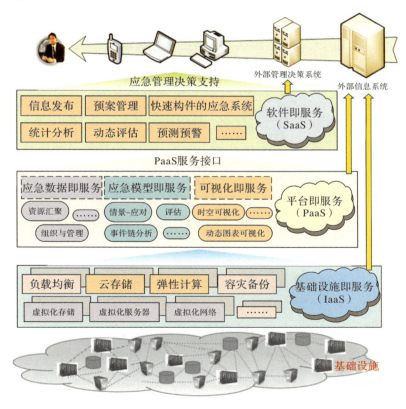

图 3.30   应急管理云服务体系架构

基础设施即服务（Infrastructure as a Service，IaaS）通过虚拟化处理、存储、网络等硬件资源，服务应急管理系统、研究人员和决策人员，即能够部署和运行任意软件，包括操作系统和应用程序。平台即服务（Platform as a Service，PaaS）为应急管理研究人员和应急管理系统提供开放的应用程序接口（application programming interface，API）或开发平台，包括应急数据、应急模型和可视化服务等。软件即服务（Software as a Service，SaaS）为科研人员、决策人员和普通大众提供基于互联网的相关应急软件应用服务，用户只需通过浏览器/手持设备即可享受服务，实现多客户共享同一应用。设计接口规范，关联云服务体系各层次间的接口，包括云服务资源池服务接口规范和协议、物理计算资源申请协议和访问接口、虚拟计算资源申请协议和访问接口、存储资源申请协议和访问接口以及网络资源申请协议和访问接口，为跨层级通信提供了标准和规范。

（2）应急管理云服务体系的关键技术

黎建辉课题组研究提出层次化、模块化的可视化设计描述语言 DVDL（Data Visualization Description Language），结合模型驱动及最终用户开发理论，实现了数据可视化平台。该平台支持 10 类数据源，提供包括地图在内的 11 种可视化模型，支持多种交互组件，通过所见即所得的配置，可生成可视化结果，并一键发布。该平台不仅可为用户提供数据分析、展示等服务，而且可为非常规突发事件应急管理快速决策提供支撑。

存储计算资源的统一管理和调度方法，突破了分布式跨域异构存储计算资源的统一管理和调度的核心技术，解决了网络安全、跨域延迟、本地缓存等难题，实现了上万节点的各种基础支撑应用的分钟级快速部署。分布式海量应急数据汇聚技术，提出了多主体协同数据汇聚机制，实现了对探测主体自动探测、科研数据更新、时空分区、定期扫描、智能筛选、智能获取元数据，以及按需缓存数据实体。提出了不修改模型切分数据的大数据处理框架 NoPar，实现了大粒度数据并行计算。使用 100TB 遥感影像进行测试，读取性能（800MB/s）是传统文件系统（MooseFS、HDFS）的 10 倍。

3.2.1.5 危机中个体与群体心理与行为规律机制

（1）身心互动效能模型验证——由心到身：利他自激励效应

北京大学谢晓非课题组创新性地提出利他行为的"自激励效应"（见图 3.31），揭示了利他行为可以使助人者通过调整自身心理层面的资源，为心理过程带来积极影响。这种正性影响会延伸到生理层面，启动身心的正性循环。利他会提升心理和生理层面效用，能够抵消助人者成本消耗导致的外部效用的降低。选取温度知觉、身体负重感、表情敏感度三种个体基本的、在危机情景中具有重要生存意义的生理及心理知觉变量，探究利他自激励效应的具体表现。通过一系列严格控制的实验室实验和以真实危机事件为背景的现场实验，确认了利他确实能够有效提升温度知觉和表情敏感度，降低身体负重感。研究体现了生理系统和心理系统互动的典型结果，验证了由心至身的内部路径，以及危机情景下利他行为具有的特殊适应性。

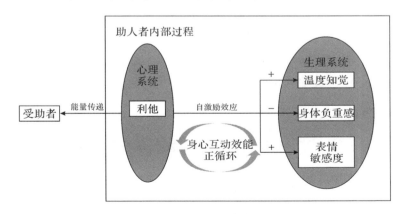

图 3.31　利他行为的自激励效应

（2）身心互动效能模型验证——从身到心：疼痛与不公平感知觉

疼痛是危机应对中具有重要作用的基础变量。谢晓非课题组基于已有的疼痛实验范式，结合行为及功能磁共振成像技术，分别探究了个体利他行为和公平感知觉与疼痛感知的相互影响。结果发现，利他行为能有效地降低主观疼痛体验，可通过个体疼痛敏感性差异预测不公平体验。实验证明了生理系统影响心理状态，正性的心理对生理系统具有积极的反馈作用，对日常生活与危机情景中缓解疼痛具有重要的启示作用。在危机情景中，生理疼痛与心理疼痛容易形成负性循环，而创造公平环境有利于防止负性循环（身心互动效能模型如图 3.32 所示）。

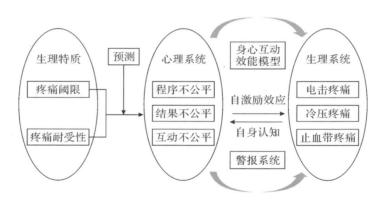

图 3.32　身心互动效能模型

（3）危机情景中认知与行为的特殊规律

安全威胁、时间压力、高度不确定性是危机情景的三个典型特征，易使个体表现出较特殊的认知与行为规律。基于危机情景探讨利他问题，是解答"人的本性"这一世界性难题的独到视角。危机情景中认知与行为的特殊规律如图 3.33 所示。谢晓非课题组研究发现，当个体自我控制水平较低时，通常表现出自动化、本能的行为反应。若人性本善，在自我控制水

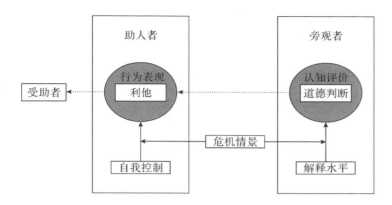

图 3.33　危机情景中认知与行为的特殊规律

平低时，人的道德本能会产生更多利他行为；反之是更多利己行为。此外，人们对利他与利己行为的道德判断因情景的危机程度和解释水平不同。当以高解释水平进行知觉时，旁观者对负性事件的评价更为尖锐。在危机情景中，危机程度与解释水平对旁观者的道德判断产生交互影响。从进化视角而言，利他行为对个体应对危机产生积极影响，有助于提高利他者的适应性，使其在自然选择中得以生存，是一个良性循环。

（4）应激的检测指标及其对脑功能和行为的预测

中国科学院心理研究所张侃课题组围绕突发事件导致人的应激状态这一特点，研究应激的检测指标及应激对行为的影响，以中国的特警、士兵、灾后居民等重点人群以及普通居民为对象，考查了突发急性应激和生活事件带来的长期应激对人们行为的影响，以及应激状态的测量和判断。结合分析神经、生化和行为数据，发现了以皮质醇反应为代表的判断应激状态的敏感指标。研究发现，在应激状态下，人的认知功能，尤其是执行功能降低，而情绪更为兴奋，这会导致人的情绪控制能力降低，引发非理性行为；利用晨起皮质醇等应激生理生化指标，能够预测个体的脑功能状态和行为控制能力。这是由于神经内分泌资源的减少，降低了前额叶控制功能，导致了个体对自身行为控制能力下降。研究成果为突发事件发生时群体心理和行为的测量与干预，提供了重要的理论依据和实用手段。

（5）灾难应激情绪下基础认知功能的认知加工效率

北京师范大学许燕课题组基于灾后危机僵化和认知加工效率理论，验证了灾难负性情绪沉浸对非自动化认知加工效力与效率的影响。采取fNIRS技术考查双侧前额叶区域（Stroop效应的目标脑区）的脑血流量水平，将其作为心理能量的指标。与中性情绪组相比，灾难应激情绪组的错误率和反应时长无差异，但目标脑区（通道7、17、18）的活跃水平更高（见图3.34）。结果表明，在灾难应激情绪状态下，个体要付出更多的心理能量才能完成相等的任务。该研究首次应用近红外技术，间接地说明了心理能量的存在，验证了灾后心理能量的耗损。在灾难情绪沉浸状态下，个体通过消耗更多的心理能量保证认知活动的执行质量，认知加工的效力无明显变化，但加工效率（认知加工效力/认知努力）下降了。这表明，在负性情绪的干扰下，与认知加工效力相比，加工效率更敏感。

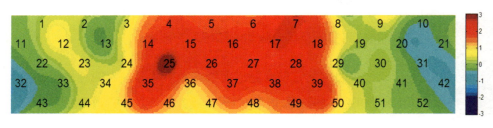

图3.34　灾难应激情绪组与中性情绪组Stroop效应的差异地形图

3.2.2　典型事件的监测预警方法

3.2.2.1　重大网络舆情事件监测预警理论与方法

（1）社会网络中的舆情传播关键节点挖掘

非常规突发事件易引发谣言，传播途径包括互联网、手机短信，以及传统的面对面、口对口等方式。网络传播最为迅速，危害最大。关键节点识别是网络科学领域的研究重点和热点。关键节点指网络中能在更大程度上影响网络的结构与功能的特殊节点，如位于网络中心的节点，或者舆情/疫情传播中最有影响力的传播源。准确高效地发掘网络重要节点，有助于更好地发现意见领袖、预测态势发展、控制谣言的传播、抑制疫情的爆发、发现重要致病基因等。电子科技大学尚明生课题组研究提出一种挖掘社会网络中意见领袖的 LeaderRank 方法。与 PageRank 算法相比，LeaderRank 方法具有准确度高、鲁棒性好、无参数等优点。

（2）信息传播中意见领袖的形成机制

辟谣是控制舆论的重要手段之一，如何通过有意图地培养意见领袖从而进行辟谣具有重要意义。控制意见领袖，在很大程度上可以控制舆论。此外，通过对这种结构的形成机制进行理论分析，尚明生课题组发现意见领袖的形成遵从"好者愈富"的机制，即有广泛兴趣和较好判断力的人将成为社会网络的领导者。这对塑造在线媒体意见领袖具有重要参考意义。

（3）小世界网络中的信息传播新模型

与疾病传播相比，信息传播存在以下特点：记忆性，多次传播后，下次被感染的概率增加；社会加强作用，即一条消息只听到一次可能被怀疑，但听多了可能就相信了；每条链接一般只用一次。鉴于此，尚明生课题组提出信息传播模型：每一时间步，每一个体处于不知道信息、已知信息、确认信息和疲惫状态中的一种。通过在规则网络、小世界网络和随机网络中进行实验研究，发现当只接收一次信息就确认的概率较小时，规则网络传播比随机网络更快更广，小世界网络传播效果最好。信息在规则网络、小世界网络和随机网络中的传播速度如图 3.35 所示。

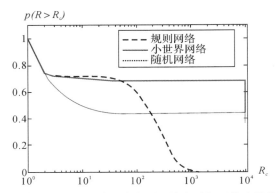

图 3.35　信息在规则网络、小世界网络和随机网络中的传播速度

（4）舆情信息可视化方法

现有舆情系统在呈现结果时，常采用文本、列表、图形等形式，无法直观反应舆情和地域的关联关系。尚明生课题组研究提出一种互联网舆情地图可视化方法，不仅可体现互联网舆情的地理分布及在分布区域的受关注程度，而且可展示将来可能的地理分布变化趋势。该方法可以提高舆情预测预警的准确性和即时性。通过研究舆情整体动态演化过程，可为控制策略制订提供决策支持。

3.2.2.2 人群拥挤踩踏事件监测预警理论与方法

（1）基于人群情景模型的人群跟踪方法

中国科学技术大学孙金华课题组充分分析了人群的正常与异常行为规律，结合跟踪领域的运动模型、人群模拟中的社会力模型、优化问题以及视频跟踪的固有特点，提出了能用于跟踪和仿真的人群情景模型。基于人群情景模型的人群行为分析系统框架如图 3.36 所示。

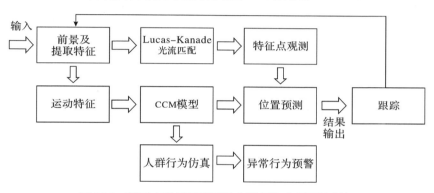

图 3.36　基于人群情景模型的人群行为分析系统框架

结合光流法的特征点跟踪和人群仿真模型，提出基于人群情景模型的人群跟踪方法。按照卡尔曼滤波的思路，捕获视频中的运动特征，驱动模型给出合理预测，再通过观测，对预测结果进行修正。由此，实现模型与现实观测的协同交互，分别选取不同情景进行测试。结果表明，人群跟踪法能够较好地改善遮挡所造成的目标丢失与混淆。实际情景和仿真情景分别如图 3.37 和 3.38 所示。

（2）基于分形维数的人群分布异常检测

自然灾害、交通事故、社会安全事件会引起人群分布和运动模式异常。

 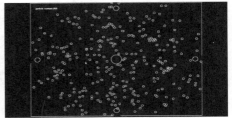

图 3.37　实际情景　　　　　　　图 3.38　仿真情景

随着 GPS 的广泛应用、智能手机的普及，获取人的物理位置变得越来越容易。复旦大学杨夙课题组将城市网格化，针对网格上人群分布的非均匀性，提出以分形维数作为度量指标的人群分布模式异常检测方法。将大规模人群视为粒子群，将粒子群分布视为图像，借鉴图像纹理分析思路提取粒子群特征，用列维飞行（Levy flight）运动点群的空间分布表示人群分布状态，用点群聚集度的分形特征刻画点群空间分布。为从特征向量中去除干扰因素并保留主要相关信息，用主成分分析（principal component analysis，PCA）进行降维，并提出邻近点累积算法检测特征空间的异常粒子群分布。该方法可有效精简大数据，实现对城市范围大规模人流异常分布和运动的监控与预警。

（3）基于隐马尔可夫城市动力学模型的交通异常模式检测

杨夙课题组将某时刻城市的交通流分布视为一种状态，认为常态下其状态转移符合概率模型，可应用隐马尔可夫模型对城市交通流的状态演化进行动力学建模。异常事件发生时，如大量人群向某个区域汇聚时，系统状态演化会偏离原有模型，表现为隐马尔可夫模型下的小概率事件。应用人工数据测试模型，得到不同时间间隔交通流异常概率的对数，如图 3.39 所示。基于美国明尼苏达交通管理中心 2010 年 1 月至 9 月公开的 4000 多个线圈所采集的交通流数据，检测出交通流异常的时间，其大多对应大雪、飓风、酷暑等极端天气，以及节日、大型集会、道路关闭等情况。

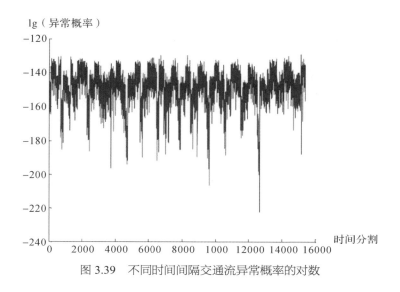

图 3.39 不同时间间隔交通流异常概率的对数

3.2.2.3 灾害性气象事件监测预警与应对策略

（1）中国典型灾害性气象事件时空分布规律

清华大学黄全义课题组基于 1951—2010 年全国 756 个地面观测站的气象资料,研究了中国持续性极端降水事件、区域性强降水事件、大到暴雨、大到暴雪、大风的时空分布特征和规律，主要结论如下。①中国的持续性极端降水事件主要发生在中东部（26~34° N）和华南（26° N 以南）；华北持续性极端降水事件发生较少（34° N 以北）。②自 1961 年以来，区域性强降水事件频次呈弱增多趋势，80 年代后期至 90 年代的区域性强降水事件较为频繁。③日降水量大于 25mm 的地区主要分布在中国东南部，降水日数自东南向西北递减。④大到暴雪主要分布在 25° N 以北地区，西部地区强降雪分布较为分散，东部地区强降雪分布较为规律。⑤新疆、内蒙古中东部、黑龙江东部、青藏高原、河西走廊、东南沿海等地为主要的大风影响区。⑥持续性低温雨雪天气大都发生在南方，尤其是西南东部和华南；持续性冻雨事件主要发生在长江中游以南；云贵高原北部的持续性低温雨雪天气和持续性冻雨事件的持续时间相对较长；降水是北方发生持续性低温雨雪天气和持续性冻雨事件的限制条件，极端低温是南方发生持续性低温雨雪天气和持续性冻雨事件的主要因素。

（2）气象灾害本体精细化风险评估模型

已往的研究多基于自然属性或经济尺度，应用枚举的方法，对承灾体进行分类。这类方法符合习惯性思维且有助于灾后损失的统计，但不利于防灾减灾时各类承灾体的统一管理，也不能表征灾害性气象事件中致灾因子造成承灾体破坏的本质原因。黄全义课题组将承灾体按照受气象灾害影响的作用形式进行分类，提出了基于元作用的气象灾害本体概念模型。使用概念、个体、属性（关系）等本体原语的符号，形式化地描述了气象灾害的构成要素以及各个构成要素的属性、方法、方法类型、参数、数据类型等不同概念间的语义关系。采用 SWRL 规则实现气象灾害本体概念模型的本体规则。研究了基于 SWRL 构建气象灾害风险评估推理规则的技术实现，为方便编写风险推理规则及服务于具体的推理过程，构建了一套适用于小空间尺度的城镇暴雨内涝灾害风险推理规则，为内涝风险精细化评估提供了支持。

（3）气象灾害情景推演与方案预评估技术

黄全义课题组将情景元划分为致灾、承灾、背景和资源四类，认为突发事件的发生是四类情景元逻辑组合的过程，而多情景的连接及相互关系的组合形成情景链。构建了串联情景、一对多情景、多对一情景、并联情景以及循环情景等复杂情景演化关系构建。研究了互斥关系、包含关系、承接关系、并行关系等情景匹配与链式推理，基于结构化的突发事件情景，以及情景转换时上下情景间的结构、参数等方面的变化规律。并以气象灾害情景构建与情景驱动推演基础，建立了基于对象建模的气象灾害情景表达模型，实现了基于多智能体和贝叶斯网络不确定推理的灾害情景推演技术，建立了多维偏好分析的线性规划应急方案评估方法，实现了面向方案动态执行效果的评估。气象灾害情景推演与方案预评估框架如图 3.40 所示。研究成果获得了来自世界气象组织专家的好评，并支持了北京、天津、广西突发事件预警发布系统建设。

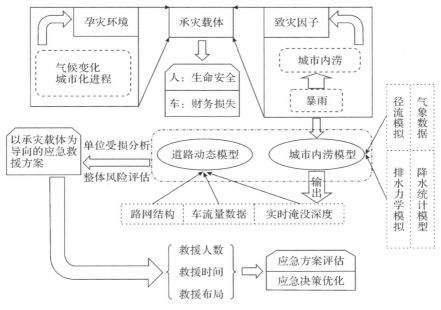

图 3.40　气象灾害情景推演与方案预评估框架

3.2.2.4　危化品重大危险源监测预警与防控模型

（1）危化品事故系统动力学模型

中国安全生产科学研究院课题组根据系统动力学方法，把危化品事故发生演化过程视为系统"流"，以事故波及范围和直接影响因素为系统边界。例如，在危险化学品泄漏事件中，将危险物质泄漏后形成的累积量设为流位变量，将泄漏、扩散、稀释或消除的速率设为流率变量。在明确流位变量与流率变量的前提下，重大事故系统中可设立若干个流位与流率系。明确影响危险物质累积、分布特征，以及与事故处置决策有关的辅助变量、增补变量和常量及其相互关系，建立流率方程和辅助变量方程。流位变量 $LEV(t)=LEV(t-\Delta t)+\Delta t\times RAT(t-\Delta t)$。其中，$RAT(t-\Delta t)$ 为流率变量。危化品事故演化系统流图如图 3.41 所示。

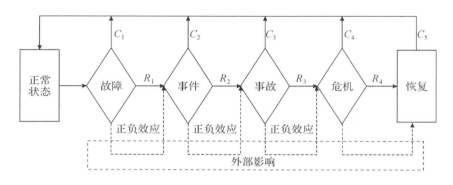

图 3.41　危化品事故演化系统流图

在图 3.41 中，C_n（n=1，2，3，4，5）表示关闭，R_1、R_2、R_3、R_4 分别表示采取减缓、准备、响应和恢复措施。重大事故一般起始于故障或失误，处置失当后形成事件，进一步扩展后产生危害后果，造成事故。在内外因素作用下，事故可能进一步激化甚至可演化为危机。在几个主要发展阶段中，可以通过控制中断事故发展，以恢复正常状态，这主要取决于流位变量和流率变量的变化，以及媒体和公众压力等外部信息对反馈控制的影响。

（2）危化品重大危险源风险评估模型和可接受标准

中国安全生产科学研究院课题组研究了危化品重大危险源风险评估的理论、方法和模型，为国家制定危化品危险源风险评估方法和风险可接受标准提供了科学基础。风险计算流程如图 3.42 所示。

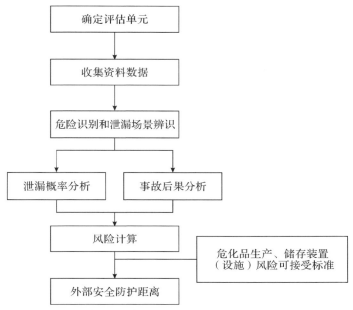

图 3.42 危化品危险源风险计算流程

①个人风险及其可接受标准。个人风险指在单位时间内，危化品事故造成特定地点人员死亡的概率。对于区域内的任一危险源，引发事故后对区域内地理坐标造成的个人风险由式 $R(x, y) = \sum_{s} f_s v_s(x, y)$ 计算，其中，$R(x, y)$ 为个人风险，单位为（人·年）$^{-1}$；f_s 为第 s 个事故场景发生的概率；$v_s(x, y)$ 为第 s 个事故场景在位置 (x, y) 处造成人员死亡的后果。危化品重大危险源个人风险可接受标准如表 3.3 所示。

表 3.3　危化品重大危险源个人风险可接受标准

防护目标	个人风险可接受标准（概率值）	
	新建装置（每年）≤	在役装置（每年）≤
一类防护目标	3×10^{-7}	3×10^{-6}
二类防护目标	3×10^{-6}	1×10^{-5}
三类防护目标	1×10^{-5}	3×10^{-5}

②社会风险计算及其可接受标准。社会风险指特定危化品事故导致 N 人以上死亡的累积频率 F，即单位时间内的死亡人数，计算公式为

$$R_s = \sum_{i=1}^{N} P_i \times P_w \times P_D (\geq N)$$

其中，R_s 表示危险源的社会风险，单位为（人·年）$^{-1}$；N 表示死亡人数；P_i 表示事故后果 i 发生的概率；P_w 表示大气稳定度 w 出现的频率；P_D（$\geq N$）表示导致大于等于 N 人死亡的风向 D 出现的频率。

基于最低合理可行（as low as reasonably practicable，ALARP）原则，设计社会风险可接受标准，通过两个风险分界线将社会风险图划分为三个区域，即不可接受区、尽可能降低区和可接受区。若社会风险曲线落在不可接受区，应立即采取安全改进措施；若社会风险曲线落在可接受区，只需保持现有安全措施；若社会风险曲线落在尽可能降低区，社会风险处于可接受水平，但仍需在经济合理可行范围内，尽可能采取安全改进措施。此外，为避免巨大事故或灾难发生，社会可接受风险基准横坐标上限为1000 人，即超过该上限的事故，不论概率大小，均不可接受。

（3）危化品重大危险源监测预警

基于历史案例分析和风险评估，危化品重大事故的发生发展及演化过程中存在关键时空节点，即机会时间窗（见图 3.43）。中国安全生产科学研究院课题组认为，重大事故演化过程存在两类典型的时间窗。第一类时间窗在事故发生前，存在事故征兆，破坏性能量正在积聚。若采取正确的干预动作，可能控制隐患；反之，可能导致事故发生。因此，应监测典型事故相关参数，快速评估风险，采取预警措施，避免事故发生。第二类时间窗在事故处置过程中。若采取正确的响应措施，可控制事故规模。该时间窗内，应采集事故演化和应对的信息，及时发布预警信息、疏散人员等，可避免发展为重大事故。

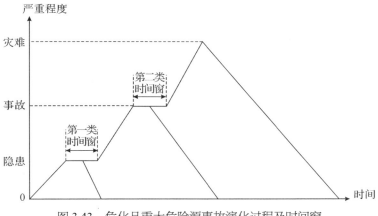

图 3.43　危化品重大危险源事故演化过程及时间窗

　　基于重大事故演化规律和风险评估的理论与方法，中国安全生产科学研究院课题组提出了危化品重大危险源监测预警的方法、模型与体系结构，研发了以毒气泄漏事故情景为应用案例的监测预警系统。该系统的功能模块如图 3.44 所示。

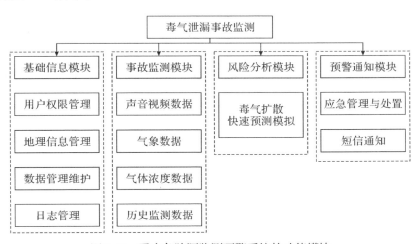

图 3.44　重大危险源监测预警系统的功能模块

（4）典型危化品重大危险源事故情景构建

应用情景构建理论与方法，中国安全生产科学研究院课题组构建了典型危化品事故情景，详细考量事故的演化过程、应急处置等，得到情景概要、后果、应对任务、处置措施等。

①含硫气田井喷事故情景（见表3.4）。施工设计不准确、泥浆性能不好、操作技术不当、井下发生严重漏失等原因造成井喷失控，硫化氢从井口泄漏后扩散迅速，严重威胁下风向侧人员生命安全。此类事故影响范围较大，易造成井场周边几千米内人员中毒伤亡。

②危化品储存区泄漏爆炸事故情景（见表3.5）。某化工企业液氯储罐区共存储36吨液氯，工作人员处置失误导致爆炸发生，引发液氯泄漏，释放大量氯气，随风扩散。爆炸造成化工厂液氯生产线安全系统损毁。在随后的事故处置过程中，又多次发生爆炸，不得不强制炸毁所有危险源而放出全部液氯。

表3.4 含硫气田井喷事故情景

项目	内容
发生地点	含硫气田井场
伤亡情况	100人死亡、700人受伤
疏散人口	10000人被通知疏散避险
经济损失	5000万元
同时发生多次事件可能性	较低
恢复时间	一个月

表 3.5 危化品储存区泄漏爆炸事故情景

项目	内容
发生地点	危化品储存区
伤亡情况	500 人死亡、3000 人不同程度中毒、30000 人门诊治疗
基础设施损害	直接爆炸区域附近完全受损、重度暴露区域金属被腐蚀
疏散 / 迁移人口	疏散 15 万人至安全区域、疏散 20 万人出影响区域
污染情况	环境污染区域主要在爆炸点附近
经济损失	1.5 亿元
同时发生多起事件的可能性	有可能
恢复期限	数月

情景构建相关研究成果已被国家安全生产应急救援指挥中心和石油石化企业应用于指导事故监测预警、应急预案优化、应急培训演练、应急能力评估等应急准备活动，取得了良好的应用效果。

3.3 应急救援与处置

3.3.1 心理行为规律

（1）基于社会调查的社会公正心理效应机制

武汉理工大学童恒庆课题组以群体性突发事件为对象，研究了社会群体事件与公正的关系，包括社会公正、社会阶层与权威合法性的关系（见图 3.45），并探讨了不公正效应缓解机制。在社会公正对权威合法性的作用机制研究方面，基于解释水平理论，提出社会阶层能调节分配公正和程序公正对权威合法性感知的交互作用。结果表明，对于高阶层，仅在程序公正的情况下，分配公正才能显著影响权威合法性水平；对于低阶层，无

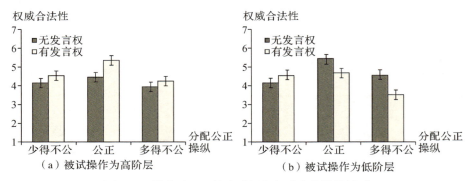

图 3.45 社会公正、社会阶层与权威合法性的关系

论程序是否公正，分配公正都显著影响权威合法性感知。在不公正负性效应的缓解方面，从"环境"入手，分析公正效应的调节机制，探讨不确定条件下提取容易性对程序公正判断的影响及加工系统对不公正反应的影响。结果表明，当人们同时处于信息不确定与自我不确定时，若引导其回忆更多的程序不公正，人们会体验到更强烈的程序公正感知；若引导其运用理性加工系统加工不公正信息，人们会抑制自己对不公正产生强烈的负性反应。

（2）控制感剥夺引起的人们的认知变化

美国国家科学院院士 Richard Nisbett 提出了一个影响深远的文化心理学理论：东西方存在思维方式差异，即东亚人倾向使用整体性思维，西方人倾向采取分析性思维。中山大学周欣悦课题组：通过系统考查失去控制感后认知模式的变化规律，发现东西方人的整体性和分析性认知加工差异不是绝对稳定的差异，而会受到控制感影响。短暂剥夺控制感时，东西方人均会倾向采用分析性思维方式；长期剥夺控制感时，东西方人均会倾向采用整体性思维方式。两种变化均会导致东西方思维差异消失。诱导被试采用分析性思维时，控制感也会增加。该发现解释了东西方人认知方式出现差异的原因。该研究拓展了 Nisbett 的理论，表明人们面对突发事件时，可通过改变思维倾向应对突发事件，以弥补控制感被剥夺所带来的负面心理影响。

（3）怀旧情绪和经济资源公平处理的心理机能

周欣悦课题组认为，怀旧对生理舒适度有显著影响。怀旧能让人从生理和心理两个层面感受更多温暖，其现实意义在于，可通过训练个体或群体的怀旧能力，缓解恶劣气候的不适感，坚持更长时间以寻觅食物与庇护，提升人们在非常规突发事件中的适应性。

非常规突发事件中经常需要经济资源的援助和分配，作为条件反应二级刺激物的经济资源，是会引发人们的自私、贪婪行为，还是公平、互惠行为呢？周欣悦课题组通过操纵钱的"干净"程度来了解经济资源对人们态度和行为表现的影响。实验结果表明，"干净"钱和"脏"钱能调节经济资源和行为间的关系，即"脏"钱引发的是贪婪和自私的交易动机，而"干净"钱引发的是和社会原则更一致的公平互惠动机。"干净"钱在启动交易动机的同时，也启动了自我概念的维护机制，即要求个体公平互惠地对待他人。非常规突发事件发生后，经济资源处理的公平与否会对人的态度和行为产生积极或消极的影响，互惠公平可起积极引导作用。

（4）不同群体对"人祸"事件的道德情绪特点

北京师范大学许燕课题组对"7·23"甬温线特别重大铁路交通事故发生后40天内的94562条相关微博进行情感分析，探讨网民对"人祸"事件的道德情绪特点，得到以下几点发现。①网民对动车事故的道德情绪有愤怒、鄙视、厌恶、同情和爱。②依据道德基础理论，其中三个事件分别与道德基础相对应："小伊伊"事件违反了"伤害/关心"的道德基础，诱发了网民的同情与爱；官员的不当言论违反了"权威/颠覆"的道德基础，诱发了网民的鄙视；"意籍乘客获高额赔偿"违反"公平/欺骗"的道德基础，诱发了网民愤怒情绪。③男性在愤怒、厌恶与鄙视上有更高的表达倾向和强度，女性更倾向于表达爱和同情。④在虚拟网络中，认证用户比匿名用户更积极表达，匿名用户比认证用户表达的愤怒情绪和消极情绪更多。⑤在实名用户中，团体 VIP 认证用户比个体 VIP 认证用户的群体身份更为凸显，团体 VIP 认证用户更倾向于表达同情和爱等正性情绪。情绪拐点与社会衍生事件的对应关系如图 3.46 所示。

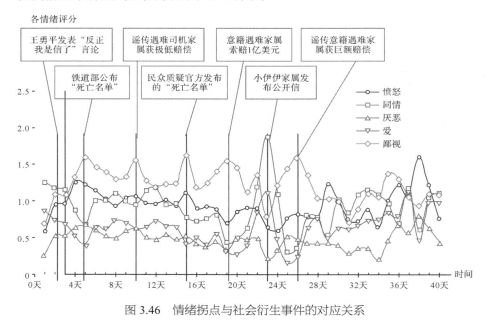

图 3.46　情绪拐点与社会衍生事件的对应关系

围绕伴随"人祸"出现的社会衍生事件，网络监管部门应根据不同道德基础采取相应的管控和疏导措施，通过大众传媒手段将舆论重点引向对被伤害者的关注，减少对伤害者的讨论；基于道德情绪存在的群体差异，网络监管部门应有针对性地对不同群体实施不同的管控力度，提高监管效率；社交媒体应开发更多不同等级的身份认证，使大部分匿名用户得到不同程度的认证，促使其在网络社交中表现更文明、更理性。

3.3.2　应急指挥决策理论方法

3.3.2.1　多主体多环节协同应急决策理论与方法

（1）基于多主体系统的应急决策组织建模

当前应急决策组织结构存在缺乏应急决策组织标准，组织结构智能设计有待优化，着重于组织的静态能力建设而较少关注其动态能力等问题。因此，基于中国典型的非常规突发事件案例，华中科技大学王红卫课题组分析和总结了中国应急决策组织结构的特点，包括复合性、临时性、层次性、权威性、开放性和权变性等。研究依据组织理论，运用系统的观点，提出适合中国国情的应急决策组织结构框架（见图3.47）。

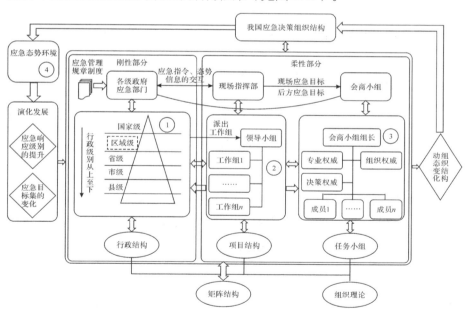

图 3.47　适合中国国情的应急决策组织结构框架

依据应急决策组织结构，王红卫课题组建立了基于多主体系统（multi-agent system，MAS）的应急决策组织模型，模拟应急决策交互过程。形式化描述应急相关法律规章制度，建立各级政府应急决策组织模型；分别使用元组符号化描述应急决策组织单位的能力、职责和权限，定义社会规范描述组织规则和会商制度，扩展 AUML（面向 Agent 的统一建模语言），使用时序图和类图建模组织结构和交互模式；基于 Protégé 本体建模工具，将应急决策规章的形式化描述转化为本体知识。考虑应急决策部门需要具有思维状态进行推理决策的目的，选取 Tropos 方法，基于 JACK 平台实现多 BDI Agent 的应急决策组织（见图 3.48）。

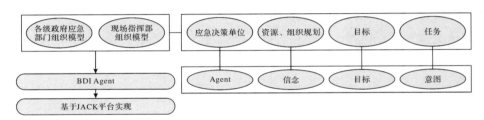

图 3.48　基于 JACK 平台实现多 BDI Agcnt 的应急决策组织实现

（2）基于层次任务网络的多部门分布式协作规划

应急响应过程涉及多个部门，难以做到信息完全共享。各参与部门需基于局部应急态势完成自身的任务规划，还需通过合理的协调方式实现应急组织内所有任务规划的协调运作，其实质是分布式协作任务规划问题。王红卫课题组针对应急任务，首先设计了协作任务规划框架，保证规划过程的协作。其次，设计了适用于层次任务网络（hierarchical task network，HTN）规划过程使用的解决依赖关系的协调机制，包括冲突关系、使能关系和激励关系。单个 HTN 规划器在应急响应中作为一个参与部门，需要有能力识别对应规划行动的依赖关系，且在必要时根据协作机制的要求改变已有的规划方案。最后，在应急决策规划中，针对应急资源，以重用性资源、消耗性资源及带宽资源为对象，设计应急资源协调方法。

王红卫课题组设计的面向 HTN 规划过程的协作任务规划框架（见图
3.49），适用于任意两个 Agent 的协调，亦可扩展至 Multi-Agent 的协调。
该框架的主要思想是，将传统框架中相互分离的任务视图共享、任务协调
的协作过程嵌入任务规划过程中，使规划器能及时协调原子行动，且新框
架中不再有任务调度部分，利用 HTN 规划器的节点返回与重规划功能，
将任务调整和修改的过程整合到规划过程中。

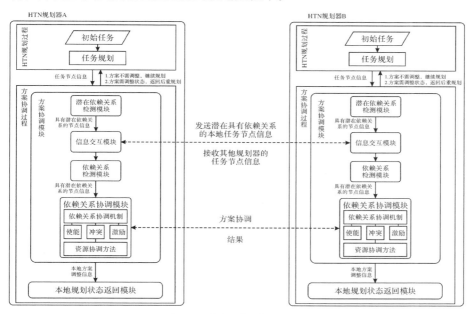

图 3.49　面向 HTN 规划过程的协作任务规划框架

（3）基于距离的多人多准则应急群决策模型

非常规突发事件应急决策成为政府和组织日益关心的重要问题，具有
统一指挥、多部门协同、决策主体压力大、需要多学科的知识等特征。基
于非常规突发事件多决策个体和多影响因素的特征，中国科学院数学与系
统科学研究院余乐安课题组利用多准则群决策思想，构建了基于距离的多
人多准则应急群决策模型，解决了非常规突发事件的应急决策问题。应用

此模型，实证研究了加拿大火灾救援决策问题，获得了较理想的决策结果。

（4）多方会商与模拟仿真方法和技术

中国应急管理实行属地管理原则。当事故波及范围涉及多个省市时，现场应急指挥须由多个省市责任部门共同组建，实行跨区域、跨部门协同。此外，事故地点经纬度、灾害类型、人员伤亡统计、事故波及范围、资源需求等现场灾情信息，须及时传回后方。凭借强大的数据库和专业分析系统，综合分析后，将灾害预测预警结果、应急资源分布与调度信息等及时反馈回前方，以辅助现场的应急处置。在重大突发事件应急处置过程中，需要在多个前方指挥中心和后方部门间进行信息交互与协同处置，搜集和获取大量应急现场信息，并准确及时地分发，这成为制约应急行动科学快速开展的关键。

清华大学袁宏永课题组研究提出基于"应急一张图"的突发事件多方协同会商应用模式和体系结构，系统采用 B/S 和 C/S 混合模式，由地理信息系统（geographic information system，GIS）服务器、协同会商服务器端软件和协同会商客户端软件构成。发起者为突发事件应急处置的主管或主责部门，参与者为协作部门或单位。多方协同会商系统结构如图 3.50 所示。

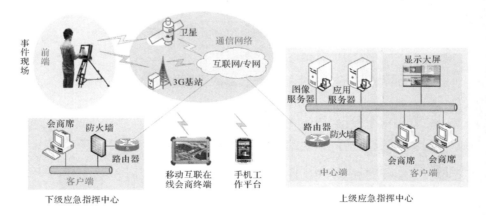

图 3.50　多方协同会商系统结构

该系统通过分布式部署，利用现场移动应急平台中部署协同会商客户端软件，经由因特网接入专网，与运行在专网上的各级应急平台协同交互，快速将事故现场灾情信息分发给各级应急平台的决策者，同时将后方多部门的辅助决策信息及时传回应急处置现场，从而在同一张地图上进行多方协同指挥、协调部署等应急会商决策。

"应急一张图"由协同会商发起者提供地图数据，参与者基于发起者提供的地图进行地图标绘，通过文字、地图、标绘、语音、视频等信息的交互，共同商讨灾害应对措施。将 Web Services 的理念引入共享共用模式的功能设计和构建，在计算机网络环境下，根据行业标准和接口建立地理信息服务，为用户提供可调用的地理信息构件。通过计算机网络技术可自由访问分布于不同地方的各种地理信息及服务，如地图、图像、数据集服务、地理空间分析和报表生成等，具有体系标准化、接口通用化、服务层次化、稳定、健壮、服务透明等特点。"应急一张图"地理信息服务框架如图 3.51 所示。

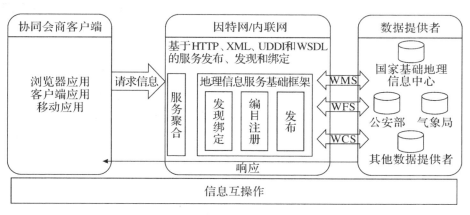

图 3.51 "应急一张图"地理信息服务框架

3.3.2.2　非常规突发事件动态应急决策理论与方法

（1）突发事件案例内容结构化表达模型

一个完整案例需要描述包含突发事件全部信息的时空坐标。除事件的起因、经过、结果等基本信息外，这些信息还应包括事件不同发展阶段的应急任务、任务的执行机构和人员、处置措施效果等突发事件应对信息。国家行政学院余廉课题组把承灾体所在的环境、突发事件和应急管理作为案例的三个记录维度。环境维度，为事件的发生和发展及应对的环境背景，包括静态和动态的环境要素，静态环境在整个事件层面描述，动态环境在子事件层面描述；事件维度，按时间、空间或事件链的顺序，描述突发事件起因、过程、结果；管理维度，描述应急管理层面的主体、采取的行动及动用的资源，具体到参与任务管理的主体。研究发现，虽然突发事件案例中属性所含信息量和信息类型不同，但特征可主要归为四类，即数字特征值、符号特征值、模糊概念特征值和模糊数或模糊区间属性值。余廉课题组在此基础上研发了突发事件案例管理系统（见图3.52）。通过实地调研、

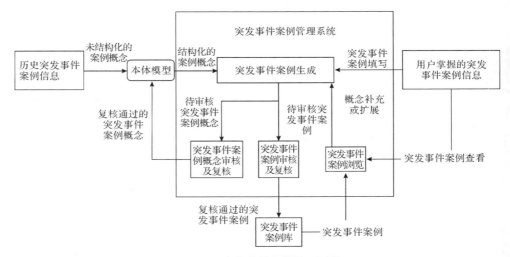

图 3.52　突发事件案例管理系统

深入访谈，基于案例表达范式，开发了 40 余例典型突发事件案例，应用于国家行政学院应急管理人员的实际教学。

（2）考虑决策者行为的突发事件应急响应风险决策方法

突发事件发展演化具有高度不确定性和风险性。东北大学樊治平课题组考虑决策者参照依赖、损失规避和重视小概率高危害事件等行为，将前景理论引入突发事件应急响应决策分析，提出考虑决策者行为的突发事件应急响应风险决策方法。首先，构建突发事件情景树，依据前景理论的价值函数，计算情景应对结果的指标价值。然后，考虑突发事件应急决策人员伤亡、财产损失等指标间的关联特点，应用 Choquet 积分对结果的指标价值进行集结，以确定突发事件应对结果的综合价值。最后，依据前景理论的权重函数计算各可能应对结果的权重，通过集结可能应对结果的综合价值和权重，确定应急响应决策方案的前景值，结合应急决策方案的成本，确定方案的综合前景值。与已有应急决策方法相比，樊治平课题组所提出的方法考虑了决策者在突发事件应急响应决策中的行为特征，使分析结果更符合决策者的主观感知，易被决策者理解和采用。

3.3.2.3 应急知识管理模型与决策推演方法

大连理工大学王延章课题组基于知识元，集成系统学等学科模型，探讨知识引导的数据与模型混合驱动的复杂系统综合仿真分析方法，提出了基于知识的管理与决策推演方法，为突发事件的应对奠定理论基础。主要工作体现在构建了基于二象对偶原理的综合知识六空间体系和基于知识元的情景模型的形式化表示方法。

（1）基于二象对偶原理的综合知识六空间体系

首先，运用系统学二象对偶原理，把非常规突发事件相关系统分为客观事物系统原象和人类认知空间的系统偶象，客观为实，认知为虚。然后，再细分为客观事物情景与元数据对偶、知识与知识的知识对偶、形式模型与实例化模型对偶、元数据与实例数据对偶等。人类对客观事物的认知可划分为六类，或称为六空间，即知识元空间、元数据空间、数据空间、实体模型空间、形式模型空间和广义算子空间。信息、知识和数学模型的对偶关系及六空间体系如图 3.53 所示。

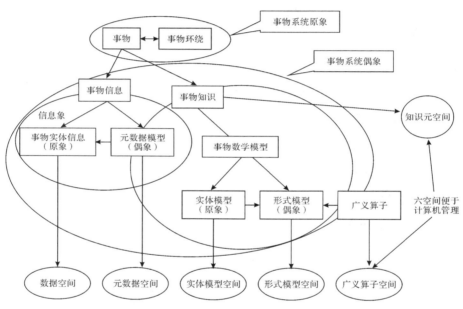

图 3.53　信息、知识及数学模型的对偶关系及六空间体系

（2）基于知识元的情景模型的形式化表示方法

王延章课题组面向非常规突发事件的情景复杂性，基于知识元梳理情景的构成要素、粒度、层次以及要素间约束关系和情景间的复杂关联，提出了基于知识元的情景概念模型（见图 3.54）。在 t_1 时刻，所有客观事物对象处于正常状态；在 t_2 时刻，客观事物对象 U_2 的属性发生突变；在 t_3 时刻，变化作用于 U_1、U_3 和 U_5；在 t_4 时刻，U_3 作用于 U_5，U_5 作用于 U_4；在 t_5 时刻，

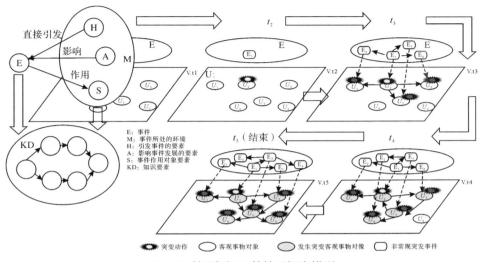

图 3.54 基于知识元的情景概念模型

U_5 作用于 U_6，突发事件进入结束状态。该情景模型可用于仿真事件从原生事件到次生衍生事件直到结束的全过程。在仿真过程中，在知识元结构的基础上，对其进行实体化后得到所需客观事物对象的数据（即具体的突发事件情景），有利于降低情景的高度不确定性并制定有效的应对方案。

3.3.2.4　应急决策技术支持系统集成原理与方法

（1）数据和模型集成方法

中国人民大学许伟课题组通过研究非常规突发事件的演进过程，构建了应急管理本体模型，提炼支撑应急管理所需的最小信息集，实现时空数据的集成与共享等。基于本体建模方法，以 OWL 语言为建模标准，提出面向事件－任务－模型－数据的应急本体构建方法（见图 3.55）。①给定一个突发事件，通过预案引擎，得到可能的应急任务。②面向特定突发事件的某个应急任务，通过推理引擎得到相应的模型与数据，并自动给出模型与数据间的关系结构。③根据上述拓扑结构，查找可利用的模型和数据，

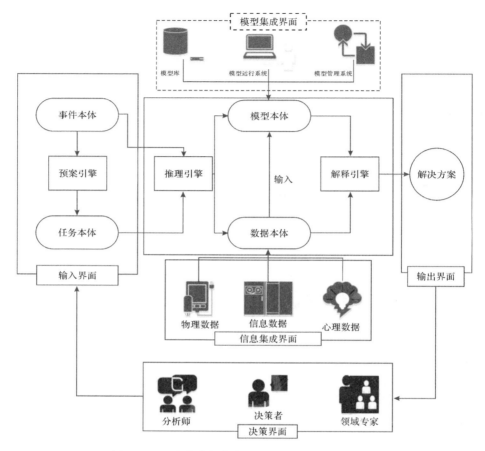

图 3.55　面向非常规突发事件的应急本体构建方法

替代不可获得的资源，通过数据训练所涉及的模型。④输出结果，通过解释引擎，给出具体的应急解决方案。

（2）集成平台技术方案

清华大学张辉课题组提出了面向突发事件应急决策的综合应急集成平台的结构，围绕网络集成、计算集成、应用系统集成，利用信息的自组织模式搭建开放式的网络共享集成平台，实现跨学科、跨地域和跨领域的应急系统信息数据的收集、共享，为整个应急服务提供数据支撑；应用云计算、云存储等技术，搭建计算共享集成平台，以满足跨学科、跨地域的突发事件处置分析要求，提供更智能、更高效的模拟分析服务；通过云应用技术，为跨地域和跨平台的应用系统提供集成平台。集成平台总体框架如图3.56所示。

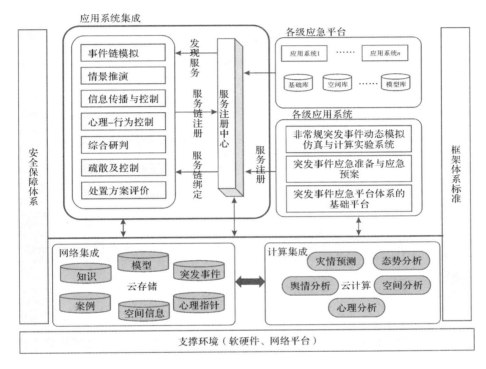

图 3.56　综合应急集成平台总体框架

为实现集成目标，按照需求分阶段、分步骤实施。①搭建应急管理基础平台。在云计算支持下，提供运行支撑和所需要的计算、存储环境。②实现应急资源、模型与工具的感知接入。支持各种软硬件资源的接入及服务请求的接入、访问和调用，实现模型与工具的动态采集、存储与预处理等。③实现服务化的封装与集成。针对各种数据、模型、工具，实现服务虚拟化，实现各专业领域、资源能力的服务集成运行。应用虚拟化等方法接入各种服务，实现服务的发布、组织与聚合、管理与调度，以及服务流程监管等的综合管理。④实现模型的应用。平台可实现按需个性化定制数据、资源、工具、服务等，实现应急需求实时响应。

（3）集成升华 Web 平台

张辉课题组研究开发了集成升华 Web 平台（见图 3.57）。该平台包括项目空间、数据中心、资源中心、专题中心、模型与工具等模块。①项目空间，包括项目概况、项目进展介绍等，支持 doc、xls、pdf 等文档格式，以及各类图片、幻灯片、视频等。②数据中心，建立数据接口，以实现数据的无缝对接。③资源中心，主要包括存储资源、计算资源、文档资料、图片资料、视频资料等。④专题中心，展示综合集成应用与案例深度分析。⑤模型与工具，主要包括心理测量、舆情分析、疏散、调度与规划等。

图 3.57　集成升华 Web 平台界面

集成平台基于云数据管理与计算分析，可为授权的系统（项目）按约定数据交换协议，提供基础、研究、统计、预测数据等，以及资讯管理、文档管理与搜索功能等服务，由模型核心算法获得图片、动画、视频并加以整合，以网页方式展现给相关用户。同时，系统可按"时间轴"展现各项目研究进展，各项目间可通过平台实现在线交流以及项目成果的传输、共享。集成平台可以根据控制字段的内容开启其他格式的网络传输、文件传输；可向决策优化系统提供模拟现场数据；可接收决策优化系统的决策并部署在推演平台上，并同步在客户端上展示。

3.3.3 典型事件的应急处置策略

3.3.3.1 特大地震灾害应急救援与处置策略

（1）基于案例推演的特大地震生命救援情景演化

电子科技大学李仕明课题组以中国电气集团东方汽轮机有限公司（简称东汽厂）为地震生命救援情景演化案例，将生命救援情景细化为本能逃生、就地自救、企业自救和社会救援四个剖面［见图 3.58（a）］，这既是构成东汽厂地震生命救援过程的逻辑进程和主要要件，又是构成生命救援情景的典型断面与关键事件，具有针对性与典型性。东汽厂地震生命救援情景各剖面基本状态如图 3.58（b）所示。

地震生命救援情景要素主体可以划分为个体、群体、组织、社会四个层次（各自的承灾体与抗灾体状态见图 3.59）。作为生命体的人群，承担着承灾体和抗灾体两种不同的角色。作为承灾体，人群总体上处于惊恐无措的状态，而作为抗灾体，主要呈现施救担当。从个体、群体，到组织、社会，典型的承灾体状态分别为逃生、盼救、失助和无序，而典型的抗灾

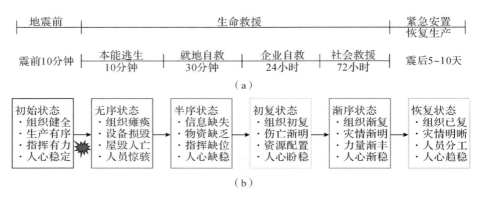

图 3.58 东汽厂地震生命救援情景各剖面基本状态

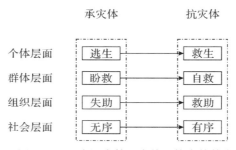

图 3.59 四个层次的承灾体与抗灾体状态

体状态分别为救生、自救、救助和有序。

在生命救援的情景剖面，本能逃生、就地自救、企业自救和社会救援，分别与承灾体－抗灾体的个体层面、群体（基层）层面、组织（企业）层面和社会层面有较为明显的对应。每个层面可能成为承灾体，满足某种条件时，又可能转化为抗灾体。承灾体向抗灾体转变的层级跃迁（见图 3.60）。承灾体向抗灾体转变有三层含义：①就各情景剖面而言，个体本能逃生、基层就地自救、企业内部自救和社会外部救援四个剖面间有逻辑上的先后次序，下一层级的状态是开展上一层级救援的基础，生命救援逐级有序推进。②在生命救援中，可能同时存在个体本能逃生、基层就地自救、企业内部自救、社会外部救援四个剖面，即四个剖面存在重叠、交叉。③实现从承灾体向抗灾体转变，是非常规突发事件情景－应对的"核聚变"，因此，

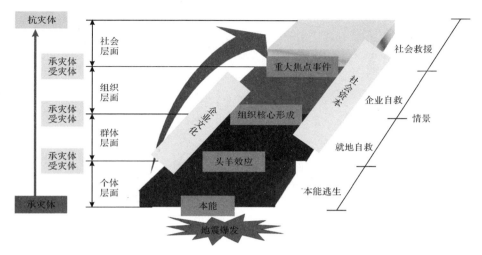

图 3.60　承灾体向抗灾体转变的层级跃迁

研究、创设、培育从承灾体向抗灾体转变的条件，成为应急救援的重要举措。

（2）地震伤病员增长"两期"规律与救援力量使用"三段"特征

中国人民解放军第二军医大学张鹭鹭课题组聚焦地震应急医学救援实证研究，围绕地震伤病员（需方）与救援力量（供方）两条主线，历经八年，先后调研汶川、玉树、芦山、鲁甸地震灾区并收集数据，总结并提出地震应急医学救援"两期三段"基本规律。

基于"伤病员"主线，发现汶川震后 2 周内为伤亡快速增长期，2 周后为伤亡"稳定期"（见图 3.61）。与汶川地震相比，玉树地震的死亡人数累积百分比拐点提前约 7 天，伤员人数累积百分比拐点提前约 10 天，分别如图 3.62 和 3.63 所示。地震伤亡人数增长曲线有明显拐点，拐点前持续增长，为快速增长期，拐点后趋于平缓，为稳定期。拐点出现的时间与地震规模相关（规模越大，拐点出现的时间越晚），也与救援展开的时间及组织效率有关。科学把握地震伤亡增长时序规律（即快速增长期和稳定期"两期"规律），对减少地震伤亡至关重要。

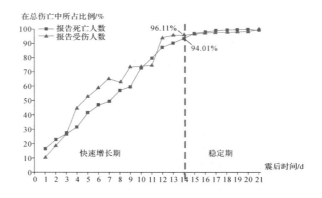

图 3.61　汶川地震伤亡增长趋势

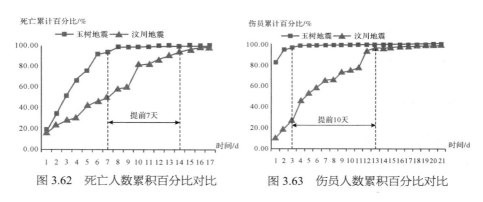

图 3.62　死亡人数累积百分比对比　　　　图 3.63　伤员人数累积百分比对比

张鹭鹭课题组基于"救援力量"主线，深入调研汶川地震 8 个重灾区，5 级指挥机构，6 类保障机构，建立汶川地震救援力量数据库，提出救援力量使用具有"三段"特征，即应急段、有效段和维持段。在应急段，伤亡大量发生，卫勤指挥以战略指挥为主，卫勤力量按功能模块迅速抽组，卫勤保障以医疗保障、现场急救、保障灾民为主。在有效段，伤亡持续上升，卫勤指挥以分队战术指挥为主，卫勤保障转向医疗救援、卫生防疫及心理救助，其中医疗救援转为紧急救治加早期治疗（损伤控制性治疗），保障对象由从救治灾民向保障部队转变。在维持段，伤亡达到饱和状态，灾区责任区指挥体系形成，医疗救援转为专科治疗。玉树地震救援力量亦呈现"三段"特征。相比汶川地震，玉树地震各阶段持续时间均缩短。一半以上救援力量于震后 72 小时内完成部署，军队方舱医院在地震伤病员救治中发挥了巨大作用。玉树抗震救灾伤病员发生与医疗救护力量使用关系如图 3.64 所示。

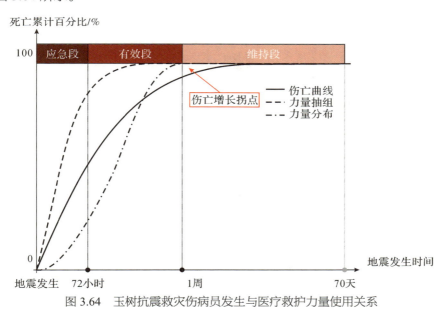

图 3.64　玉树抗震救灾伤病员发生与医疗救护力量使用关系

3.3.3.2　非常规突发水灾害应急救援与处置策略

（1）大数据驱动的非常规突发水灾害风险辨识与情景构建

河海大学王慧敏课题组聚焦自然－社会强耦合下，洪旱灾害事件及次生衍生灾害潜在趋势规律刻画及风险控制的难题，通过统计分析水文气象大数据，揭示了水文气象的变化规律及其与水文气象灾害间的关联性；通过解译分析多源卫星遥感数据，建立了洪旱灾害监测新方法。通过知识元理论，分析非常规突发水灾害发生发展过程中，突发事件、承灾载体、环境单元及应急活动各要素及要素间的关系，提出灾情要素、状态衍变及传导的知识超网络建模方法，建立情景－灾害要素关联结构；提出知识元超网节点与边相似度计算方法、基于条件信息熵的致灾因子及时空分布辨识方法。建立多层次情景表达模型（见图3.65），实现孕灾－成灾复杂性过程的形式化刻画。

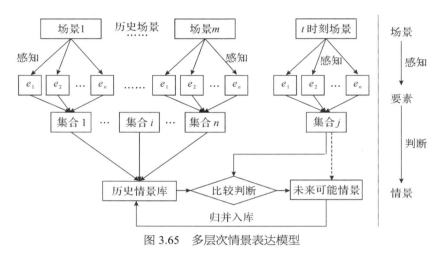

图 3.65　多层次情景表达模型

（2）基于情景应对的非常规突发水灾害应急合作管理方法

气候变化、水灾害危机、复杂不确定的水灾害环境等客观条件，增大了非常规突发水灾害应急管理难度。当前水灾害应急处置中存在效率低下、相互推诿、缺乏合作等问题。王慧敏课题组运用复杂系统科学方法，以人水和谐发展理念为指导，分析水灾害应急合作主体的角色、功能、适应性、异质性等特性，描述水灾害应急合作主体行为规律和系统演化均衡；分别构建基于多主体合作的洪水、干旱灾害应急合作管理体系，分析应急合作管理流程及其效率；基于应急合作管理体系框架，提出基于情景－应对、多主体合作的水灾害应急管理新思路，分别构建了洪水、干旱灾害系统化模型，包括洪水灾害应急合作管理的宏观模型和微观模型、干旱灾害应急水资源合作储备模型和调配模型。

淮河流域洪水灾害频繁，具有跨界、复杂性等特征，王慧敏课题组选取淮河流域作为实例研究对象，研究了多主体合作的行为模式。淮河流域突发洪水灾害应急合作系统主要由国家防汛抗旱总指挥部（简称国家防总）、淮河水利委员会防汛抗旱办公室（简称淮委）等构成。国家防总和淮委，在整个应急决策中扮演着强互惠主义者的角色，制定应急总体方案，监督应急主体行为，通过惩罚、激励机制等途径，促进下一层级主体（河南省、安徽省、江苏省）合作。河南省、安徽省、江苏省在上级强互惠主义者的统一领导下，相互适应、演化，达到帕累托最优。结果表明，当淮委的监督成本过高，对地方政府消极执行应急政策行为处罚过轻时，经博弈演化后，淮委逐渐倾向于不监督，地方政府则选择消极执行；当淮委对地方政府消极执行政策行为处罚力度增大至大于监督成本时，能够提高其对地方政府监督的积极性，但由于地方政府积极执行的成本较高，而隐形收益较低，通过长期反复博弈，有限理性的地方政府最终趋向消极执行。

（3）三峡区域综合防洪应急协同决策模拟系统

华中科技大学王红卫课题组开发了三峡区域综合防洪应急协同决策模拟系统，旨在模拟多部门共同制定应对方案的协作规划过程。应急决策实体根据应急态势，运用协调推理和任务规划方法，通过部门间信息交互，动态生成应对方案，通过事件调度与仿真控制，实现各部门应对方案执行过程、应急态势变化（环境变化）过程和部门间信息交互等的综合模拟，形成基于分布交互仿真技术的应急协同决策模拟通用框架，从而综合模拟三峡区域防洪应急中多部门协同应对流程、决策机制和运行过程。王红卫课题组模拟了三峡区域洪水会商决策、工程抢险处置及分蓄洪区转移安置三个典型决策过程。洪水会商决策过程主要模拟洪水发生时，国家防总、长江防总、湖北防总和三峡公司通过协商确定洪水调度目标（见图 3.66）。工程抢险处置主要体现在地方出现险情后快速成立现场指挥部，运用 HTN

规划方法，在资源受到约束的条件下，制定行动方案，处置险情。在执行任务过程中，险情动态变化，会出现任务执行异常，需要重新规划（见图3.67）。当水位达到一定程度，需启用分蓄洪区时，对其人员和财产进行转移安置，需要民政、交通和公安等部门的协作，应用HTN协作任务规划方法，为各部门制定行动方案，消除方案间的冲突（见图3.68）。

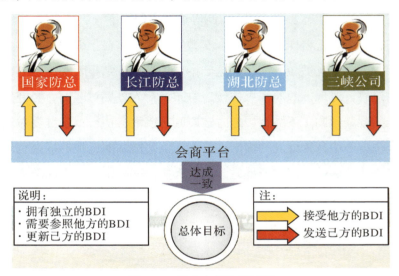

图 3.66 洪水会商决策过程

图 3.67 工程抢险处置

图 3.68　分蓄洪区转移安置

3.3.3.3　重大传染病事件演化机理与应对策略

（1）传染病传播动力学特征及接触网络研究

2009 年 9 月初，廊坊暴发了内地最大的一起甲型 H1N1 事件。8 月 27 日首发病例出现，9 月 17 日疫情结束，共 586 例流感样病例，其中通过实验室检测确诊 226 例。中国科学院自动化研究所曾大军课题组基于传染病流行病学接触史调查数据，重构了本次疫情中传染病在学生人群中的传播网络，应用复杂网络方法，分析学生群体的传播接触关系，采用 Agent 建模技术对事件进行人工社会建模，动态模拟传染病在学生人群中传播扩散的动力学过程。实验模拟结果显示，模拟的病例增长过程基本与实际演化过程一致，学生人群中传染病例的分布特征与实际观测结果吻合，表明 Agent 建模基本能够刻画学生人群中传染病传播接触的内在运行机制。利用这一人工社会，可以科学地定量评估传染病防控措施的有效性。曾大军课题组还定量评估了廊坊暴发甲型 H1N1 时三种防控策略（隔离宿舍楼；切断宿舍间的关系，禁止串舍行为；隔离出现甲型 H1N1 病例的宿舍）对甲型 H1N1 疫情演化的影响。9 月 3 日之前，模拟的结果与真实暴发情况非常相似。在 9 月 3 日以后，实验模拟发病人数的下降趋势比真实情况缓慢。这是由于模型仅关注了学校采取的防控措施，而就个人层面而言，学生加强了防范意识（如戴口罩、少去人多的场所、勤洗手、保持室内通风等），这些个人防范措施使 H1N1 在学生中的传播率大大减小。尽管如此，模拟结果也很好地体现了切断社会联系的防控措施对控制 H1N1 传播的重要作用。

（2）易感人群定量风险评估方法

医院、机舱等受限空间是传染病扩散传播的高风险区域，扩散传播风险分布是研究重点。清华大学翁文国课题组建立了易感人群定量风险评估方法（见图 3.69），研究人员密集场所受限空间传染病扩散传播风险，该方法主要分为传染源描述、空气流场分布分析及传染风险评估三部分。首先，定量描述传染源，分析呼出液滴粒度分布特征，建立病源患者呼出传染物质的物理模型；其次，根据建立的病源模型，考虑空间内的通风条件和热边界条件，定量模拟呼吸道传染病传染物质在空间内的扩散传播过程，计算传染物质在室内空间的时空分布，作为风险评估过程的输入条件；最后，根据疾病的病理特征确定风险评估过程的有关参数，评估易感人群感染风险，得到感染风险分布，确定人员吸入传染物质的剂量、停留时间与感染可能性的相关性。

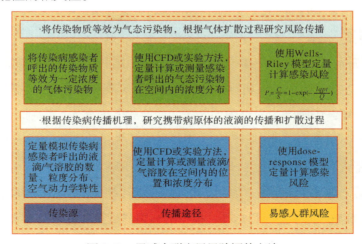

图 3.69　易感人群定量风险评估方法

（3）基于复杂网络的传染病传播模型

清华大学翁文国课题组建立了基于复杂网络的传染病传播模型（见图3.70），研究了大规模人群流动模式下传染病的传播机理。①人群结构模型：根据中国现有的行政区划，将全国31个省、自治区和直辖市的所有人口划分为具有层次结构的三级子人群，同一级别的子人群间可以通过实际或者虚拟的交通网络彼此连接。②人员出行模型：通过交通网络模拟人员日常出行过程，使来自不同子人群的人员间也有接触机会。③随机SEIR局部传播模型：描述处于最低级别的子人群（也称为种群）内部的传染病传播过程，通过该局部传播过程与人员出行过程的耦合，传染病可能向整个人群蔓延（以SARS为例，模拟了传播过程及围堵策略效果，效果较好）。

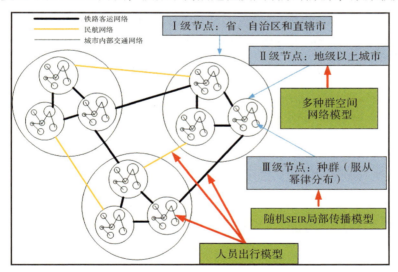

图3.70　基于复杂网络的传染病传播模型

（4）疫情期间的网上舆情与网上－网下作用规律

中国科学院自动化研究所曾大军课题组研究发现，网民参与2009年中国甲型H1N1流感主题讨论的帖子数量与甲型H1N1流感发病人数在空间上存在显著的正相关关系。以全国 31 个省、自治区和直辖市为空间尺度单元，帖子数量与发病人数的空间格局较为接近，相关系数为 0.848（$p<0.01$）。以北京市的 18 个区县为空间尺度单元，帖子数量与发病人数的空间格局较为接近，相关系数为 0.901（$p<0.01$）。由此可见，利用网络开源信息预测传染病的时空传播风险，是一种较为可靠的方法。

（5）互联网重大疫情实时监测与预警平台

曾大军课题组研发了一套面向危机信息监测、协作与应急的技术原型系统——互联网重大疫情实时监测与预警平台，集成传统的闭源数据、网络开源数据（如新闻、论坛、博客、微博等）、移动数据和主动呼叫应急数据，实现对危机事件在线感知、在线呼救、主动预警、群包应急与平行管理和控制。通过收集、处理和分析网络开源信息，为公众及相关部门提供危机信息导航服务，如危机信息的预测、预警、辅助分析等。平台通过地图和信息实时联动，监测危机信息发生的时间、地点、发展情况、影响范围以及公众的反应等。

互联网疫情实时监测与预警平台包括八个功能模块：首页、网络疫情、疫情热点、时空分析、热点追踪、网络报告、疫情专题、数据检索。①首页，是所有子模块的综合性展示，为用户提供宏观全局信息，包括疫情在线监测的地理分布、监测数据量统计、最新疫情监测结果与官方通告、疫情专题以及公共卫生信息的热点云。②网络疫情，该模块为用户展示疫情的在线监测结果。③疫情热点，该模块根据在线监测结果和加权分级算法，对高危高频的疫情相关标题进行分级滚动式循环展示，为用户提供当下实时的疫情监测热点。④时空分析，该模块综合网络开源、医院监测和网民主动提交的三类数据源，利用 Google Map 和复杂网络等可视化技术，实时展现各类数据的分布特征和关联关系等。⑤热点追踪，该模块为用户提供交互式的疫情监测展示界面。⑥网络报告，该模块为用户提供信息输入窗口和平台，为进一步实现与用户的交互奠定基础。⑦疫情专题，该模块根据用户需求，定制疾病专题，全景式监测疾病。⑧数据检索，该模块为用户提供在线搜索功能，对搜索对象在微博等平台的出现热度、关键词的相互关联、博主的社会网络等进行时间分析和可视化展示。

3.3.3.4　重大恐怖袭击事件演化机理与应对策略

（1）蓄意致灾者与应急决策者的决策互动和演化规律

在蓄意致灾事件中，致灾者的行动目的、行为偏好、收益评估等因素复杂多变，应急决策者难以判断致灾者的攻击能力和目标选择。同时，决策者半公开的防御策略使致灾者难以确定资源配置方案及攻击成功的可能性。清华大学申世飞课题组将博弈论方法应用于研究蓄意致灾情景，在致灾者与决策者零和博弈和攻防匹配的条件下，建立收益矩阵模型，讨论完全理性条件下博弈解及非理性条件下求解思路。同时，构建蓄意致灾者声明威胁的信号博弈模型，讨论不对称信息对应急决策者资源配置策略的影响。不同博弈次数的决策者损失如图 3.71 所示。随着博弈次数的增加，动态信息策略的优势逐渐显现，防御方期望损失明显降低。由于威胁成本是影响蓄意致灾者行动的重要因素，可通过应急管理及公众安全教育等综合途径，增大制造恐慌的难度，阻止蓄意致灾威胁，有效降低期望损失。

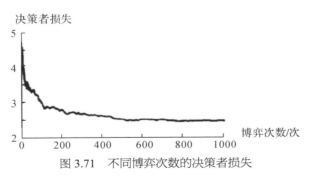

图 3.71　不同博弈次数的决策者损失

（2）蓄意致灾情景下的防御配置优化模型

申世飞课题组建立了静态防御资源配置博弈模型，使用基本防御模型的两人博弈结构，讨论最合理有效的应急资源配置方案，特别是防御整体结构、各承灾载体间的关联程度，以及多个承灾载体的资源配置方案。总资源对和期望损失的影响的研究结果表明，应急决策者有必要根据蓄意致灾者类型确定防御资源配置原则。与政府相比，当蓄意致灾者的力量较薄弱时，较均匀地在承灾体间配置防御资源是较好的方案，如在各处较平均地分布警力，以打击小规模的破坏活动；针对恐怖组织等强势的蓄意致灾者，需要确定重点防御目标，辨识关键设施，有针对性地配置资源，以达到最优的防灾效果。此外，由于承灾体关联会导致区域风险共享，系统期望损失随关联系数的增大而逐渐增大，区域交通管制、人员出行限制、重点单位和建筑物半封闭隔离、敏感地区周边限制通行等辅助防御措施，可有效降低系统的蓄意致灾风险。

（3）"情景－决策－反馈"适应性动态决策模式

申世飞课题组基于静态资源配置和信息策略的研究，针对不对称信息下双方多次的对抗，构建基于多阶段博弈的策略优化模型。该模型将蓄意致灾者和应急决策者的多次对抗过程描述为多个博弈阶段，计算每个博弈阶段的最优策略，双方根据博弈历史动态调整和优化策略。基于多阶段策略优化模型，提出蓄意致灾突发事件的动态资源配置方法，基于 Agent 方法模拟动态资源配置，分析应急决策者针对不同策略（如"好战""谨慎""怀疑"攻击策略以及动态策略）的蓄意致灾者的最优防御策略。不同攻击策略下平均损失随博弈次数变化的趋势如图 3.72 所示。结果表明，难以预知蓄意致灾者的攻击策略时，应采用动态防御策略，通过与蓄意致灾者不断博弈，根据博弈历史结果和博弈阶段中获得的收益，动态调整防御策略，

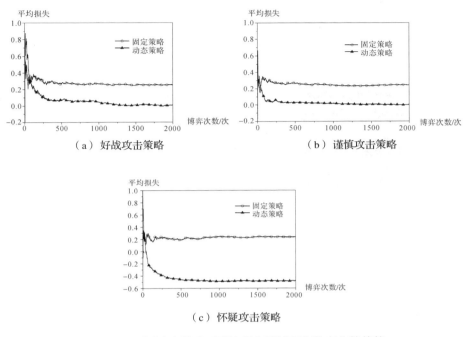

（a）好战攻击策略　　　　　　　　（b）谨慎攻击策略

（c）怀疑攻击策略

图 3.72　不同攻击策略下平均损失随博弈次数变化的趋势

以有效降低期望损失。这体现了应急决策者在不对称信息的重复对抗中，总结经验并进行决策的智能性。

3.3.3.5　大规模人群紧急疏散行为及其干预机制

（1）人群恐慌行为的心理和生理反应及恐慌行为传播

中国科学技术大学孙金华课题组研究了危机环境下人群合作行为的形成及其影响因素，以及个性特征对行为的影响及其神经机制。通过模拟火灾逃生实验，研究人类火灾逃生时的脑活动，以探索人类逃生行为的神经基础，开发了火灾逃生行为模拟平台（见图 3.73）和模拟火灾逃生测试的功能性磁共振成像（functional magnetic resonance imaging，fMRI）预实验。测试开始后，某障碍物开始燃烧，房间内温度升高，主角生命值随温度升高而降低。受试者用键盘控制主角，以尝试逃生。逃生的成功率随着人员密度的变化如图 3.74 所示。结果表明，随着人员密度的增加，受试者逃生成功率降低。

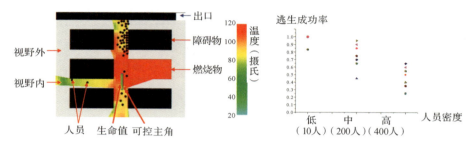

图 3.73　火灾逃生行为模拟平台　　　　　图 3.74　成功率随着人员密度的变化

功能性磁共振成像是目前最先进的脑功能测量方法，可在无损伤条件下，探测人类特定行为时的脑活动，时间、空间分辨率较高，但该方法具有一定的技术难度，国内外尚无研究采用该方法研究火灾逃生的相关问题。孙金华课题组应用功能性磁共振方法，测量受试者模拟逃生行为时的脑神经活动。火灾逃生时脑活动情况如图 3.75 所示。研究揭示，在灾害环境下，人员逃生失败时恐慌行为的生理和心理反应机制，即人员密度高时的受试者（逃生成功率低）前部前额叶活动，与情感、社会等信息的处理相关，不断施加即时、正面的权威信息干扰，能显著缓解紧张情绪。

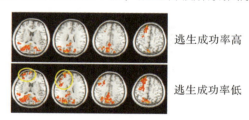

图 3.75　火灾逃生时脑活动情况

（2）考虑疏散引导和人群特征密度的疏散风险模型

孙金华课题组分析了影响大规模人群流动的一系列特征密度（包括人

群可流动状态及极度拥挤状态），运用无限人流排队理论，基于 Hughes
连续人群流动模型，综合考虑人流强度、疏散通道服务能力、疏散系统服
务强度等，建立大规模人群疏散定量风险模型。分析在大规模疏散中，典
型人群密度对疏散策略的影响，提出"人群密度风险轴"（见图 3.76），
判断疏散策略效率。效率流动（effective flow）表示可以通过疏散出口
数目的设置等人为干预措施，改善疏散效率；无效率流动（non-effective
flow）表示人群无法运动，常规的疏散干预措施无作用，在拥挤状态下极
易造成事故；临界带（critical zone）表示疏散干预策略从有效到失效的缓冲，
是理论模型与实际模拟的差值，在缓冲区前或缓冲区内实施紧急且强有力
的干预措施，可能避免失效阶段。基于疏散风险数值假设，获得了与人群
密度风险轴相匹配的疏散风险三维分布形式（见图 3.77）。结果表明，当
人群密度一定时，疏散通道越多，风险逐渐减小；当疏散通道一定时，人
群密度越大，风险逐渐增大。

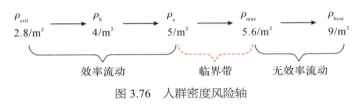

图 3.76　人群密度风险轴

（3）应急疏散引导系统

中国科学院心理研究所张侃课题组通过实验、调研、模拟和仿真方法，
研究了群体的活动规律及其在突发事件下的疏散干预措施，并在北京进行
了实地示范，效果显著。根据行人监控探头的单点流量数据及调研得到的
行人路径偏好数据，搭建区域人流量统计模型，实时获取区域及每条路段
的行人流量，从理论上解决了流量数据由点到面的扩展。考虑导向标识布
设的系统性、连续性、易识别性等基本原则，基于最优化理论，以最大限

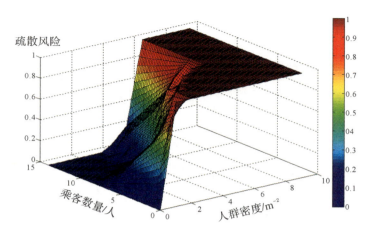

图 3.77　不同疏散通道下不同密度人群的疏散风险三维分布形式

度发挥应急疏散广播和导向标志在疏散引导中的作用为目标，建立布局模型，确定 60 块疏散导向标志牌的布局及引导方向，通过模拟分析验证了疏散标识的有效性。基于所提出的应急疏散引导流程（见图 3.78），开发了智能应急疏散系统，实现拥堵自动预警、预案执行、预案配置、预案发布统计、应急资源管理等功能，实现应急预案的智能化和信息化，提高了对人群干预的效率。

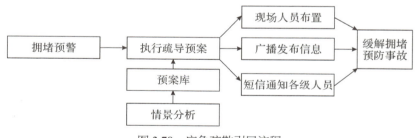

图 3.78　应急疏散引导流程

（4）大规模人群疏运安全分析评估及疏散路径优化模型

中国安全生产科学研究院史聪灵课题组针对地铁客流疏运的宏观疏运组织和微观个体行为的耦合过程，建立了地铁主要通行节点（楼梯、扶梯、闸机、通道、售票和检票系统等）疏运能力的系列理论预测模型，研究提出了地铁客流应急疏运安全分析评估模型，包括通道 – 行车疏运安全分析模型、通道饱和度模型、通道疏运能力预测模型、公共区集散能力分析模型、疏运网络调配分析模型等，可用于分析疏运过程中的行车组织、通道通行能力、通道饱和度、公共区集散能力和突发事件情况下地铁网络疏散能力。

中国安全生产科学研究院钟茂华课题组提出了基于微观模型的疏散路径优化算法，以疏散时间最短为目标，综合考虑了人群分布、出口位置、出口宽度等因素，利用迭代算法，求解每个行人的最优出口选择，从而得到优化的疏散路径。以某步行商业街区的疏散为例，利用经典的无后退有偏随机行走模型，对疏散路径优化前后的疏散时间进行了比较分析。结果表明，优化疏散路径的作用体现在引导人员向宽度较宽和附近人员密度较低的出口疏散，利用这些出口可更快地疏散商业街人群。

第4章 代表性集成成果

"非常规突发事件应急管理研究"重大研究计划的三项代表性集成成果为面向国家安全的新一代应急情报计算理论与应用、"情景－应对"型总集成平台的基础研究与成果应用,以及非常规突发事件应急管理心理与行为研究及成果应用。

4.1 面向国家安全的新一代应急情报计算理论与应用

4.1.1 研究背景及现状

自21世纪以来,随着科学技术的跨越式发展,互联网、物联网、云计算、大数据、人工智能等颠覆性技术逐步融入人类社会的日常生活,创新科技的迭代更新与大规模普及空前猛烈地影响和改变着人类传统的生产与生活方式,进而塑造出人类社会全新的生存形态与认知体系,推动人类的生存空间逐步从现实物理世界拓展到网络虚拟世界。在互联网和移动网交织的网络虚拟世界中,人们对于突发事件的社会认知、态度形成、情绪塑造和行为响应越来越受制于新闻站点、微信、微博、APP、论坛等平台提供的真假莫辨的事件报道及相关信息流的传播扩散，融合网络虚拟世界的新世界体系与生活方式已呈现出不可逆转之势，人类社会活动及其组织方式以一种全新面貌得以重塑，人与物之间紧密互联且泛在感知的信息物理社会系统（Cyber-Physical-Social Systems，CPSS）逐步成为现实，根本性地改变了非常规突发事件的预防、应对、控制与管理模式，亦带来国家和社会安全问题的重构与重塑。传统的国家安全、社会安全、经济安全、生物安全等涉及国计民生的重大安全问题被赋予一系列新的内涵。

为适应新形势下国家安全面临的严峻挑战，2014 年，习近平总书记提出了"总体国家安全观"大战略思想，提出"当前我国国家安全内涵和外延比历史上任何时候都要丰富，时空领域比历史上任何时候都要宽广，内外因素比历史上任何时候都要复杂"，要求"走出一条中国特色国家安全道路"。

中国是一个灾害频发的国家，各类非常规突发事件时有出现，例如2003 年 SARS 事件、2008 年汶川地震、2009 年甲型 H1N1 大流行、2014年云南昆明火车站的暴力恐怖事件、2014 年的香港"占中"事件等。从趋势来看，非常规突发事件的触发源头、发展演化、监测预防、应急响应及管理控制越来越非常态化，互联网、移动网等逐渐成为推进事件演化的主要阵地，事件相关的互联网信息传播与扩散往往涉及国家重大安全问题，严重威胁国家总体安全，这给应急管理带来了空前严峻的挑战和重大机遇。①总体国家安全是一个复杂巨系统，各类安全问题相互关联、互不可分，突发事件与国家安全问题并存且易于转化，问题具有开放性，控制边界模糊化；② CPSS 的基本特征，是现实物理空间与虚拟网络空间深度耦合且强力反馈，"人在回路中"（human in the loop），高频实时信息流的传播扩散具有极大的不确定性，非常规突发事件的预测和控制面临极大困难；③ CPSS 带来一系列人类生活与交互组织模式的新变化，现有的以计划、组织、领导和控制为核心的应急管理技术面临重重困难；④ CPSS 带来一系列新方法和新技术，人成为回路中的信息生产者、传播者与感应器，动员社会全体参与突发事件各环节成为可能，管理科学创新面临重大机遇。

构建 CPSS 环境下突发事件复杂系统的感知、模型、实验等，实现实时情景决策的数据与情报支持，是重大的科学难题。世界主要大国均在这一前沿领域展开了激烈竞争，纷纷抢占网络化时代的战略制高点，捍卫网络虚拟空间的国家安全与主权。

目前，发展先进信息技术手段以从互联网挖掘大规模开源情报从而保障国家安全，已成为欧美发达国家的基本共识。欧美国家相继投入巨资开展前瞻性和战略性科学研究。例如，社会媒体战略传播项目（Social Media in Strategic Communication，SMISC）、开源信息指标体系项目（Open Source Indicators，OSI）及全球定量分析项目（Quantative Global Analysis，QGA）分别从微观、中观与宏观三个维度开展研究。微观分析，集中在语义理解、行为建模等方面；中观分析，针对用户交互行为及其影响力度量，侧重于网络分析；宏观分析，面向大规模数据的可视化，强调从内容理解、机制推理和决策支持等方面进行社会安全风险感知与防控。这批项目取得的研究成果，为欧美国家的安全保障工作提供了大数据驱动的以计算为特征的新视角、新方法与新技术，开发了一批应用于国家和社会安全风险感知与防控的系统平台。

在我国，合理利用互联网大规模开源情报对于保障国家安全的重要性与急迫性已成为基本共识。

为适应 CPSS 给人类社会带来的巨大变化，更为应对欧美发达国家在这一战略性前沿领域发起的压迫性挑战。2009 年，国家自然科学基金委员会管理科学部的首个重大研究计划"非常规突发事件应急管理研究"，通过顶层设计，明确提出在这一战略性新兴领域重点资助一批项目，吸纳一批相关领域的顶级专家学者，建立一支多学科交叉的有强大科技创新能力的国家人才队伍，形成一批具有完全自主知识产权的原创科技成果，为保障总体国家安全提供坚实的科技驱动力。

在本重大研究计划的号召与资助下（资助情况见表 4.1），清华大学、中国科学院自动化研究所、北京大学、国家安全生产研究院、北京邮电大学、国防科技大学、中国科学技术大学、中国科学院计算技术研究所、中国科学院网络信息中心、电子科技大学、北京航空航天大学和中国人民公安大学等几十家机构的一大批专家学者在应急情报计算这一新兴领域展开了全面探索，逐渐形成了核心研究团队。

表 4.1 "非常规突发事件应急管理研究"重大研究计划在应急情报计算领域的资助情况

分类	项目负责人	项目类型	重大研究计划资助项目名称
代表性成果	方滨兴	重点支持项目	非常规突发事件在线应急感知、预警与危机情报导航的社会计算方法
	曾大军	重点支持项目	社会网络结构演化规律及其对非常规突发事件处置策略的影响
	方滨兴	培育项目	非常规突发事件中网络舆情作用机制与相关技术研究
	邱晓刚	集成项目	基于平行应急管理的非常规突发事件动态仿真与计算实验集成升华平台
	刘怡君	培育项目	非常规突发事件中社会舆论形成、演化、引导、干预的系统建模与仿真分析
	尚明生	培育项目	社会网络结构演化分析及其在舆情和疫情预警及控制中的应用
	张和平	重点项目	非常规突发事件应急处置的全过程动态评估模型
	曹志冬	培育项目	非常规突发事件情景演化的舆情涌现机制与人工舆情发生器研究

分类	项目负责人	项目类型	重大研究计划资助项目名称
其他创新成果	丁治明	重点支持项目	面向非常规突发事件主动感知与应急指挥的物联网技术与系统
	黎建辉	重点支持项目	面向非常规突发事件应急管理的云服务体系和关键技术
	靳晓明	培育项目	非常规突发事件中的网络可视数据流的实时挖掘方法研究
	黄丽华	培育项目	非常规突发事件网络信息认知模式、传播规律及预警机制研究
	杜军平	培育项目	基于 Agent 的突发事件跨媒体数据挖掘研究
	王厚峰	培育项目	基于互联网的突发事件信息动态检测、抽取与融合技术研究
	刘晓	培育项目	非常规突发事件应急技术系统化集成原理与方法
	王延章	重点支持项目	非常规突发事件演化分析和应对决策的支持模型集成原理与方法
	骆祥峰	培育项目	基于复杂关联语义链网络的非常规突发事件 Web 信息传播与演化机理研究
	陈晓东	培育项目	非常规突发事件网络舆情分析方法和预警机制的研究

在本重大研究计划启动之初，国外关于 CPSS 环境下应急情报计算的研究处于初期，国内亦局限于小范围进行摸索，既缺乏适应 CPSS 新形势且满足总体国家安全需求的应急计算理论体系及相关技术，更无成体系的解决方案应用于国家业务部门，在这一战略制高点，总体国家安全的科技保障基本空白。

因此，本重大研究计划的科学家团队立足于新形势下的社会发展现状与保障总体国家安全的重大需求，将信息技术、社会计算、心理与行为分析和应急管理理论进行多学科交叉融合，建立了应急情报计算的基础框架，在基础理论、核心方法、关键技术和实战系统研究等方面，开展了一系列科技创新，在异质性超网络模型及技术方面取得了重要突破。目前，应急情报计算的理论和方法已与国家安全相关业务紧密结合，通过与国务院应急办、国家安全部、公安部、中宣部、网信办、新华社、中国日报社等的合作，理论成果在实践中得到广泛应用，对于 CPSS 新形势下如何保障国家安全的问题形成了一套体系完整的整体解决方案。

应急情报计算主要面向突发事件演化发展的全生命周期，融合现实物理世界中的事件监测数据和网络虚拟世界中与事件相关的信息流数据，重点发展面向大规模非结构化数据处理的信息计算、智能控制和人工智能等前沿技术，重塑适应新形势的大数据驱动的管理与决策模式，从而大幅提升国家应对重大安全威胁的业务效率与风险控制能力，助力国家在多变的国际与国内复杂环境中立于不败之地。

新一代应急情报计算理论与应用研究是响应国家重大需求、积极践行国家总体安全观的重要体现，对保障总体国家安全具有重要的现实价值和战略意义。

4.1.2   重要研究进展

应急情报计算是指面向 CPSS 中突发事件的全生命周期，利用计算机、自动化、人工智能等信息技术手段，实时感知并精准抽取事件全要素信息，融合应急管理与安全领域知识，全景式深度分析事件要素，解析相关机制和原理，评估潜在威胁，以形成对新兴应急管理决策的数据与情报支持。核心科学问题包括两方面：①如何从跨平台、多模态、复杂多变的突发事件大数据中，识别、发现、追踪和挖掘潜在构成总体国家安全的特定信息；②如何基于突发事件特定信息，在计算建模与分析中有效融合安全领域知识，实现对总体国家安全问题的数据化决策。

应急情报计算包括以下五方面的科学内涵：①利用互联网、移动互联网等大规模开源信息，立足于突发事件对象，解决国家和社会安全问题；②进行突发事件特定信息的计算和分析，形成对总体国家安全问题的研判和评估；③基于突发事件监测信息的研判和评估，融合安全领域知识的数据化决策；④顺应总体国家安全问题的变化和发展，及时更新应急计算与分析的理论与方法；⑤塑造保障国家安全的实战需求并驱动理论发展。应急情报计算适应于解决多种类型的重大安全问题，如新型恐怖主义、社会群体事件、重大活动保障、舆情攻击与防御、公共卫生危机、外来物种入侵、生态环境破坏、经济金融危机、严重自然灾害、能源资源安全、粮食安全、重大事故灾难等。

目前，通过国家自然科学基金委员会重大研究计划的资助，应急情报计算已取得一批创新研究成果：构建形成了一套拥有自主知识产权的应急情报计算理论及关键技术，推动了多学科交叉的创新应急管理理论发展，在应急情报计算相关的跨学科领域培养了一批高层次复合型人才，提高了国家相关业务部门的效率与科技化水平，提升了总体国家安全的保障能力。应急情报计算核心研究成果具体体现为：提出了适应新形势发展需求的新一代应急情报计算理论、方法、关键技术和体系化的整体解决方案；基于互联网、移动网的大规模开源信息，构建了一套体系完整的面向突发事件进行高效情报计算的大数据获取、存储、融合、计算、分析、理解与可视化关键技术链，搭建了应急情报计算的系统平台和编程环境；通过跨学科知识和方法的集成，为我国面临的非常规突发事件的实时监控、预测、预警、防控和应急处置提供技术支撑和科学决策手段。相关研究成果在国家相关业务部门得到大范围应用，在涉恐、涉华非政府组织和港澳台社会态势等方面，提高了国家相关职能部门在预测预警、应急响应及管理控制方面的科学化决策水平和实战能力，为总体国家安全观大战略提供了新的理论方法、核心技术和实战平台支撑。

总体来看，应急情报计算的核心研究成果覆盖三方面内容：感知与获取、建模与解析、管理与决策。在这三个方面，本重大研究计划均取得了实质性突破，其中，最具特色的典型成果是异质性超网络模型的新方法及其在国家安全业务实践中的应用。该科研团队诠释并探索了复杂超网络现象背后的五大科学机制——异质性机制、超网络机制、节点影响力机制、社区群合机制及危机信息释放机制，有针对性地提出了数学建模方法，并在实践中得到了科学验证。以下重点阐述代表性研究成果——异质性超网络模型，其他研究成果简要概之。

4.1.2.1　异质性超网络模型：机制与建模

在信息物理社会系统中，一旦突发事件出现，事件相关的人、组织、机构、信息、资源等各类事件要素迅速涌现，高频信息流线上线下实时涌动，事件要素错综复杂地分布于信息物理社会系统的各个角落。虽然这些要素高度分散，但必定存在某种关联关系，各类要素也会沿着不同的交互渠道自适应地动态变化。因此，如何刻画和描述事件要素或事件相关信息流在信息物理社会系统中的扩散、传播及其影响和作用，是认识和理解突发事件演化规律并洞察事件趋势的关键。

传统的突发事件应急管理方法主要基于事件要素的统计分析，属于典型的线性思维。现实中，突发事件应急管理的诸多要素，往往高度紧致地有机耦合在一起，在相互作用中协同推动事件演化，因此，应急管理思维需要从线性思维上升到一个更高维度——网络思维，从而使突发事件管理决策拥有整体性、全局性、系统性视角。异质性超网络模型正是网络思维下提炼出的应急管理方法，它对于深度认知突发事件这一复杂系统具有非凡意义，是推动应急管理科学决策的一把钥匙。

异质性超网络模型充分融合了信息物理社会系统环境下突发事件的基本特性与演化机制，其科学研究从以下六个方面展开。①探究网络结合和连接的异质性机制，建立形式化数学模型。②认识不同要素构成的超网络现象及其机制，建立形式化数学模型。③结合异质性与超网络，探索不同结构网络中网络节点作用及其影响力形成的内在机制，建立形式化数学模型。④探索异质性节点所构成的节点聚落，挖掘社会区群合作机制，建立形式化数学模型。⑤从宏观上探索危机信息是如何因网络不同而释放出迥然相异模式的内在机制的，并建立形式化数学模型。⑥利用理论模型及其技术工具，解析复杂网络的可变性、可控性与可预测性等问题。

（1）异质性机制及建模

以网络思维探索和挖掘复杂社会系统，是当今计算机科学、社会科学、管理科学等相关领域的研究热点，现已取得了一系列成果。传统研究方法通常假设社会网络中的节点和连接是同质的，而真实世界中事物的存在状况、交互行为及关联方式往往是多样化的。例如，在由微博、微信所构成的社交网络中，不同用户的参与程度、兴趣偏好、粉丝数量、影响力等均存在巨大差异。因此，探索和研究复杂传播系统中异质性个体及自适应的交互行为，对于认识信息物理社会系统中突发事件的形成与演化具有重要价值。

具体到公共卫生事件的应急管理与科学控制，需要对新发突发传染病在特定时间、空间和人群间传播流行的基本特征、演化规律、变迁模式、关键影响要素以及防控措施对疫情的影响等有深刻且精准的理解和掌握，从而使公共卫生应急管理的决策方法有充分的科学依据，使可调用的疫情防控资源在有限时间内实现最大整体效益。现有的主流建模方法把传染病传播流行过程当成简单系统，因而以确定性、同质性、完全随机混合为基本前提，使高度复杂动态变化的传染病传播流行过程简单化，因此，模型构建中缺乏反馈互动与迭代演进，模拟的传播系统往往缺乏平衡点。

与传统主流建模思想不同，中国科学院自动化研究所曾大军课题组认为，传染病传播流行过程中的疾病个体不是独立的，而是相互关联和作用的。复杂环境下高度动态变化的传染病传播流行系统需要从整体传播系统中认识个体作用及演化过程，进而理解整个传染病传播动力学系统的复杂行为与现象。因此，针对新发突发传染病的应急管理与防控，数学建模的前提假设需要把传染病传播流行过程当成一个复杂系统而非简单系统，以不确定性、异质性、非线性、网络结构、有平衡点、动态反馈、从微观到宏观为建模的指导原则。在这一指导思想下，公共卫生应急管理的核心科学问题可以总结为：如何以网络思维、系统科学视角认识和理解传染病的复杂传播动力学系统，解释疫情中的复杂现象，实现疫情的预测预警和优化控制（见图 4.1）。

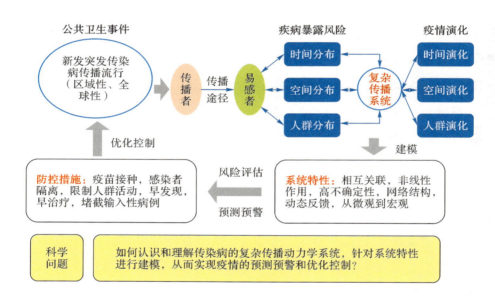

图 4.1　公共卫生应急管理的复杂系统建模思想与核心科学问题

曾大军课题组探索了公共卫生事件复杂传播系统中的异质性机制，提出了异质性社会接触网络的形式化表达，解析了其中的各类传播动力学行为及其影响，并以传染病复杂传播系统的复杂性和异质性为前提假设，建立了传染病流行与扩散蔓延的异质性时空传播动力学模型（见图 4.2）。该模型将复杂传播系统的本体抽象为疾病传播原子系统——传播源（I）通

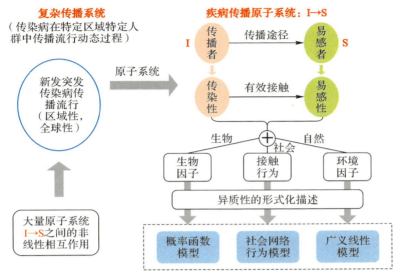

图 4.2 传染病流行与扩散蔓延的异质性时空传播动力学模型基本框架

过传播途径使易感者（S）有一定概率成为新的传播源（I→S），通过考查大量I→S原子系统之间的非线性相互作用来认识和理解复杂传播系统。原子系统由病原体的生物特性、个体之间的接触行为及环境因子共同影响，这些影响因子叠加耦合后的复合作用决定了原子系统的基本动力学行为。曾大军课题组将新发突发传染病传播流行的影响要素归纳为三类——生物因素、社会因素和自然因素，并针对这三类因素的作用方式提出了疾病生物学特性（病毒传染力、潜伏期、感染期、人群易感性等）、人群活动模式（密切接触网络、有效接触率、人群空间流动等）及环境作用（平均温度、相对湿度等）的形式化描述模型。异质性时空传播动力学模型具备高颗粒度、可装配、可扩展的柔性调控能力，模型适用范围广，可用于复杂多变的疫情情景下的传染病传播流行风险评估与预测预警。

近年来，异质性时空传播动力学模型被应用于对我国构成严重威胁的重大传染病传播流行情景的研究。曾大军课题组探索了复杂传播系统中的幂律现象、分层聚类现象和超级传播现象，利用计算实验在传播流行风险评估、疫苗投放效果评估、疫情现场控制、疫情情景推演等方面开展了一系列研究，定量评估了异质性条件下的组合优化干预策略，取得了一批有价值的研究成果。

SARS 严重急性呼吸综合征（severe acute respiratory syndrome virus，SARS）是 21 世纪人类面临的第一次全球性传染病流行大威胁，亦是迄今为止我国面临的最为严重的公共卫生危机，影响极其深远。SARS 最先在广州市人群中暴发流行，进而传播到北京，同时传播到新加坡、加拿大等全球几十个国家和地区。其中，北京市是 SARS 疫情最严重的地区。因此，广州市和北京市的 SARS 疫情是认识与理解公共卫生危机特征、规律及如何应急管理的最佳研究对象，具有重要价值。曾大军课题组利用异质性时空传播动力学模型，结合广州和北京 SARS 传播流行期间监测的一手数据资源，系统性地研究了北京和广州 SARS 传播流行的特征与时空演化规律，估计得到了 SARS 在这两个城市人群中传播的感染率、潜伏期、传染期、再生数、群体免疫率等疫情特征参数，揭示了 SARS 传播扩散的时空模式、高风险聚集区域及空间传播路径，并对假定条件下的疫苗接种、早发现早隔离、限制人群活动等控制措施的实施效果进行了科学评估，得到了一批有价值的研究结论。这项研究既科学评估了北京和广州 SAR 疫情防控中的得失与经验教训，也为 SARS 与类似的重大传染病在北京和广州及类似特大城市人群中传播流行的应急管理与防控策略提供了技术参考。2003 年北京市 SARS 传播扩散的异质性接触网络及其时空特性如图 4.3 所示。研究表明，SARS 空间传播扩散具有较强的规律性，近似服从对数正态分布，最大传播扩散风险的空间距离为 6~8 km。

新发突发传染病传播流行时，学校因其封闭性和密集学生群体而成为暴露风险最大的区域。2009 年，北京市 70% 以上的甲流聚集暴发出现在各类学校（小学、中学和大学）。因此，学校暴发传染病后的应急管理与控制非常重要，是城市整体疫情控制的关键。2009 年甲型 H1N1 流行期间，

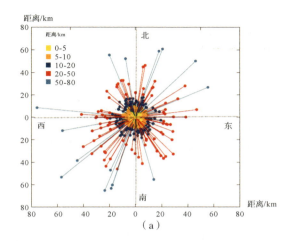

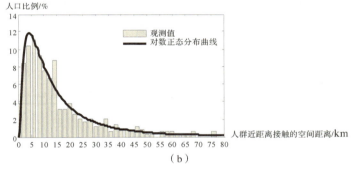

图 4.3　2003 年北京市 SARS 传播扩散的异质性接触网络及其时空特性

北京周边某大学城暴发了一起国内最大的甲流聚集疫情，疫情全过程控制与应急响应时间为 20 天，共出现 586 例流感样病例，检测确诊 226 例，隔离约 13000 人。军队疾控部门对本次疫情进行了全面系统的调查，获得了宝贵的一手数据资料。曾大军课题组与军队疾控部门合作，详细追踪了每个病例从暴露、发病到隔离、治愈、解除隔离的全过程，追溯了每一次传染行为中的传播者、感染者、发生时间、发生地点，完整地勾画了整个传播链。同时，利用异质性时空传播动力学模型重构了本次学校暴发情景。模型很好地模拟预测了甲流疫情在时间、空间和人群间的分布规律（见图4.4），在此基础上开展了计算实验分析，对本次聚集暴发疫情中采取的隔

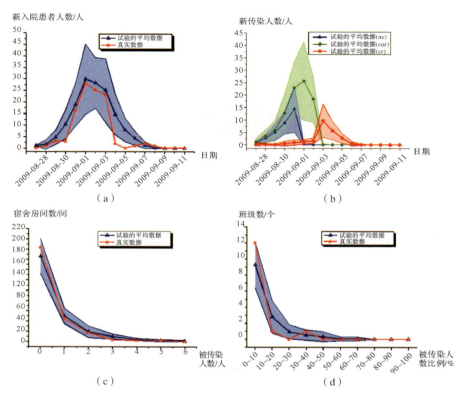

图 4.4 学校暴发甲型 H1N1 的传播链重构及组合干预策略评估

离宿舍楼、禁止串舍等应急防控措施效果进行了量化评估，总结了经验教训，为学校暴发公共卫生危机的应急管理决策提供了技术参考。研究表明：①学校中传播的广度与深度较大，发展迅速，需要及时干预；②传播风险受学生群体的社会关系与空间关系的混合控制，疫情传播的高风险人群是一年级新生；③本次疫情采取的三种应急处置措施（第一项措施是隔离宿舍楼禁止人员出入，第二项措施是禁止学生的串舍行为，第三项措施是对出现疑似或确诊病例宿舍的所有学生进行单独隔离）均可以实质性地降低传播风险，效果显著，但具有一定的时间滞后性；④第二项应急处置措施的作用效果存在一定局限，虽然有效阻止了传染病在不同宿舍之间交叉传播，但加剧了宿舍内部室友之间交叉传播的风险，第三项应急措施效果最佳，但对应急情况下的可调用资源有很高要求。

在新发突发传染病疫情中，传播者个体导致的二代感染者数量往往是不均匀的，即非完全随机，亦非正态分布。某些传播者个体导致的二代感染者数量会远远超出平均水平（往往是一两个数量级的差异），这种现象被称为超级传播现象。超级传播现象最早在 1918 年的西班牙流感大流行中被观察到，却一直被人忽视，直到 2003 年 SARS 全球大流行期间才得到学术界的重视。2005 年，有学者在《自然》（*Nature*）杂志上撰文提出超级传播及其影响，从此超级传播现象便在甲型 H1N1 大流行、埃博拉病毒流行等严重公共卫生危机中大量报道。超级传播现象意味着少数个体能够不成比例地影响甚至控制疫情走向，具有重要研究价值。如何预测和发现超级传播现象的出现概率，快速识别超级传播个体并予以提前控制是一个重要科学命题。目前关于此类现象的报道虽不少，但机制层面的科学解释尚属空白。曾大军课题组构建异质性时空传播动力学模型，对 2009 年中国已知的最大一起学校暴发的甲流疫情进行了系统研究，重点对本次疫情中的超级传播现象进行了机制层面的科学论证与解释。曾大军课题组把甲型 H1N1 暴发中传播个体的活动频率、易感人群的聚集程度和传播个体处于感染状况的时间长度作为三类影响因子，构建了这三类影响因子的概率分布函数，并将其融入异质性时空传播动力学模型，由此开展多样化疫情暴发情景下的模拟计算与分析，从而推演不同组合条件下超级传播现象的出现概率。超级传播现象根据 "20/80" 定律来界定，即如果模拟计算中 20% 的个体导致了人群中 80% 的感染，即认为存在超级传播。实验表明，超级传播现象的出现可能是传播个体的高频活动、易感个体的高密度聚集和传播个体长时间处于自由传播状态三种因素叠加的非线性复合作用。这一研究发现为超级传播现象机制给出了一种逻辑自洽的科学解释。

在自组织的复杂系统中，往往呈现出幂律分布现象，对它的研究具有广泛而深远的意义。传染病在特定人群中的传播、扩散与蔓延，同样存在幂律分布现象，这一现象最早于 1996 年见于《自然》杂志，作者考查了一个拥有 25000 人的相对封闭的岛屿上近百年来暴发的麻疹疫情，发现每次暴发麻疹疫情导致的感染者数量（暴发规模）与其出现频次服从幂律分布。关于疫情中存在幂律分布现象目前已有大量报告，但形成这种现象的内在机制目前尚不明确。2009 年甲型 H1N1 在北京市大规模传播流行，北京市疾控部门监测得到了一批疫情暴发数据。曾大军课题组对 2009 年 10月 18 日以前出现在北京市的 207 起识别出的甲型 H1N1 聚集性疫情（尤其是出现在学校的疫情）进行了分析。研究发现，在相对孤立的人群密集区域（例如学校、社区、公司等场所），甲型 H1N1 暴发规模存在较强的规律性，均服从幂律规律，具有尺度不变性。曾大军课题组构建了异质性时空传播动力学模型，实现了潜伏期、感染期等疾病参数的概率函数表达，并将疫区人群之间的交互接触构建为一个多级分层接触网络，从而模拟现实中不同区域人群的异质性接触行为；利用大量重复的计算实验，发现在多级分层接触网络下传染病传播流行导致的发病人群规模服从幂律分布。研究表明，传染病传播流行并非波浪式均衡地向外扩散蔓延，而是跳跃式发展，先在一个强联通的密集子群中快速传播，迅速使子群中的大部分个体受到感染，然后通过弱连接以一定概率向外扩散（具有一定的时滞性），从而引爆其他强联通子群。这一研究揭示了传染病传播流行中的幂律分布现象的主要原因可能是疫区人群的多级分层网络接触模式。因此，控制人群接触网络中的弱连接以阻止疫情扩散蔓延是公共卫生应急管理的关键。

（2）超网络机制及建模

突发事件的网络舆论已成为事关国家安全的重要因素，在社会管理中的作用不容忽视。网络社会的舆论事件类似于现实社会的突发事件，需要厘清六要素，即时间演化（when）、环境地点（where）、人物参与（who）、事件内容（what）、如何发生（why）、如何解决（how）（简称"5W1H"），以确定网络舆论的发生发展过程、动态演化机理等。既有研究存在着机理认知和引导脱节的状况：机理层面多集中于舆论在各类复杂网络上的物理表现，与实际事件联系不紧密；引导多以定性描述为主，缺少可量化和评估的依据。

根据社会燃烧理论、社会激波理论、社会行为熵的舆情机理，中国科学院战略咨询研究院刘怡君课题组利用"5W1H"舆论综合集成研究方法，构建了由舆论主体、环境信息、主体心理和发布观点构成的舆论超网络模型，通过对舆论主体行为建模、复杂网络下舆论演化模型构建、舆论态势研判等，对舆论的形成、演化、引导和干预进行系统建模与仿真分析，定性会商与定量模拟相结合，研究了超网络舆论引导策略，从超网络的全新角度探索了网络舆论这一社会复杂问题。通过建立社交、心理、环境和观点等多维子网，建立了描述社会舆论的超网络模型，设计逻辑自洽的多层网络交互机制，提出了"超链路预测"算法和"超链路排序"算法。刘怡君课题组将超网络模型与仿真方法相结合，计算分析了非常规突发事件中社会舆论形成及演化过程，研究了非常规突发事件中社会舆论引导及干预的机制与策略，探讨了"舆论的机理"，解决了"舆论的管控"问题。

网络舆情的超网络模型如图 4.5 所示，图中呈现了超网络建模框架及各层子网之间的关系与驱动机制。超网络由四个子网构成：①环境子网（environmental network），表示信息传播过程，一条信息代表一个新环境节点，网络舆情的超网络模型形成及演化的基础就是新环境信息的引入，环境网络是其他子网演化的外驱动力；②社交子网（social network），表示个体的交互关系，即网民之间的回复关系；③心理子网（psychological network），是社交子网的内驱动力，当个体接收到新信息时，会根据个体具有的心理而选择是否接收新环境的影响（即接收新信息所传播的观点）；④观点子网（keyword network），通过观察网民形成的观点网络，侦测舆论的社会效应（微观个体涌现出的集群行为），继而催生新环境信息的出现。

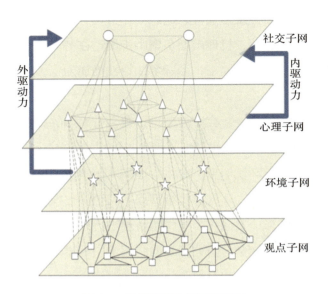

图 4.5　网络舆情的超网络模型

刘怡君课题组利用超网络模型对三种舆情社会干预策略进行了计算评估。①隔离策略是指通过隔离超网络中的一条（或几条）负向超边，对超网络结构进行一定规则下的干预，使节点属性在网络结构变化的基础上发生改变，造成超网络中负向超边的属性发生变化，转变为正向超边；②嵌入策略是指通过在超网络中嵌入一条（或几条）正向超边，对超网络结构进行一定规则下的干预，使超网络中的负向超边的属性发生变化，转变为正向超边；③重构策略是指通过重构超网络中的一条（或几条）负向超边，对超网络结构进行一定规则下的干预，使超网络中的其他负向超边的属性发生变化，转变为正向超边。

为解决超网络模型的预测性问题，刘怡君课题组提出了基于超网络的超链路预测算法（见图 4.6）。首先，从构建的舆情超网络模型中抽象出连通矩阵；然后，计算邻接矩阵，超网络模型的超三角形个数，任意两条超边之间的相似性（共同包含的超三角形数）；最后，提出舆情超网络中子网层内的超链路预测算法和评价方法，将超边预测算法扩展至全网范围。

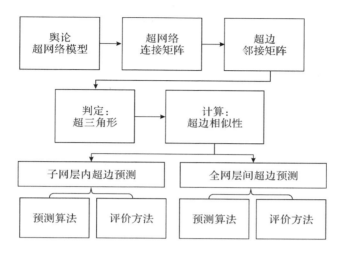

图 4.6　基于超网络的超链路预测算法

（3）节点影响力机制及建模

非常规突发事件易引发谣言和恐慌情绪。谣言的传播途径有多种，包括互联网、手机短信以及传统的面对面、口对口的方式等。在众多传播途径中，以网络传播最为迅速，危害最大。例如，日本核辐射引发的全民抢盐事件以及"7·23"甬温线特别重大铁路交通事故中网络谣言使政府公信力下降；网络谣言造成英国伦敦等几个主要城市发生骚乱。可见，澄清谣言并有效引导网络舆论健康发展具有重大意义。

通常认为意见领袖在谣言传播或辟谣过程中起重要作用。因此，量化计算节点影响力，发现和挖掘意见领袖，评估其影响力成为首要问题。对此，电子科技大学尚明生课题组提出了一种挖掘社会网络意见领袖的LeaderRank 方法，该方法明显好于只考虑节点度的方法。与 PageRank 算法相比，LeaderRank 算法亦具有准确度高、鲁棒性好、无参数等优点。LeaderRank 和 PageRank 在加快消息传播和鲁棒性抗攻击等方面的效果对比如图 4.7 所示。

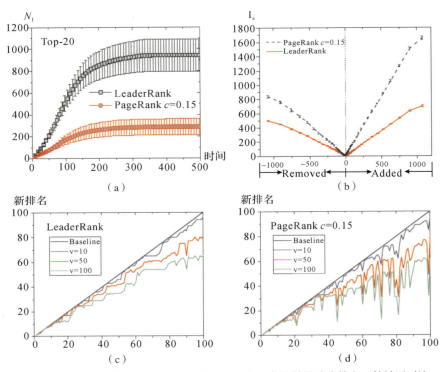

图4.7　LeaderRank 和 PageRank 在加快消息传播和鲁棒性抗攻击等方面的效果对比

在突发事件中，辟谣过程与谣言传播对应，是控制舆论的重要手段之一。因此，有意图地培养意见领袖进行辟谣具有重要意义。尚明生课题组发现，在典型社会网络中，意见领袖的领导力具有无标度特性（见图4.8）。这表明，少数几个具有很大影响力的意见领袖掌控着网络舆论的传播，控制意见领袖能在很大程度上控制舆论。尚明生课题组进一步对这种无标度特性的形成机制进行了理论分析，发现意见领袖的形成遵从"好者愈富"机制，即有广泛兴趣和较好判断力的人，将成为社会网络意见市场的领导者。该结论对于塑造在线媒体的意见领袖具有重要参考意义。

尚明生课题组还提出了一种基于邻域信息的半局部中心性识别方法，用于识别无向网络中最具影响力的节点，其计算速度和效果俱佳。基于大量实际复杂网络，与基于度中心性、介数中心性、接近中心性的识别方法

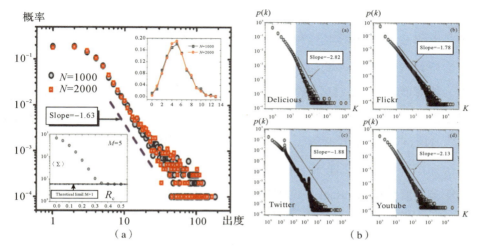

图 4.8　社会网络中的意见领袖领导力的无标度现象

相比，基于领域信息的半局部中心性识别方法能够快速有效地识别复杂网络中最具影响力的节点。

（4）社区聚合机制及建模

　　复杂网络中的社区，是一种特殊的子集，具有同一社区的节点紧密互连、不同社区间的节点较少连接等特征。实际中，复杂社会网络动态变化，在不同时刻可能有新节点加入、旧节点退出、新连接生成或旧连接消失，节点及节点间的连接关系也可能发生变化。因此，社区发现的主要目的是从复杂网络中挖掘静态社区结构，社区动态演化研究社区的诞生、结构改变及消亡。

　　北京邮电大学方滨兴课题组探索了节点聚合构成社区的机制，提出基于传染病传播模型的标签传播算法（label propagation algorithm，LPA）特征阈值社区划分方法，通过半监督的机器学习方法，利用网络节点标签的智能交换和社区融合过程划分社区。为提高 LPA 类算法的运行速度，提高收敛速度及社区划分精度，特别是重叠社区的划分精度，从标签信息传播的网络连接矩阵出发，将矩阵的最大非零特征值与网络标签信息传播的阈值相结合，从而显著提升了运算效率。通过 LFR Benchmark 模拟测试网络、随机网络及真实社交网络数据，新算法的有效性得到了验证。

研究表明，与经典的 LPA 相比，方滨兴课题组所提新算法的时间复杂度大幅降低；在重叠社区划分上，与基于 LPA 模型的经典 CORPA 算法相比，精确度更高，特别是重叠社区较明显时，新算法划分精度接近高精度算法 GA、N-cut 和 A-cut，明显优于 GN、FastGN 和 CPM 等经典算法。

方滨兴课题组还提出一种自动发现影响力最大集合的方法——基于节点影响力度量 SpreadRank 的影响力传播 CTMC-ICM 模型，即从复杂网络中，找到一个影响力最大的节点集合。基于社区结构重新定义节点角色，首先，提出新的二维 PageRank 度量方法——InnerRank 和 OutterRank，分别形容节点在社区内部和外部的影响力；然后，提出新的节点角色定义方法，根据两种度量值，将节点按社区结构划分为核心节点、桥节点、极重要节点和普通节点四种角色；最后，基于 SpreadRank 开展影响力分析，通过引入连续时间马尔可夫链（continuous-time Markov chain，CTMC），并与独立级联模型（independent cascade model，ICM）结合，建立新的传播模型 CTMC-ICM。SpreadRank 和 PageRank 的传播范围对比如图 4.9 所示。实验表明，与基于距离的度量方法相比，SpreadRank 方法更高效，能从网络中提取具有影响力的节点集，通过激活节点集合，使网络信息传播范围最大化。

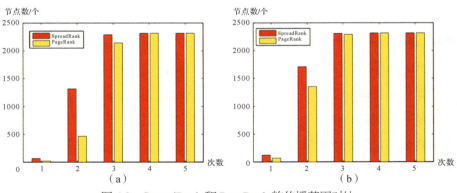

图 4.9　SpreadRank 和 PageRank 的传播范围对比

（5）危机信息释放机制及建模

中国科学技术大学张和平课题组以汶川地震为背景，从信息需求者、信息行为和所需信息三个方面，揭示了公众在大型自然灾难发生后对灾难信息、娱乐信息、教育信息以及生活服务信息的需求规律，阐释了危机信息在微博社交平台的释放机制——突发事件的演化模式与公众的风险感知高度相关性。根据危机信息释放的持续时间，针对集中释放、连续释放和波动释放三种典型模式，采用 Logistic 模型建立了危机信息扩散模型，提出了不同危机情景下基于微博平台的官方信息释放策略。研究表明，危机信息在微博中的扩散曲线呈现 S 形，在初始时刻，释放信息的个体数量、信息释放的持续时间会对信息扩散的最终覆盖范围产生较大影响；危机信息在弱关系网络上的传播效率高于强关系网络，传播范围与信息的可信度、传播倾向系数正相关。

（6）接触传播的可变性、可控性和可预测性

为理解感染源在复杂网络中传播过程的预测性问题，电子科技大学尚明生课题组研究了接触传播的可变性、可控性和可预测性问题，对比分析了不同层节点作为初始感染源的传播可变性对比。实验表明，从全局看，网络传播具有较低的可变性，表现出很好的预测性，然而对于局域社区，传播早期具有极大的可变性。当传播源距离节点越远时，预测性越差，表明传播的准确预测不可实现。引入了随机因素——基于网络结构的接触模式后，传播过程表现出不可预测性；而真实社交网络除了具有更为复杂的网络结构，还受极为多变的病毒感染、人类动力学、多信息耦合等因素影响，这就增大了复杂网络传播系统的可变性，使传播过程不可预测。

在复杂网络中，节点的自适应行为会改变接触网络的结构，改变传播过程，传播过程的变化又反过来促进人的自适应行为，导致网络结构变化，

形成了一个网络拓扑和动力学间相互影响的反馈环。这类网络称为自适应网络。为深入认识复杂网络中节点的自适应行为反应对事件演化的作用，尚明生课题组研究了疾病传播中人群自适应行为是如何影响疫情发展的问题，分别从免疫和隔离两个基本的疾病控制措施入手，计算分析了不同隔离策略对流行病传播的影响，由此提出基于社区效应的控制策略。实验表明，并不是控制越早效果越好；当社区性较强时，实施控制的效果最好；与基于社区结构的免疫策略相比，基于社区结构的隔离策略效果更好。

4.1.2.2 大规模开源信息感知与获取

从互联网上获取大规模开源信息是应急情报计算的重要基础，大范围、高效率、高精准地感知并获取与突发事件相关的多源异构信息是必要前提。然而，在信息物理社会系统中，物理 – 网络空间耦合式交互，网络及内容趋于社会化，网民群体呈现出自组织性、高复杂性、虚实交互性，信息呈现动态变化、深度隐藏、来源格式迥异等特征，新形势下的应急情报计算面临着严峻的挑战。

中国科学院自动化研究所曾大军课题组和北京邮件大学方滨兴课题组系统地研究了网络信息获取与过滤、特定领域信息分类、分布式倒排索引、网络信息流挖掘、事件语义抽取、原子事件演化模式挖掘、事件信息溯源等关键技术，取得了实质性突破，研发了具有自主知识产权的自适应情感爬虫技术，能够实时、主动、自适应地对大规模互联网开源数据进行采集、结构化处理与融合。

4.1.2.3 事件大数据建模与解析

从获取的事件相关的大规模数据中提取有价值的知识和信息是应急情报计算的核心研究方向。进行大数据的建模与解析，形成对网民情感、行为动机和意图的科学研判，是应急情报计算面临的关键挑战。

本重大研究计划科学家团队在基于狄利克雷过程的网络事件新闻发现、事件实体自动识别技术、涉恐信息关联模式计算模型、复杂关联语义链网络构造、深度语义分析技术、面向语义演化的事件跟踪、多维向量微博情感分析技术、大数据解析与建模技术等方面取得了实质性进展，自主研发了一批核心算法，典型成果包括：在情感计算方面，提出多颗粒度情感计算方法，该方法不仅具有较高的准确性，而且不需要人工标注训练实例；在行为计算方面，发展传统的关联规则挖掘技术，提出了基于知识的行为规则学习框架和算法，实现了从网页数据中自动学习并生成个人或组织的行为规则，结合观察到的个人和组织行为，识别其行为目标及意图，推理个人和组织未来的行为模式；在语义分析方面，利用认知心理学的记忆激活理论，强化文本语义表示，激活文本中潜在的隐含信息，将其添加到原有文本中。这种基于认知激活理论的文本表示方法，能够提取出符合人类直觉的文本隐含信息，有效地辅助文本挖掘任务。

4.1.2.4 面向安全实战的管理与决策

曾大军课题组在敌对恐怖组织行为分析、基于知识的行为规则学习、基于时空扫描统计的异常安全事件爆发预警、基于析因隐马尔可夫多序列突发事件发现、交互式可视化云服务等关键技术领域取得了实质性进展；针对互联网上的隐藏群体，提出了跨平台身份映射与隐藏群体发现技术；通过抽取跨平台用户的身份特征、文本话题特征、用户写作风格特征等行为模式，实现了跨平台的身份映射，建立了物理空间实体与网络空间实体间的关联；基于潜在特征空间，识别与发现了隐藏群体。曾大军课题组充分融合国家安全领域知识，提出了面向实战需要的、大数据驱动的应急情报分析与情景决策模式，发展出了一套集成化的系统解决方案。

157

4.1.3　应用与推广

本重大研究计划科学家团队提出了适应于信息物理社会系统新形势的应急情报计算理论与技术，面向国家安全重大需求，发展了体系化的整体解决方案，该研究成果具有很强的实用价值。通过与政府业务部门深度合作，面向战略、战役和战术层面业务的实战需求，研发了应急情报计算软件系统，突破了业务建模、数据融合、计算平台构建、分析引擎和交互可视化等一系列难点，在涉恐线索发现与分析、涉华非政府组织行为与意图研判、港澳台社会安全态势分析预测、急性突发传染病疫情控制等方面，开展了实战应用并取得了巨大成效。

4.1.3.1　社会安全事件方面的应用

曾大军课题组充分调研国家相关业务部门实战中的重大需求，基于应急情报计算理论与方法，研制了"互联网舆情管控系统""开源情报分析系统""知识百科与情报图谱系统"三大面向实战的应用系统，实现了对公开数据、半公开数据和闭源数据的一体化融合、建模与计算分析，有效支撑了公共安全、信息安全等政府部门业务实战中的难点和痛点。该项研究中所提出的系统解决方案，已成为以创新科技手段保障国家和社会安全的典范。

为满足大规模开源数据的采集、存储和快速计算等方面的需求，曾大军课题组构建了"智慧云计算平台""互联网大数据云平台"两大平台。目前，两大平台可实时监测全球媒体的新闻数据、微博数据、微信数据、Twitter数据、Facebook 数据和 Youtube 视频等 17 种类型的数据，扫描近 10 万个多语种网站数据，全天 24 小时自动收集新闻、论坛、在线讨论、博客、微博和问答等多种形式的互联网开源大数据信息，涵盖六大洲 133 个国家和地区，覆盖新闻网站 7.5 万余家，约 17 万个频道，每日采集和更新中英文数据量超过 1 亿条，已存储超过 20 亿条公开与半公开数据。两大平台还融合了多种不同类型的业务部门数据，已成为我国相关部门的重要数据支撑。

依托上述三大系统和两大平台，曾大军课题组在互联网内容安全、开源情报分析、反恐实战法创新实践等方面的研究成果，广泛应用于国家和军队的社会安全业务部门，包括国家计算机网络与信息安全中心、北京市公安局、上海市公安局、中宣部、国务院新闻办、新华社、中国日报社以及国家部级和军队情报业务单位。研究成果取得了一系列被业务部门评价为情报计算领域开创性贡献的创新性技术成果，相关业务的实战成效突出，多个成熟的实用战法及配套系统已在全国推广，为保障国家和社会安全做出了突出贡献。曾大军课题组在公安部门的理论研究与系统应用获得 2015 年公安部科技进步奖二等奖，课题组参与制定了国家公安舆情系统的标准建设；在媒体宣传部门的理论研究与系统应用获得 2015 年王选新闻科技奖一等奖，多次获得中央领导的批示；在社会安全领域的理论研究与系统应用获得 2013 年中国自动化学会科学技术奖一等奖。

4.1.3.2 在公共卫生事件方面的应用

曾大军课题组立足国家和军队目前在重大传染病监测预警与控制方面的建设现状，通过与中国人民解放军军事医学科学院、国家疾病预防控制中心、北京市疾病预防控制中心、中国动物疫病预防控制中心等国家和军队主要疾控部门长期持续的深度合作，系统地研究了 21 世纪以来对我国构成重大威胁的 SARS、甲流、手足口病、季节性流感、禽流感、登革热等传染病疫情的传播特性和时空演化规律，提出了早期预警与传播动力学模型，研判了疫情潜在风险及影响，评估了大规模疫苗投放在疫情控制中的效果及有效保障下的疫苗储备数量，为国家和军队疾病预防控制部门及公共卫生应急决策部门提供了科学的决策依据与技术参考。

研究成果主要应用于北京市的传染病监测预警和军队的重大传染病疫情现场处置。北京市主要用其改进和完善现有重大传染病监测与预警体系，增强疫情监测数据的计算分析能力，提高首都传染病监测预警的时效性和灵敏度。该成果获北京市科学技术奖三等奖和中华预防医学科学技术奖三等奖。军队主要用其计算和分析军队疫情现场处理的数字化作业模式及智能化的疫情数据，显著提升军队疫情现场处理的工作效率与应急决策能力。曾大军课题组主导研发的疫情控制与分析系统在军队 18 家疾控单位推广使用，有效提升了军队疫情现场处理的工作效率与应急决策能力。在公共卫生领域的理论研究与系统应用，获得军队科技进步奖一等奖 1 项（2015年）、二等奖 3 项（2011 年、2012 年和 2017 年）、北京市科学技术进步奖三等奖 1 项（2012 年）。

4.1.4　国际比较与影响

本重大研究计划科学家团队积极开展国际学术交流与合作，邀请多位本领域享有盛名的国际知名学者交流访问，包括罗格斯大学的 Nabil R. Adam、卡内基梅隆大学的 Katia Sycara、佐治亚理工大学的 Kwok L. Tsui 等。这些学者对我国在本领域的研究工作给予了高度评价。

曾大军课题组多次组织并承办了本领域非常有影响力的学术会议，包括该学科的顶级会议——国际情报与安全信息学会议，扩大了我国在本领域的国际影响力。本重大研究计划科学家团队在理论、算法和系统等方面发表的成果，在国际上也产生了重要影响，多篇论文发表于 *Management Information Systems Quarterly*，*INFORMS Journal on Computing*，*Scientific Reports*，*Journal of Management Information Systems*，*ACM Transactions on Information Systems*，*IEEE Intelligent Systems* 和 *Decision Support Systems* 等

高水平学术期刊和杂志，来自哈佛大学、剑桥大学、耶鲁大学、卡内基·梅隆大学、密歇根大学、加州大学圣迭戈分校和加州大学戴维斯分校的学者，以及美国国家航空航天局、IBM Watson、HP Labs、Yahoo！Labs 等机构的知名专家对研究团队发表的论文进行了大量引用和正面评价。

密西根大学罗斯商学院管理信息系统领域的著名学者 Michael Gordon 教授，系统回顾并评述了国际上社会媒体分析的主流研究成果，明确提出在其设计的 CUP 框架中充分吸纳了曾大军课题组的研究成果，从而补充完善了最新的社会媒体分析框架。荷兰马斯特里赫特大学的多智能体建模专家 Gard Weiss 教授，在其文章中正面评价了曾大军课题组提出的基于贝叶斯学习表达与更新机制来模拟代理人信念的方法，认为这一方法可使多智能体具备更强的学习能力，具有很高的价值。《世界卫生组织通报》发表文章指出，在流感、细菌性痢疾、手足口病等疾病发病率检测上，曾大军课题组提出的正偏离累积和算法得到的研究结果与世界主流结论是一致的。

4.2 "情景－应对"型总集成平台的基础研究与成果应用

4.2.1 研究背景及现状

非常规突发事件具有可预见性差、破坏性强、复杂度高、预测预警困难等难题，已成为国内外应急领域的热点和前沿问题之一。从学术角度出发，相关研究可概括为两大类：①以提供决策支持为目标的理论和方法研究，包括实现准确感知突发事件态势，并对其进行合理有效的分析及准确推演，基于感知－分析－推演进行科学决策，以及实现高效决策所必需的组织管理模式与机制等；②面向非常规突发事件应对的跨学科跨领域特点，针对事件应对的特定需求，需实现多学科多领域理论和方法的有效融合，在现有技术手段支持下实现不同地域、不同学科领域、不同尺度与颗粒度、不同表达方式应急成果的高效集成，为应急决策提供有力支持。针对相关理论方法、组织机制、决策支持平台等方面的研究的不足，需深入剖析非常规突发事件的基础性内在演化规律，为提高政府应急管理能力和水平提供重要基础性支持。

非常规突发事件应急管理基础科学问题与"情景－应对"型总集成平台研究项目，面向"非常规突发事件应急管理研究"重大研究计划集成项目指南中明确的"情景－心理－决策的非常规突发事件应急管理总集成平台"项目，重点围绕重大研究计划的核心科学目标和总集成开展研究。在基础科学研究方面，首先，需要对物理和社会空间进行实时情景态势感知分析，以获取当前态势的总体描述。然后，考虑心理因素的影响，进行态势推演，综合研判和决策。最后，考虑我国国情特征，制定合理的应急管理体系与流程，以实现高效的非常规突发事件应急管理。在开放式总集成平台研究方面，科学问题研究与实际应急决策都需要多学科、多部门、多环节的复杂交互与协同，需要多类科学方法和技术手段的协作，以及不同地域和学科领域的研究成果高度集成。

4.2.2　重要研究进展

4.2.2.1　突发事件下个体与群体心理行为演化

北京大学韩世辉课题组研究了人类在应急状态下心理与行为的神经生理机制问题，建立个体和群体的心理与行为指标特征库，研究心理行为测量及其标准化问题，构建应急状态下个体和群体的心理与行为的演化规律模型。在神经机制方面，以阈下范式（最大化减小自上而下的注意控制）研究了基于客体的注意理论；使用事件相关电位和功能性磁共振等脑功能成像手段，研究了死亡信息加工的认知和神经机制；建立了人际易感性的测量理论与方法；基于不确定性管理理论，研究了突发事件下个体的心理与行为表现，开展了全国范围的社会安全感调查；探讨了人类在应急状态下心理与行为的神经生理机制。

北京大学方方课题组结合功能性磁共振成像（fMRI）、经颅磁刺激（transcranial magnetic stimulation，TMS）和心理物理学实验手段，发现知觉学习效应能够从习得的视觉任务迁移到未学习的视觉任务，导致正常成年人视觉系统的脑区功能的重塑。

人类在应急状态下，常会体验到死亡的威胁及身心伤害；非受灾群体、应急管理人员和救援人员与受灾群体间会进行信息、情感的联系，有共情体验，并进行捐助等亲社会行为；不同人群会对信息进行选择性知觉和加工，既有基因、神经生理机制的差异，也会有文化价值观的差异。实际工作主要以"一统两库"的建设为指导。"一统两库"，指心理地理信息系统、心理学知识库和心理行为测量工具库。

在心理地理系统信息建设方面，北京大学王垒课题组完成了基础数据的收集与运作工作和基于多项心理指标的地理分布研究，包括开放性、外向性、情绪稳定性、宜人性和责任心。

在非常规突发事件应急管理心理学知识库方面，王垒课题组回顾了2000—2016年应用心理学领域18本顶级期刊的全部文献摘要，并根据文献内容与非常规应急管理的关系进行筛选，将心理学前沿理论与非常规应急管理实践结合（见图4.10）。灾后调节和干预经历突发事件人员的负性情绪，可引导他们采用认知再评价的方法，通过再评价自身经历的事件降低负性情绪。针对自然灾害类的灾难性经历，可引导受灾人员使用如下认知再评价方法：前期采用分离再评价，达到快速降低负性情绪的效果；后期采用积极再评价，以获得积极的主观体验。

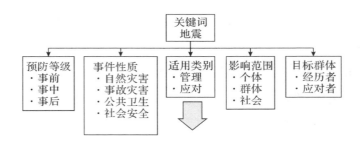

图 4.10　非常规突发事件应急管理心理学知识库

在心理行为测量工具库建设方面，王垒课题组结合心理学理论和方法的进展，以及国内外的实证研究和实践结果，编制了突发事件下人群心理与行为指标测量的工具库。已修订、收集、整理了 18 类心理和行为指标，包括人际易感性、心理韧性、个体的传统（性）价值观、大五人格中的"神经质"、公平感、自我效能感、社会支持或社会支持系统、社会技能和心境等。

4.2.2.2　多粒度信息综合集成与融合的情景分析方法

基于现场监测和采集的数据，经过数据分析和融合，对突发事件进行态势评估和综合研判，最终实现突发事件的早期预警和应急处置。

大数据挖掘技术为突发事件在信息空间中传播的研究提供了技术支撑，也为大数据支持的应急决策研究提供了契机。突发事件易在各种媒体上引发激烈的讨论和广泛的传播。通过实时监测和分析媒体数据，可实现突发事件舆情态势的感知，最终为应急管理决策提供决策支持。

大数据挖掘技术也为突发事件在社会空间中传播的研究提供了技术支撑。通过实时监测和分析媒体数据，可实现突发事件舆情态势的感知，挖掘社会传感网络和社会接触网络，对社会网络的意见领袖进行实时发现，最终为应急管理决策提供决策支持。

物理 – 信息 – 社会三元空间数据融合与实时情景感知的研究内容包括四个方面：①多源异构数据的实时获取（针对多元数据）；②基于物联网的综合集成技术与突发事件情景感知物联网模型的构建（针对物理空间数

据）；③实时主动感知的社会传感网络构建（针对社会空间数据）；④实现心理数据集成的"一统两库"的建设、全国幸福感的调查和心理脆弱性的研究（针对心理空间数据）。

在物联网的综合集成技术与系统上，实现了基于物联网的综合集成。在原型系统开发方面，中国科学院网络信息中心郭旦怀课题组构建了"一个平台、三类主体、五层接口"的"一三五"框架（见图 4.11）；开发物联网数据注入器及灾害前后的时空载体参数仿真调节器，获得了群体行为特征数据，以支持平台集成。为保护相关技术，对其中关键部分申请了专利保护。此外，研究成果获得两项国际学术奖，验证了研究成果的国际先进性。

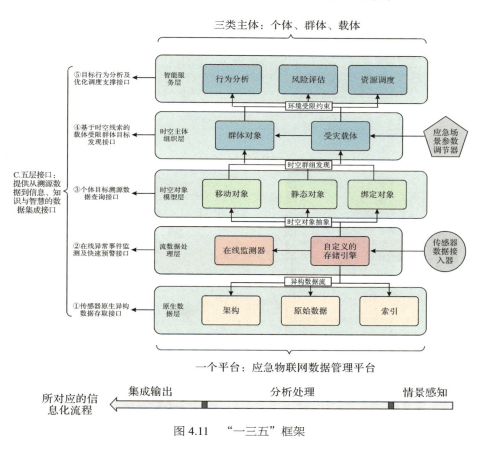

图 4.11 "一三五"框架

在物理－信息－社会三元空间信息集成的基础上，多粒度信息综合集成与融合的情景分析，旨在通过不同粒度的信息，实现突发事件发生时的关键要素识别，并对事件初始过程进行综合分析，为之后的情景推演与决策分析奠定基础。多粒度信息，指宏观、中观、微观信息。通过综合集成多粒度信息，实现突发事件的管理决策（见图4.12）。

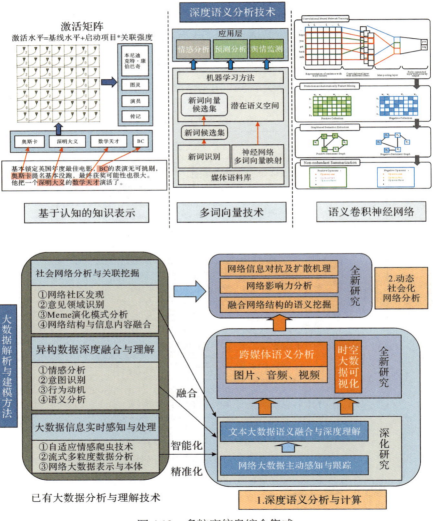

图4.12　多粒度信息综合集成

166

4.2.2.3 "事件链－舆情传播－心理行为"耦合反馈的情景推演方法

"事件链－舆情传播－心理行为"耦合反馈的情景推演方法是"情景－应对"型决策理论的核心。

（1）事件链的构建和表达及其机制

在机制方面，借用元作用概念研究事件链建模理论，提出了包括突发事件、元作用和承灾载体的一般化理论框架，探索基于贝叶斯网络的突发事件链分析方法，研究了所提出的方法在风险分析和决策优化中的应用。

在应急平台中，清华大学张辉课题组分析了具体应急业务需要使用的各种模型和数据。要将各种灾害模型和数据链接起来形成最终的分析，需要采用灾害链集成思路（见图 4.13）。

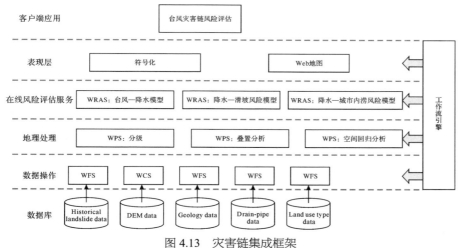

图 4.13　灾害链集成框架

（2）基于交叉影响分析法的"舆情－心理－事件"的传播演化与预测

张辉课题组利用交叉影响分析法（cross-impact analysis，CIA）生成情景，由一系列事件表达（初始事件、动态事件、结果事件）情景的基本要素，通过交叉影响分析确定某一事件发生概率变化对其他事件的影响，通过改变某一事件或某几个事件的概率模拟情景的演化过程，预测事件结果。基于 CIA 的情景推演流程示例如图 4.14 所示。

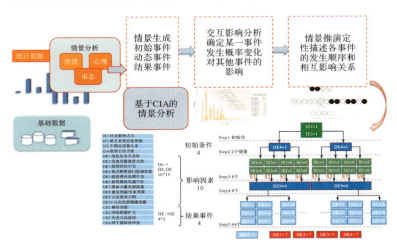

图 4.14　基于 CIA 的情景推演流程示例

基于情景分析－任务本体－模型组合－数据交互－解决方案的应急决策研究将复杂突发事件分解为子情景，通过规划引擎使子情景形成任务网络，在任务需求基础上，调用相应的模型和数据进行推理，得到事件的解决方案。"事件链－舆情传播－心理行为"耦合反馈的情景推演方法如图 4.15 所示。

4.2.2.4　基于中国国情的应急管理模式创新

基于中国国情的应急体系和流程的多主体应急决策方法研究主要从顶层设计、底层创新、决策模式、组织体系、应急流程优化五方面展开。

（1）风险评估与风险管理模式

将物理性、社会性风险的演化过程进行动态呈现，确定风险发生、传播和扩散的关键节点与路径。清华大学薛澜课题组通过事前干预、事中

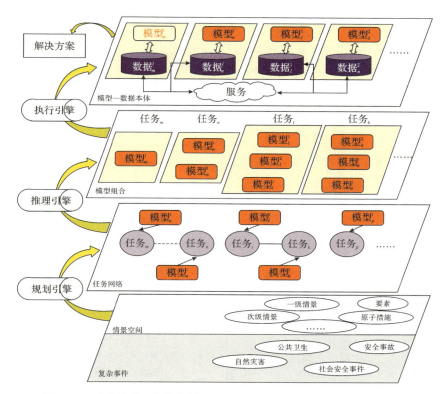

图 4.15 "事件链－舆情传播－心理行为"耦合反馈的情景推演方法

处置和风险传导机制，实现从"一案三制"到"一本四全"的过渡，形成全风险、全过程的"风险政务"模式，揭示风险信息传导、物理传导、政策传导机制，以及国家安全风险演化机理，提出国家韧性增强机制，建立国家安全综合态势分析方法与风险预判体系。形成综合考虑风险辨识、时空分析、网络空间、舆情信息、社会态势、国际形象等因素的全风险方法（all-hazard approach）、安全事件相互关联分析方法、多灾种耦合风险评估理论与方法，以及全要素风险监测与全过程风险防控技术与方法。

（2）中国非常规应急管理体系框架和模式创新

基于系统分析和"结构－功能"方法，针对中国现有非常规应急管理组织体系的不足（见图 4.16），薛澜课题组勾勒出了国家应急管理体系的理想架构（包括组成要素、结构特征、运行功能等内容），为后继的案例比较研究提供了分析框架，也为应急管理体系的顶层设计和模式重构研究提供了基础平台；通过历史案例、地区案例和部门案例比较，归纳出"制度变迁"下中国应急管理体系的模式创新。

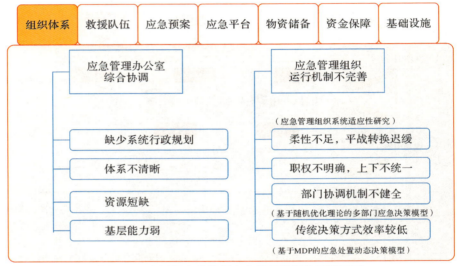

图 4.16　中国现有非常规应急管理组织体系的不足

依据国家应急管理系统框架，从组织变革与制度分析视角，结合协同治理、社会资本等理论，以现有应急管理工作为基础，从应对主体、管理流程、管理环境、管理文化等多个纬度，研究非常规应急管理体系的职能定位与总体规划，分析组织结构实现的优化路径。一方面，以现有的以"一案三制"为主要内容的应急管理体系建设现状为出发点，研究一级政府（包括同一地区同级政府内的部门间）的组织架构模式及纵向、横向不同层级政府间的应急管理权责关系；另一方面，基于"政府－企业－民众"整合模式，探讨政府系统内外的良性互动关系，建立政府与非政府组织（包括代表性国际组织）、公众及其他国家和地区等各级各类主体间的有机协同模式。

（3）"情景－应对"型非常规应急管理流程再造及实现路径

非常规应急管理体系是一个由政府和其他各类社会组织构成的应对突发事件的整合网络，应急管理体系的活动和演化决定了国家应对突发事件的能力与效率。应急管理决策和应对流程是应急管理体系的核心组成部分。当前，我国应对非常规突发事件的决策方法正由传统的"预防－应对"向"情景－应对"模式转变，这对非常规应急管理体系重构和流程再造提出迫切要求。运用系统论、组织理论和制度变迁理论，从分析"情景－应对"决策的体制机制需求与当前非常规应急管理体系的差距入手，解决了应急管理流程再造及实现路径问题。

（4）全景式安全管理与多主体协同决策

在跨区域生态环境安全复杂系统相互影响及管理体系和两极化趋势下，清华大学张辉课题组建立中国国家安全外部威胁的预判机制与超前应对体系。建立多主体、多目标、多任务协同决策与情景推演方法，揭示了公共安全治理体系中政府、公众等参与主体的认知－行为机理，形成政府和公众共同参与、内外联合的实时情景、模式切换、社会协作的应急管理决策模式，实现考虑内部环境、外部因素的多学科交叉融合技术与管理综合的应急管理和决策方法。全景式安全管理和协同决策模式如图4.17所示。

（5）中国应急管理体系创新（以台风为例）

张辉课题组针对现有流程体系的不足，以台风灾害为例，具体展示了基于中国国情的应急体系和流程再造研究工作。通过分析台风灾害，形成了符合中国国情的台风应急管理体系（见图4.18）。

张辉课题组从物理－信息－社会管理三元空间角度开展了"海燕"和"黑格比"台风的专题研究。从物理空间的灾害链分析台风，台风登陆前，

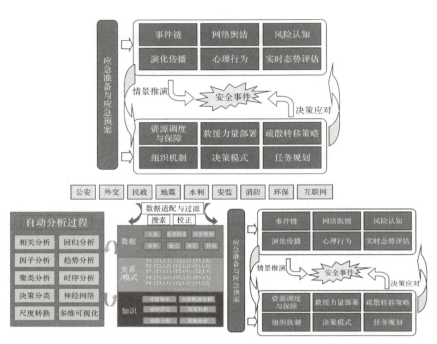

图 4.17 全景式安全管理和协同决策模式

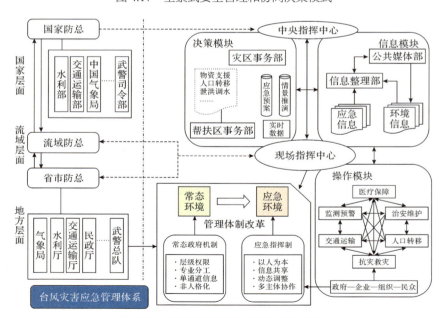

图 4.18 应急管理体系（以台风为例）

172

需要准确评估当前态势，追踪路径；台风登陆后，要尽可能快地评估影响区域和损失，发布相应的应急处置措施和信息。从网络空间来分析舆情信息，通过信息空间的数据分析和处理，获取信息进行辅助决策。此外，从社会空间分析台风灾害下民众反应、疏散情况及相应的政策策略。

该案例采用动态三元空间分析方法（分析框架见图 4.19）。突发事件发生后，通过获取和分析事件相关数据，了解公众对事件现象和各种政策、法规、相关部门响应等的态度、意见和情感等，有针对性地做出相应的管理决策。

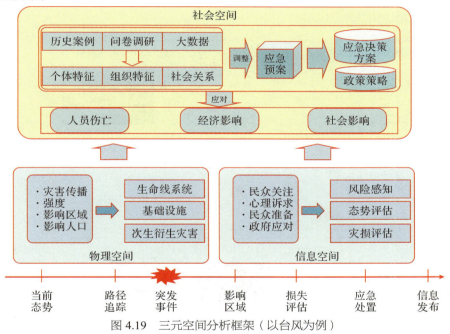

图 4.19 三元空间分析框架（以台风为例）

4.2.3 应用与推广

面向"情景－应对"型应急决策需求，清华大学张辉课题组实现了跨学科的集成应用示范。在"数据、模型、案例、心理"综合集成的基础上，基于任务需求模型集成框架，构建基于应急平台体系的基础平台、应急预案体系的基础平台和事件动态模拟仿真系统三个平台，综合集成应急管理开放式集成平台，在国家安全生产应急平台体系建设中得到了较好的应用。

4.2.3.1 分布式共享平台

张辉课题组研究形成了物理－虚拟资源－知识应用三层结构的开放式分布式资源共享平台集成框架（见图 4.20）。物理层融合分析不同来源的数据，包括物理空间数据、网络空间数据、社会空间数据和心理行为数据；将物理层融合分析的数据映射到虚拟资源层进行管理、优化和控制，最终在知识和应用层实现应用。

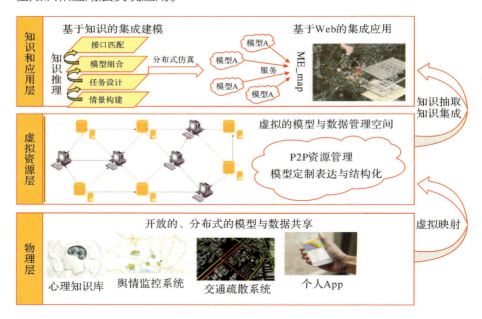

图 4.20　开放式分布式资源共享平台集成框架 [①]

选取大规模交通算例进行疏散仿真模拟。大规模交通疏散，是应急管理的重要内容之一，在对整体交通情景快速评价和合理预测方面尤为重要。

[①]　EM_map 是中国科学院网络信息中心郭旦怀课题组开发的应急地图。

大规模交通疏散专题由清华大学、华中科技大学、中国科学技术大学、同济大学、国防科技大学合作完成。疏散平台分为五个功能模块，分别为应急方案制定模块（同济大学）、行人疏散仿真模块（中国科学技术大学）、道路交通仿真模块（清华大学）、物资调配规划模块与最优路径选择模块（华中科技大学），底层数据主要由中国科学院网络中心提供。

4.2.3.2 公共卫生事件应对（埃博拉疫情）

以埃博拉事件为例，张辉课题组预测了我国发生埃博拉疫情的可能性及可能的影响范围。本项应用集成示例展示了基于物理－社会－心理三元空间数据集成的管理决策方案（埃博拉疫情应对见图4.21）。此外，提出了基于愿景－情景－任务－能力的埃博拉疫情应对框架（见图4.22）。

（a）总集成平台埃博拉专题分析　　（b）基于三元空间分析的埃博拉疫情应对

图4.21　埃博拉疫情应对

张辉课题组使用西非埃博拉病例发展情况训练模型参数，模拟无疫苗控制情况下的北京疫情暴发情况。同时，推演了随机对一定比例人群接种疫苗以及提前一天发现埃博拉案例并进行隔离两种情况对埃博拉疫情的影响。

175

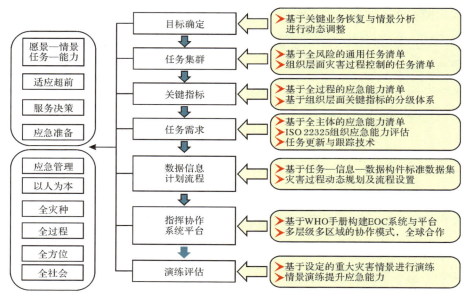

图 4.22　基于愿景－情景－任务－能力的埃博拉疫情应对框架

4.2.4　国际比较与影响

清华大学张辉教授牵头组织了应急能力评估国际标准（ISO 22325）的制定，获全票通过，这是我国在安全领域牵头通过的第一个标准。张辉教授担任世界卫生组织（World Health Organization，WHO）公共卫生紧急行动中心（Emergency Operations Center，EOC）信息系统及数据标准建设的国际牵头人，将研究成果很好地推广和应用于 WHO，增强了国际公共卫生应急响应能力，得到 WHO 肯定，促成了 WHO 与课题组的合作，有利于中国团队在卫生应急框架和手册编写的后续工作中继续发挥关键作用，在世界范围内扮演引领者角色。他还推动建立公共卫生应急平台 2.0 和卫计委合作中心，提升了中国公共卫生突发事件处置能力。其关于卫生应急平台体系的建设，得到了李克强总理、刘延东副总理的重要批示。

4.2.4.1　WHO EOC 网络的构建

针对埃博拉应对的问题，WHO 开始主导国际公共卫生应急。西非抗击埃博拉病毒是第一次由联合国牵头进行的联合救援行动。

联合救援行动组提出基于风险社会视角的城市安全规划思考，强调区域合作的重要性。通过研究美国、英国、澳大利亚等国家的应急指挥中心，总结这些国家应急行动的有效因素，为中国国家公共卫生应急处置中心的进一步建设提供了建议，指出应学习其他国家在目标、组织结构标准、人力资源强化及信息系统建设等方面的优势。WHO 以埃博拉病毒防控为契机，提出国家间应相互协作共同应对突发事件，致力于动态情景下快速精确的评估工作能力。2012 年，WHO 建立了公共卫生紧急行动中心网络（Emergency Operations Centre Network，EOC-NET），协调全球公共卫生事件和突发状况的行动信息和战略资源，在灾害应对中寻求全球合作，以确定并促进与公共卫生应急处置中心相关的最佳实践和标准，并为各会员国的公共卫生应急处置中心能力建设提供支持。目前，EOC-NET 主要包含三方面的工作：国家与区域间的联防联控机制，通信及信息管理系统的调研及框架设计；信息共享，EOC 的信息系统建设与评估；资源共享，2016—2018 年，选取三大区（非洲、亚洲、欧洲），每大区 4~5 个国家，按框架指南配置公共卫生或国家应急处置中心，设置情景进行跨区域应急响应演练，最终推广到全球。

2014 年，课题组成员通过全球竞争，击败了美国等强国，参与并主导完成了 EOC 建设指导框架和手册的编写。经过一年多的努力，经两次 WHO EOC-NET 专题会议讨论后发表（第一次会议由 50 多个国家与地区的公共卫生 EOC 负责人参加，第二次会议由联合国内部各组织及多国公共卫生 EOC 负责人参加）。目前，世界卫生组织及其下属六大区的系统已相当完善，但相对比较封闭。联网对接各成员国 EOC，同时保持各国

EOC 的独立性及保密性是问题的关键。EOC 成果示例如图 4.23 所示。

（a）WHO EOC-NET 框架

（b）WHO 写给项目负责人的感谢信

（c）EOC 部分成果和主要内容

图 4.23　EOC 成果示例

　　WHO 正在促成与清华大学课题组的战略合作，讨论国际合作中心的建立。WHO 认为形成这样一个合作机制有利于中国团队在卫生应急框架和手册编写的后续工作中继续发挥关键作用，在世界范围内扮演引领者角色。WHO 正在具体起草相关计划。在这次战略合作中，国内高校和研究机构可以效仿美国一些高校的做法和 WHO 建立合作中心。在国内，国家疾控中心和广东疾控中心已经有类似成功经验。

4.2.4.2　WHO EOC 应用系统（中国方案）

清华大学张辉课题组面向国内卫生应急的实际需求，充分依托科技部的技术研发项目支持，快速搭建技术原型系统进行理念验证和功能测试，建设覆盖国家、省、市、县的卫生应急平台体系项目。与 WHO EOC-NET 组织对接，通过国际合作向其他国家推广。充分利用当前疾病预防控制、公共安全应急技术和现代信息技术，搭建技术先进和面向应用的技术框架（见图 4.24）。

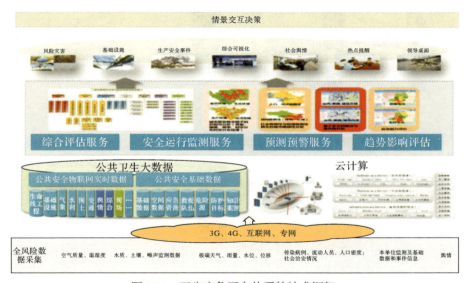

图 4.24　卫生应急平台体系的技术框架

国家级卫生应急平台，包括国家突发公共卫生事件应急指挥中心平台、中国疾病预防控制中心应急作业中心平台、国家级卫生应急队伍移动车载信息平台和单兵信息平台，具备应急值守、综合监测、风险评估、预警响应、辅助决策、指挥调度、现场管理、应急资源库管理、应急评价、在线培训、模拟演练等多方面功能。国家突发公共卫生事件应急指挥中心平台，是国家级卫生应急平台的核心和中枢，是实施日常应急管理、实现应急指挥决策的载体。WHO EOC 应用系统（中国方案）如图 4.25 所示。

（a）值守系统　　　　　　　　　　　　（b）风险驾驶舱

（c）协调处置系统—事件处置和协调　　（d）协调处置系统—任务流程分配

（e）协调处置系统—地理信息系统　　　（f）分析研判系统

图 4.25　世卫组织 EOC 应用系统（中国方案）

4.3　非常规突发事件应急管理心理与行为研究及成果应用

4.3.1　研究背景及现状

非常规突发事件在造成人们生命财产损失的同时，也会导致个体／群体产生异常心理状态和行为模式，使民众处于强烈的心理应激状态，各种非理性行为甚至可能与事件的影响耦合并引发次生灾害。

非常规突发事件应对的难点在于，其对人的影响具有独特的规律性。传统的"预测－应对"方法不适合应对非常规突发事件。因此，需要构建跨领域的信息整合和决策平台，从突发事件演进的主要规律出发，确定各关键节点的信息收集、决策和执行要素，包括个体心理认知、情绪，群体的心理和行为规律等因素的影响。

4.3.1.1 个体－群体层面

在非常规突发事件下，公众应激反应具有独特的规律性，这对针对性的应急管理和心理干预提出了全新要求。一般而言，个体心理规律尚不明确，心理干预策略的应用收效不明显。因此，研究应激反应特征及其影响机制，可为事件后的各类行为问题提供科学解释，为应急管理、心理干预政策的制定提供心理学依据。通过实验室研究、现场模拟等手段，可把握突发事件中个体的心理过程规律，针对不同的受灾主体制定相应的灾前预防、灾种处置及灾后辅导策略。

根据距离灾难中心的远近不同，受灾人群的心理和行为规律存在差异，但都可能严重影响社会稳定。针对直接受灾者，本重大研究计划有关心理与行为的系列研究（以下简称心理与行为研究）关注重大应激事件后，短时间内个体心理和行为反应规律及其原理；针对潜在受灾者，心理与行为研究关注个体对潜在风险的认知与评估及应对方式；针对外围旁观者，心理与行为研究关注其对受灾群体的态度和行为反应，以及衍生的社会事件。应用多种实验手段，模拟应激状态下，个体／群体的认知、情绪和行为及其脑机制的机体心理反应特征，对应急干预和特殊人才选拔等的应用具有实践意义。

在心理干预策略方面，已有研究多关注灾难心理重建，致力于通过干预改变灾难对个体造成的负面影响，但是这在实践应用中存在很大局限性。

心理与行为研究假设：①应对危机需要消耗大量的个体心理资源，在危机中，个体要避免身心耗竭状态，需要积极调动心理和生理资源，以促进良性循环；②灾难对个体的负面影响，既包括原生伤害，也包括特定情景中群体异常行为产生的次生伤害，因此，应通过分析次生伤害演化规律的心理与行为因素，从宏观层面有效开展心理干预。

因此，探讨危机情景下个体与群体的心理与行为规律，即在应激与耗竭条件下，探讨个体与群体的心理与行为变化规律，研究心理系统对生理系统的特定影响路径，提出身心互动模型的理论构想；通过受灾距离维度与应激反应模式维度的复合研究，建立更加科学系统的受灾主体画像，针对不同的受灾主体制定相应的预防、处置及辅导策略。

4.3.1.2　社会层面

针对公共安全体系多主体、多目标、多层级和多类型的复杂特征，范维澄院士提出安全三角形理论，将公共安全体系分为突发事件、承灾载体和应急管理三大组成部分，通过物质、能量和信息三个灾害要素，将三者联系起来，形成一个有机整体。但是，从系统集成的方法学角度实现系统各方面数据的集成和分析的研究尚属鲜见。以社会心理学和心理计量学为学科主线，武汉理工大学童恒庆课题组考查了突发事件中群体负性心理的计量规律及干预评估分析，实现了情景应对与数据驱动的监测预警，通过对相关多学科的观测、实验和理论创新与综合集成，形成对非常规突发事件应急管理的核心环节——监测预警与应对决策——的客观规律的深刻科学认识。

①公众态度与社会不稳定度的关联分析及监测预警。突发事件的产生原因极为复杂，常常是社会、政治、经济、文化等各种因素共同作用的结果，而这些引发突发事件的外在因素通过人的心理机制发挥作用。社会心理学研究表明，对于同样的社会生活环境和公共政策，不同个体由于利益得失

不同，必然持有不同的社会态度。由于态度指引着人们的社会行为，只有了解公众态度才能准确地预见其行为，辨识社会不稳定因素。

②群体心理不稳定度与演化模型组的理论实证分析及监测预警。童恒庆课题组聚焦于恶性群体性事件和以各类媒介形式快速形成、大面积扩散的群体反应过程，研究耗散、协同与突变等自组织现象，以及复杂学规律，关注模型嬗变与突变的描述和计量结果。

③突发事件群体负性心理的计量规律与干预评估分析。北京大学王垒课题组、北京大学谢晓非课题组、中国科学院心理研究所张侃课题组、中山大学周欣悦课题组等致力于搜集和分析非常规突发事件全过程（包括事件前、事件中、事件后）事件参与者（包括管理者、救援者、民众）几种典型的心理负面反应（如恐惧、焦虑、抑郁、强迫行为等）的调查统计资料，结合心理学、数学的理论基础，应用统计学、信息科学等相关学科的研究手段，研究适应不同类型突发事件的更为快捷有效的心理危机干预方案。

④应对非常规突发事件的抗逆力模型集成方法。已有研究尚未从系统集成的方法学角度来具体实现系统各方面数据的集成，特别是客观环境的大数据、通过问卷调查获得的主观心理行为的大数据的系统集成方法学问题，而这正是系列研究需要探讨的关键问题。

基于范维澄院士的安全三角形理论，中国科学院大学时勘课题组从突发事件、承灾载体和应急管理三个方面，综合考虑危险性、脆弱性和抗逆力等概念，基于危机应对人员和团队抗逆力心理模型，提出心理行为耦合模型的构思，致力于为海量的心理行为大数据分析提供多测度的分析途径。在系统集成平台中，将挖掘、分析获得的心理行为数据与心理测量的常模、心理行为实验获得的因果关系模型结合，实现了主客观大数据的系统融合，为整体集成平台的决策功能提升做出了贡献。

4.3.2 重要研究进展

心理与行为研究通过生物－心理、个体－群体和决策者－执行者三大视角展开探索，获得了应急管理心理与行为层面一系列成果，提高了中国应急管理的基础研究水平和管理水平。

4.3.2.1 生物－心理视角

心理与行为研究应用质性分析和量化分析、现场调查与实验室研究相结合的方法，从个体和群体两个层面，探索非常规突发事件后直接受灾民众、救援人员和外围群众的心理行为反应特点及其内部机制，为研究应急反应提出了新视角。

①北京师范大学许燕课题组通过文献梳理、访谈和问卷调查，建构心理能量理论，开发了《心理能量问卷》，具有良好的信效度指标。使用该问卷探索了灾后心理能量和问题行为的关系，结果发现，心理能量与问题行为呈显著负相关。

②应用脑成像技术和行为实验相结合的方法，许燕课题组探索了心理能量损耗的内部机制及其后效。在机制方面，提出抗逆力、缓冲性保护因子、补充性保护因子、社会公正恢复等一系列新概念。灾难后，负性情绪沉浸损耗个体的心理能量，表现为较高的 Stroop 任务脑区激活水平；后悔情绪诱发后，个体的心理能量水平较低，表现为较差的枯燥任务坚持性、较长的 Stroop 任务反应、较差的心算任务表现及较高的疲劳程度。在后效方面，研究发现，心理能量损耗削弱了情绪信息加工及记忆负性偏差效应，降低了个体加工复杂信息的能力和意愿。

③通过质性和量化相结合的方式，许燕课题组探索了心理能量的保护因子。质性研究发现：益处发现、生命意义寻求和体验可作为心理能量的保护因子。益处发现能够有效缓冲后悔的损耗后效；日常积极事件认知能

够正向预测个体的意义体验水平，消极事件起负向预测作用；意义寻求者对消极信息更为敏感，倾向于对模糊事件进行消极的解释，意义体验者对积极信息更为敏感，倾向于对模糊事件进行积极的解释。

④从现实事件出发，北京大学谢晓非课题组采用问卷调查和实验室研究的方法分析了非常规突发事件后外围民众的心理及行为反应。研究发现，当他人出现不幸时，外围民众既可能表现出幸灾乐祸，也可能出现不同程度的群际助人意愿。

通过对突发事件进行实验室和现场模拟，充分采用自然发生的生活事件案例，着重关注紧急情景下人的心理特征、反应机制及行为特征。同时，关注事件后的舆情，尤其是新媒体舆情的演化特征与作用机制。结合突变理论和情绪控制理论，提出了常规事件向非常规事件转变的突变理论构建，即个体处于紧急情景时，前额叶无法控制杏仁核的情绪反应，使个体转向非理性行为的认知神经机制；在群体水平上，控制变量的某些因素促发群体事件的主体由非暴力向暴力对抗转变。以人群密集的风景区为例，充分分析了人群行为规律和风险特点，提出一系列干预措施，包括疏导标识的优化和拥堵防控标准的制定。对重点区域进行风险分析，编制突发事件人群疏散预案，开发了人群疏散智能控制系统，并投入实际运行。

4.3.2.2　个体－群体视角

就三大层次（社会文化层次、群体层次和个体层次）、四个环节（遗传与环境因素、发生与作用机制、规律与演化结果、预防与干预手段）、五类方法（脑成像、基因、行为实验、网络层次分析和信息加工），从个体－群体视角，探索加强我国应急管理的基础建设和管理水平的方法。

（1）危机情景下身心互动效能与风险沟通障碍

在危机情景中，利他行为所产生的心理效应影响个体的生理知觉，利

185

他行为的自激励效应能够作用于生理系统，这说明危机情景中个体应对行为的有效性更多地取决于心理效能。利他行为对助人者来说并不完全意味着资源损耗，而会给生理层面带来正性影响。北京大学谢晓非课题组的相关研究支持了身心互动效能模型的理论构想，实验证据支持在危机中心理资源调动对生理系统的积极影响，这对危机生存具有非常重要的价值。

根据结果，谢晓非课题组提出余香效应（lingering fragrance effect），这是生理系统和心理系统互动的典型结果，即利他不仅为助人者带来长期的回报（亲缘利他和互惠利他），而且带来了即时的正性反馈。研究结果表明，利他可作为降低身体负重感的有效方式，带给利他者轻松正性的生理体验。危机情景的特点决定个体的生理资源极其有限，心理系统表现出更强的主观能动性。日常与危机情景的利他行为对助人者不完全意味着资源损耗，而能给生理层面带来正性影响，这对危机生存有非常重要的价值。

利他对表情感知具有积极作用，可以增加人们对积极表情的敏感性，提升人们对于表情效价的评价。利他的正性作用不仅对某个具体的表情有积极作用，而且提升了人们对于周围广泛他人的整体表情的感知及对生活整体的感受都有正性作用。此外，与非利他行为相比，利他行为能缓解疼痛。研究把利他行为的温情效应拓展到疼痛知觉，为理解利他行为和疼痛知觉的进化成因提供了实证证据，说明通过利他行为缓解利他者本人的疼痛体验，有利于形成长期的健康生活方式。

身心关系背后存在着基因与文化因素。积极情绪与利他行为间呈现"增进资源增加"的互惠方式，疲劳感与利他行为间呈现"防止资源流失"的互惠关系，利他行为是个体维持资源的重要投资行为。"身心感受"与"组织人际利他行为"的互惠模式（见图 4.26），能通过时间与 DRD4 基因进行调节。同时，谢晓非课题组围绕危机中道德评价话题展开研究，揭示了个体对负性行为的评价会受情景特点和事件建构的影响，这证明了道德评价是危机中情绪、态度形成的重要认知来源。研究还发现低自我控制状态会增加利他行为，有助于人们理解利他／利己行为背后的动机，表明人的天性究竟是利他还是利己不能一概而论，而应在不同的情景中探讨。谢晓非课题组以地铁拥挤的危机情况为例，探讨了不同拥挤状态下人们的心理状态（如情绪和生活态度）和行为反应（如攻击倾向和社会退缩），阐释了上述利他／利己行为的动因。

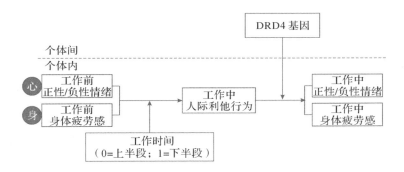

图 4.26 "身心感受"与"组织人际利他行为"的互惠模式

危机中的期望差异会加剧风险沟通障碍，心理认知干预能够缓解群体应急障碍的恶性循环。对信息接收方，个体的信息需求强烈、不断变化，若信息发布方缺乏沟通经验，个人的需求难以被完整、及时地了解，高效的风险沟通很难实现；对信息发布方，由于外部决策条件和内部认知能力的限制，所发布的信息无法被接收方有效与理性地加工，难以满足发布方的期望。危机情景的特殊性使风险沟通存在很大困难，若风险沟通双方存在期望差异，会衍生出不信任等因素，恶化风险沟通障碍，形成互相转化、互相强化的恶性循环。期望差异与风险沟通的循环作用以及危机情景的放大效应如图 4.27 所示。期望差异效应的具体路径体现在沟通各方关注点不在同一维度以及各方在同一维度上的期望处于不同程度两个方面。造成关注点不同的主要因素包括在危机事件中的角色、对信息知觉的特点和知识等；造成各方在同一维度上期望程度不同的主要因素有信任、心理权利等。打破思维定式，改变个体的思维方式，是消除期望差异的有效途径。

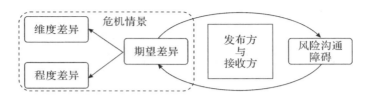

图 4.27　期望差异与风险沟通的循环作用以及危机情景的放大效应

（2）失去控制感调控认知方式

中山大学周欣悦课题组通过考查失去控制感时认知模式的变化规律，系统地证明了失去控制感会导致东西方人思维方式的差异消失。当控制感被短暂剥夺时，东西方人均会倾向于采用分析性思维方式；当控制感被长期剥夺时，东亚人会重新采用整体性思维方式。此外，诱导东亚人采用分析性思维，会增加其知觉到的控制感。这些发现不仅表明失去控制感会引起认知模式转变，还表明威胁情景下的文化差异不会阻碍双方的对话和交流，这是对 Richard Nisbett 关于东亚人不擅长逻辑思维的观点的延伸和补充。相关成果发表于 *Journal of Personality and Social Psychology*。长短期威胁改变个体思维方式如图 4.28 所示。

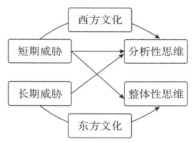

图 4.28　长短期威胁改变个体思维方式

4.3.2.3　决策者 – 执行者视角

心理与行为研究力图促进决策者科学决策，使执行者有能力和素质应对挑战，能够贯彻决策者的决策。为达到这一目的，从五个方面展开研究：

①在社情的监控与预警方面，首次构建中国 1998—2012 年的社会动荡指数；②在灾前全民模拟训练方面，创造性地利用大脑皮层的深度可塑性，提高个体灾难应对能力；③在灾后个体行为干预方面，利用生物激素手段帮助灾后个体重构信念、重塑心态；④在决策科学方法指导方面，文化神经科学的异军突起为处理认知过程的文化差异提供新视角；⑤在执行者方面，为更好地筛选和培训执行者，完善心理行为耦合理论，构建抗逆力模型系统，优化开发执行者甄选手段及培养体系。

心理与行为研究根据公共安全三角形理论模型提出心理行为耦合理论，突发事件对应风险性，承灾载体对应脆弱性，应急管理对应抗逆力。针对公共危机事件突发的应急情景，采用质化研究和实证研究相结合的方法，揭示了危机应对人员与团队的抗逆力结构模型及作用机制。通过关键事件访谈和团体焦点访谈等方法及大规模的数据调查，获得了危机救援人员的抗逆力五因素结构模型（包括理性应对、坚强人格、正面情绪、自我效能感和主控信念），获得了危机救援团队抗逆力的四因素结构模型（包括集体效能、共同信念、情绪支撑和团队韧性）。在此基础上，开发了信度和效度均符合测量学标准的个体抗逆力和团队抗逆力的测量问卷。通过危险性识别、脆弱性分析和抗逆力评估等流程分析方法，构建客观环境指标和主观心理指标的融合模型，完善了抗逆力模型及其相关的评估问卷。在系统集成研究方面，提出了心理行为耦合模型的构思，将挖掘、分析获得的心理行为数据与心理测量的常模、心理行为实验获得的因果关系模型结合起来，使集成系统的分析功能得以增强。提供流程分析、数据挖掘和应急管理的信息技术（information technology，IT）规划（编制方案），编写完成了"救援人员心理与行为模型测评系统"IT 规划（编程方案）一套；完成了针对煤矿企业危机应对的"安全心智培训系统"示范性集成方案，预期将成果纳入中国救援人员培训甄别规范。

4.3.3 应用与推广

应用成果可概括为"四库一体",即心理与行为指标库、心理－地理信息库、知识库、案例库和防范机制与应对体系,为国家应急平台体系注入科学内涵,为应急决策提供重要参考信息。

（1）心理与行为指标库

北京大学王垒课题组结合心理学理论、方法学进展以及国内外的实证研究与实践结果,编制了一套突发事件下人群心理与行为指标测量的工具库,修订、收集整理了18类的心理和行为指标。

（2）心理－地理信息库

大量研究发现肯定了自然和社会环境对人类认知模式与心理特征的重要影响。据不完全统计结果,最近十年,《自然》和《科学》上发表的相关文章共计15篇。其中有研究阐述了地理意义的差异会导致人格特质差异;还有研究者针对49种文化的比较,发现以偏见形式存在的国家性人格特征有助于保持国家同一性。已有文献证明,GIS会提升危机事件的管理水平。

王垒课题组基于基础数据的收集与运作工作,完成了基于多项心理指标的地理分布研究,将不同地区人群的心理特征与该地区的地理特征结合,获得了基于地理集成分类的心理特征的典型水平。心理指标包括开放性、外向性、情绪稳定性、宜人性和责任心等性格维度。该课题组所构建的心理地理信息系统（心理GIS）,在非常规突发事件管理中属首创,将为决策者提供更全面的心理地理信息,使得管理者采用更加科学有效的方法应对非常规突发事件。

（3）知识库

王垒课题组汇集了 2000 余篇与应急管理有关的重要的心理学、管理学文献，涉及非常规事件心理援助、应急团队管理、应急救援流程、灾后重建方法等多个方面。根据文献内容与非常规突发事件应急管理的关系进行筛选，将心理学前沿理论与应急管理实践结合，提供了理论支持。例如，通过多重检索可及时了解应急管理相关的理论、知识、方法、技术，使决策者可基于以往的理论和实证研究，做出科学的分析和预判。

（4）案例库

王垒课题组所整理的案例库包括理论库整理和案例库建设。理论库，包括 74 项与非常规突发事件相关的核心理论；案例库，包括公共安全、医疗卫生、食品安全、自然灾害、人为恐怖五大类别的案例，涉及案例事前、事中、事后三个阶段人群的心理和行为以及心理学理论分析，填补了理论研究与干预实践间的鸿沟。以昆明火车站案例分析为例，事件发生前该地区信息传播和扩散过程可为之后的监测和预测提供参考，事件中受灾个体的心理历程和群体行为的发酵过程是心理学中紧急规范理论、非理性感染理论等的集中体现。通过把握相关理论，总结实际案例，有效预测和干预突发事件。

王垒课题组首次尝试从非常规突发事件发生发展的应急管理事件流程角度，梳理不同时间与事件节点上认知、情绪和行为变化规律。从对前期和当下各类典型非常规事件的应对过程角度，分析和评估应对经验，为各级应急管理平台提供参考，帮助其做出正确决策和应对措施。

（5）防范机制与应对体系

应急管理风险理论和方法方面的研究是不系统的、不完整的、不成体系的。针对非常规突发事件，从事后的被动的应急，转变为事前的风险防范和应对，从传统的风险理论升级为新型的风险理论，需要理论突破、技术创新和体制改革。

上海交通大学刘霞课题组建立了中国国际恐怖主义开源数据库；实时对接 3S 技术（即地理信息系统 /GIS，全球定位系统 /GPS，卫星遥感系统 /RS）的数据，构建公共设施"社区－服务－基础设施"面向恐怖袭击情景脆弱性的定量描述；应用多重共线性方法、克隆巴赫可靠性分析法和主成分分析法，提取结构因子和功能因子，建立网格"地域－人群－基础设施"抗逆力的结构－功能分析框架。相关研究发展了风险理论体系，创立了风险定量描述、风险控制和风险准备方法，具有方法论价值。

4.3.4 国际比较与影响

在本重大研究计划的集中支持下，通过相对时间短、队伍集中、资助强度大、目标明确的研究，应急管理的心理与行为研究取得了相当可喜的成果，学术成果产出量较大，且有一批高质量的成果。论文发表在 *Nature Human Behaviour*，*PNAS*，*Annual Review of Psychology*，*Brain and Human Behavior*，*Organizational Behavior and Human Decision Processes*，*Journal of Behavioral Decision Making*，*Personality and Social Psychology Bulletin*，*Biological Psychology* 等国际顶级学术期刊。同时，形成了一个涉及应急管理心理与行为研究的队伍集群，提出和研发了新的理论、知识、工具，得到了国际同行的认可和积极关注，初步确立了中国在该领域的影响力，使中国应急管理心理与行为研究跻身世界前列，为建设安全社会、健康社会、韧性社会提供了科学基础。

本领域的研究成果还被诸多新闻媒体采访、报道，如《纽约时报》《纽约客》《华尔街日报》《大西洋月刊》等。此外，研究团队也受邀为

Handbook of Personal Security, *Encyclopedia of Industrial and Organizational Psychology*, *Encyclopedia of Personality and Individual Differences* 等书撰写章节。这标志着中国学者在相关领域得到了国际同行的认可。

（1）风险决策、脆弱性分析与管理领域

风险定量描述、风险控制和风险准备的方法研究具有一定的国际影响力，相关课题组被邀请在美国南卡罗来纳大学等知名院校及兰德公司等战略研究机构做专题报告。此外，上海交通大学刘霞课题组还获邀到美国南卡罗来纳大学自然灾害和脆弱性研究所、美国国土安全部设在马里兰大学的恐怖主义研究与恐怖主义预警中心以及美国特拉华大学灾害研究中心进行学术交流。

（2）危机管理与灾后重建

中国科学院心理研究所张侃课题组积极开展国际学术交流与合作，邀请了多位本领域享有盛名的国际知名学者（包括东南亚和非洲等国家及地区的多位灾难与危机管理专家人士）交流访问，也吸引了活跃在人道主义援助、战后恢复和发展等领域的多位富有实践经验的专业人士参与。国际一流专家学者对研究团队的研究工作给予了高度评价。

（3）身心互动效应研究

突出成果发表在管理和决策领域的顶级期刊（如 *Organizational Behavior and Human Decision Processes*, *Journal of Behavioral Decision Making*, *Personality and Social Psychology Bulletin*），获得了国内外同行的广泛认可和关注。如在 2011 和 2013 年，王垒教授被亚洲社会心理学大会邀请做特邀报告；2014 年，谢晓非教授被第九届国际测量大会（西班牙）和国际应用心理学大会（法国）邀请做特邀报告。

第5章 展 望

5.1 我国公共安全领域的战略需求

当前，我国正处在公共安全事件易发、频发阶段，公共安全事件总量居高不下，公共安全问题复杂性加剧，潜在风险和新隐患增多，突发事件防控与处置救援难度不断加大，维护公共安全的任务重要而艰巨。虽然我国公共安全四大核心技术即风险评估与预防、监测预测预警、应急处置与救援、综合保障的总体水平已属于国际先进集团，超越发展中国家平均水平，与国际领先水平差距的整体趋势在缩小，但与国际领先水平仍有约十年的差距。相对于国际领先水平，我国公共安全技术水平已形成领跑、并跑、跟跑"三跑并行"的基本格局，但绝大部分还处于跟跑状态。与领先国家相比，我国基础研究成果向优势技术转化的能力较弱，技术竞争还处于劣势；引领和支撑国家公共安全治理体系与治理能力的现代化科技创新体系尚待健全。

全球范围内各类突发事件的破坏尺度和复杂程度日趋严重，灾害发生从单一灾种向复合灾种发展，其发展趋势给突发事件的风险评估与预防、监测预测预警、应急处置与救援和综合保障带来了极大挑战。由于存在多致灾因子耦合、灾害次生和衍生、致灾过程及机理复杂等现象，受作用因素多、过程再现性差、指标难以量化等条件限制，我国风险评估仍停留在定性或半定量层面，难以满足未来定量化、综合化、系统化、跨行业和跨领域的风险评估需求。为实现"一切意外均可避免""一切风险皆可控制"的安全风险管理理念和目标，为将系统危险控制在最低限度，需开展定性、半定量和定量的风险评估方法，包括基于指标体系、基于历史灾情概率统计及基于现实情景模拟或构建的风险评估方法；开展基于多灾种的综合化和系统化风险评估，实现对特定地区潜在风险的综合评估；开展基于不同尺度场、多物理场的多灾害耦合致灾过程模拟和情景构建，实现跨领域、跨行业的全链条风险评估管理。

面向国家重大战略部署，特别是"一带一路"和"雄安新区"的提出和推进，特大城市圈应急管理中面临的社会治安管控、应急资源共享与协同保障、物联网基础设施破坏、网络攻击与隐私保护、城市生命线监控维护等问题愈发突出。与此同时，区域和国家之间存在的恐怖主义、流行病传播、生物入侵、交通与物流庞杂和社会舆情传播等风险要求公共安全应急管理更加迅速和高效。中国社会经济发展的趋势表明，城市正朝着国际化、虚拟化、扁平化、信息化和网络化发展，这一趋势同时推动着应急管理模式的变化发展。信息泛在、个体作用凸显、社会结构改变等因素不断推动着应急管理从单向管理变为双向互动，线下管理转为线上线下融合，政府监管转变为个体、社会协同治理。

未来的公共安全应该是更全面地准备、更准确地预测、更科学地响应和更迅速地恢复。同时，公共安全科技的发展将更加重视预防、应对和韧性理念，推动公共安全保障向风险可控化、预测智能化、应对高效化和保障一体化发展。

（1）突出强调常规、未知风险的识别和评估

对常规、未知风险的识别和评估是实现公共安全风险预防主动管理、

超前实施的发展理念及执行思路的前提和基础。为了实现这个目标，应从两方面着手。①风险识别和评估是实现预防为主、关口前移的主动管理型公共安全保障的重要前提和基础。针对已知和可预测的风险，从突发事件、承灾载体、应对能力三方面进行综合分析，推动风险评估的定量化和规范化，将已知灾害或风险的危险性和潜在致灾程度控制在最低限度。②针对未来新材料、新工艺、新技术的革命性发展，基于物联网、大数据、云计算、人工智能、模拟仿真、情景推演等技术构建风险预测预判工具，要在产业规划、工艺设计、政策发布、技术推广之前引入安全风险评估，考虑其与人类、环境、社会进行碰撞融合所产生的未知、模糊的风险。同时进行理念颠覆性的预先性风险评估与预防管理，确保新产业、新材料、新政策、新技术等不给人类带来无法承受或未认知到的风险和灾难，实现对未知风险的预判以及对灾难发生前的先兆事件的研究和关注，构建对常规风险和未知风险的综合控制能力。

（2）监测预警向主动感知、智能预测和预警应急联动发展

信息化、网络化、智能化成为国际公共安全监测预测预警技术发展的主要特征。遥感卫星、网络信息技术、移动通信、大数据分析等天－空－地一体化信息技术领域的飞速发展，为气象、洪旱、地震、海啸等自然灾害以及公共卫生、危化品、交通、反恐、舆情等社会安全的监测预测提供了新的技术手段；监测预测重心开始从安全事件发生阶段向孕育和事后恢复全过程延伸，开展交通、水利、通信、卫生、社会舆情等多行业领域协同的系统化监测预警成为常态；公共安全监测预警的内涵、外延不断扩展，手段不断丰富。从监测预警手段来看，伴随现代信息技术的迅猛发展，智能化、网络化的监测预警技术和信息发布技术不断发展完善，公共安全监测预警科技将在信息技术的支持下向自动化监测判识、预警应急联动方向发展；从工程科技的发展趋势来看，国际上近年来公共安全监测预警发展

的前沿问题是公共安全监测大数据应用、监测评估预警模式开发（突发事件诱导因子识别预警）以及预警应急联动模式形成。数据分析和计算技术的提升推动了公共安全监测预测预警向主动感知、智能预测、预警应急联动方向发展，基于大数据分析和大规模快速计算的预警应急联动体系成为国际趋势。

（3）应急平台和应急装备向智能化、自动化方向发展

通过"十一五""十二五"和"十三五"期间的不断努力，我国已初步建成以国务院应急平台为中心、以省级应急平台和部门应急平台为结构的国家应急平台体系，将感（传感监测）、传（通信传输）、知（预测协同）、用（指挥调度）融为一体，实现以数据、风险和预测为基础的决策，为各级政府和大型企业的应急管理提供了有力的保障。为应对人工智能、万物互联、信息泛在和国家战略实施对公共安全的重大需求，需构建智能硬件、平台软件和高端智库为一体的新型公共安全应急平台，建立自动化、智能化、一体化现场保障以及生命救护、高机动多功能应急救援等大型或特种应急装备；建立多层次、多维度、高内聚、低耦合、自适应、自学习、安全可靠运行的平台软件系统；建立具有科学性、专业性、系统性和前瞻性的公共安全智库，科学地预测、预警、预判中长期大势大局，对可能出现的危机及预期影响进行先导性分析，为公共安全提供全局性、方向性和制胜性战略。

（4）智能化新兴技术推动公共安全与应急管理向系统性和协同性发展

面向国家重点战略特别是"一带一路"倡议的提出和推进，安全问题的国际化、地区化趋势日益明显。首先，国外安全威胁因互联互通变得更加活跃，如国际恐怖主义、政治分离主义势力等成为我国国家安全面临的严峻挑战；其次，恐怖主义问题与种族、民族、宗教和领土争端等问题相

互混杂、交织，联动使国防安全、边境防控以及灾害防范等方面面临各种风险。鉴于此，共同安全、合作安全等新理念越来越成为当今世界安全观的主旋律。

随着人工智能等新技术的发展，未来智能终端为人类塑造万物互联、人机合一、全景式的数字化生活，实现人、机、云端无缝交互和全面情景感知，公共安全需求的重心由建立连接和实现语音沟通，转变为实时获取各种形式的信息内容和服务；信息泛在和无限带宽实现政府－社会－公众高度协同，引导公共安全向创新活跃、协同发展、联动融合、开放共治转变。通过整合协同组织平台、日常公共安全信息监测分析和预警平台、信息发布和危机处理指挥平台、以物联网为基础的重点区域管控平台、恢复与评价发展平台以及公共安全教育培训与公众参与平台，打破原有公共安全参与主体传统单线和垂直联系模式，从而形成全新的网络化公共安全服务模式，最终实现公共安全的系统性和协同性。

（5）突发事件应对由单一化向多元协同和高效化发展

随着全球化和区域合作的发展，公共安全的国际化、地区化趋势日益明显。面向国家重点战略部署，特别是"一带一路"倡议的提出和推进，安全的国际化、地区化趋势日益明显。建立"一带一路"沿线国家安全与公共安全耦合的立体化保障机制，统筹多元力量促进"一带一路"沿线国家在信息化领域的深度合作，形成利益、责任、命运共同体，实现资源深度共享。研究建立"一带一路"沿线国家安全与公共安全耦合的信息策略库、应急资源库、快速远程应急响应与救援平台体系，以"一带一路"倡议部署为突破和示范，形成面向重大国家战略的系统化风险识别、分析与预警技术，形成技术与政策耦合优化的推进模式，保障国家战略的高效实施。

人工智能等新技术的发展，万物互联、人机合一、信息泛在、无限带宽等技术前景，为实现政府－社会－公众的高度协同、社区－城市－国家－

区域间的高度协同提供了有效的技术手段。突发事件应对技术的发展将推动形成网络化的突发事件高效协同应对体系。多源异构公共安全大数据的获取、挖掘、识别与分析及城镇多灾种耦合实验与仿真等技术将有效促使我国公共安全综合保障体系快速完善，最大限度地保障人民群众生命及财产安全。

（6）基于全生命周期理念的安全保障与韧性城市成为发展趋势

基于公共安全科技三角形框架（突发事件、承灾载体和应急管理）和城市复杂巨系统全局观，采用全生命周期的理念，对城市危化品、重要能源和关键设施进行管控，保障城市危化品、重要能源和关键设施的持续稳定安全运行，实现公共安全的关联诊断、自动反应、自主保护、主动服务和快速恢复，全面提升城市韧性与安全保障能力；应用物联网和互联网技术，将公共安全应急管理流程（风险评估与预防、监测监控预警、应急处置与救援和安全综合保障）与全生命周期管理（生产、进口、储存、运输、销售、使用和废弃）深度融合，保障城市危化品、重要能源和关键设施的持续稳定安全运行，实现城市危化品、重要能源和关键设施潜在致灾因子与运行状态全面准确监测、预测及预警，事故现场危险要素快速监测、检验和救援，以及事故后的勘验与事故重构等；广泛采用物联网、大规模计算、人工智能、数据挖掘、虚拟现实等技术，整合多行业资源，实现多元化、智能化、一体化的信息获取与共享，运行监测与联防联控，智能决策与高效应对，以及准确的事后勘验与事故重构等，全面提升公共安全一体化保障能力。

（7）公共安全与应急管理向多行业大整合、高共享、深应用发展

随着网络信息技术的日新月异，"互联网＋"促进我国打破"信息孤岛"和"数据烟囱"，加速推进互联网与各行业的深度融合。特别在当前信息

化和国际化快速推进时期，物联网、大数据、云计算等新技术助力公共安全科技发展，但也催生了新的风险隐患，给公共安全科技工作带来了新的挑战。在此背景下，公共安全单打独斗难以满足跨界融合形势下的安全需求。通过广泛采用物联网、云计算、人工智能、数据挖掘、虚拟现实等技术，整合各行业资源，实现多元化、智能化、一体化的生活、交通、卫生、医疗、灾害等信息实时获取和共享；在交通安全、危化品安全、水安全、电网安全等方面实现应急联动和防控，最终实现交通、电力、水利、通信、危化品、生命线、社会舆情等行业资源大整合、行业信息高共享和行业保障深应用。

5.2 深入研究的设想和建议

5.2.1 公共安全应急管理深入发展研究的设想

我国公共安全领域需要实施增强从个人到国家诸多层面安全韧性的"强韧工程"，坚持问题导向和需求导向，以"雄安新区"和"一带一路"为靶场，着力突破特大城市圈发展面临的应急难题，突破国家和地区间的协同化应急难题。应着力将"一元化－多元化－系统化"的应急管理模式转变为建立智能化全方位立体化的公共安全网，实现应急管理由事件驱动转变为以数据驱动，以物为中心变为以人为中心，从主观决策转变为应急计算支持的决策，从被动应急转变为主动保障。

创新应急管理制度和模式的内涵，将应急管理的触发机制由传统的突发事件驱动发展为（大）数据驱动，将风险评估从事件发生再往前推一个阶段；重视应急管理的复杂性，把基层作为公共安全主战场，应急管理关注的核心对象由客观事件的发生发展过程转变为个体，凸显个体在突发事件应急管理中的作用；顺应网络信息时代的虚拟特征，利用互联网、云计算、物联网等技术将应急决策由政府决策发展为定性定量相结合的基于数据和计算支持的决策；将传统的公共安全综合保障由注重灾后救助转变为注重防抗救相结合的应急主动保障机制。

自 21 世纪以来，新型机器学习技术突飞猛进，处理特定领域、特定任务的计算能力逐步增强。未来将建设发展韧性城市，建设主动智能化的公共安全网，使其面对未来的社会、经济、技术系统和基础设施的冲击与压力，仍能基本维持相同的功能结构、系统和身份，同时发展一套支持韧性社会的智能应急计算理论体系、方法和系统。

以智能应急计算系统为支撑的韧性城市，需要以连接万物，融合个体、设施和信息的公共安全网为基础，设计基于边缘计算的主动感知机制、基于数据同化的灾害预警机制、基于观测的基础设施设计机制、基于万物互联的信息采集机制以及基于软件定义的结构抗毁机制。提高基础设施的灾情感知、预测和抗打击能力，加强个体的主动承灾能力，实现主体韧性；利用设施设备连接本身的抗毁性、信息流本身的安全性、万物互联带来的连接多样性以及边缘计算带来的主动连接，实现城市的连接韧性；保证法规、规范、组织结构的功能延续性，提高公共安全网络结构的鲁棒性，实现结构韧性，以此构建起具有主体韧性、连接韧性与结构韧性的主动智能型城市。

发展智能型应急计算系统，建立主动智能公共安全网，应结合物联网、第五代移动通信技术、大数据与边缘计算等前沿技术，采用软件定义公共安全网络。同时使应急计算拥有多灾种综合应用能力和多领域行业深度融合特性，实现基础设施和数据软件服务完美结合的线上线下双向监控与管理。从物理信息社会和网络信息社会两个维度建设公共安全综合保障一体化平台，自下而上实现个体防护、重点设施和场所安全、社区安全以及特大城市圈和区域的安全。

发展智能型应急计算系统应实现以下三个目标。

（1）实现信息泛在化与万物互联形式下的韧性社会构造

无限数据、无限存储、无限带宽将是未来趋势，万物互联与人机交互，数据获取－处理－分析高度集成化与个性化，政府－机构－公众的高度交互与协同，决策结构与流程的扁平化，从连接和结构上保证韧性社会的强度。

（2）实现"数据－计算－推理"深度融合的韧性社会推演

基于"数据－计算－推理"深度融合的未来推演理论和方法，实现重点场所和设施、重要能源与储备、重大工程等全生命周期的监测预测预警；能够预测未来由新技术革命、全球格局变化等对公共安全形势带来的影响；推动构建面向未来的公共安全应对体系，利用推演手段和技术保证韧性社会的鲁棒性。

（3）实现具备对未知风险主动评估的预测型韧性社会

基于万物互联、边缘计算、数据同化、软件定义社会等技术构建风险预测预判工具，分析新技术、新材料、新产业、新政策等是否存在无法承受或未认知到的潜在风险，实现对未知风险的预判以及灾害先兆事件的研究和关注，达到韧性社会主动预测的目标。

在韧性城市应急理论体系、智能型应急计算系统和主动智能的公共安全网的支撑下，完善个体和社区级别的万物互联应急管理基础设施；建立基于公共安全立体化网络的国际应急标准体系；突破一案三制的应急管理模式，建立特大城市圈的应急管理体系；设计跨地域、跨国界、多部门交叉的区域化协同应急管理合作与共享模式，构建公共安全综合保障一体化平台，实现基于多行业资源深度融合和多领域技术集成应用的公共安全主动保障。

5.2.2　公共安全领域未来基础研究发展建议

（1）万物互联背景下的全面感知、高效预测、智能决策、主动保障技术

　　未来城市将向城市感知实时化、集成空间化、表达动态化、决策科学化、管理智慧化和运行安全化方向发展。城市中的安全基础设施形成网络，全面实现城市人、物、信息三元空间的统一与融合，实现对城市事物的整体感知。在全面感知的基础上，研究综合利用互联网、物联网、大数据、云计算、空间地理信息等现代信息技术；研究针对基础设施、工程建筑监测的传感器网络优化布置，并研究社会舆情信息的数据采集模型及其优化方法；研究实时和长周期监测的数据挖掘、异常征兆早期发现与突发事件预测预警技术；结合信息传递、社会交互数据，进行三元融合的跨领域突发事件的推演研究；研究面向城市运行安全的异常征兆早期发现方法，构建基于运行安全监测数据，融合物理模型、信息传递、社会交互的城市"智慧"安全模型；研究全周期和全链条式的风险评估与预防体系、全灾种全天候的检测体系、面向公共安全的大数据分析和大规模快速计算体系、深度融合的应急决策与救援处置体系和协同联动系统，建立公共安全综合保障一体化平台，实现公共安全的全面感知、高效预测、智能决策和主动保障。同时，实现从个人到国家诸多层面安全韧性的"强韧工程"。

（2）面向复杂安全问题基于大数据的大规模快速计算理论和方法

　　大规模快速计算理论和方法是支持复杂安全问题风险评估、预测预警和应急决策的重要基础。大数据、高性能计算、云计算和边缘计算等技术的发展，为复杂安全问题的大规模快速计算方法研究提供了良好的基础和契机。研究公共区域动力学演化过程的大规模快速模拟方法及模型－数据混合驱动的灾害演化过程的大规模快速分析技术；研究城市灾变过程仿真

结果数据与现场数据的多参数、多维度匹配及灾害演化过程动态修正方法，发展模型－数据混合驱动的城市区域灾害演化的大规模快速模拟方法；研究基于大数据的突发事件感知与预警理论和方法；研究基于高性能计算的大规模复杂安全问题快速求解方法与计算理论；研究基于大规模多尺度时空数据的快速 3D 建模方法；研究基于云计算和边缘计算的人机交互式仿真建模理论与计算方法；研究突发事件中的多物理问题耦合求解与计算方法；研究物理－信息－社会三元空间融合的集成化计算理论与方法等。

（3）公共安全韧性城市关键技术体系与韧性保障平台

随着城镇化速度的加快，大城市、特大城市及城市群不断出现，城市公共安全形势严峻，城市建构筑物、道路交通、生命线管网、人员聚集场所等的脆弱性增加，亟待构建韧性城市，提高城市抵御重大突发事件的能力。研究公共安全韧性城市综合评价技术；研究城市高层建筑、大型综合体、施工脚手架等建构筑物垮塌坍塌机理以及城市建构筑物与重要基础设施的安全韧性评价和优化技术；研究城市轨道交通运行安全监测与防灾系统以及城市地铁安全运行保障与风险管控技术；研究城市重要生命线系统（供水排水、燃气、供热、桥梁等）安全监测技术以及城市市政管网综合管廊安全监测、检测、预警技术与装备；针对以城市（城镇）为载体的高密度人员聚集区域的公共风险，建立符合我国各类人群特征的行为库，研究高密度情景下的人群行为特征以及人群踩踏事故的成因机制，研究智能监控预警和分析技术；研究城市一体化公共安全韧性规划技术。选取典型城市，研发城市安全管理与韧性保障平台，开展应用示范，提升城市公共安全保障能力。

（4）多圈层耦合、多领域融合、跨地域协作的公共安全大型模拟器

研究综合考虑大气、海洋、生物、固体地球相互作用以及复杂性的模

拟技术，实现地球系统各圈层、各物理生化过程相互作用耦合机制的模拟和表达；研究综合指标体系、数据统计、情景演化等方法的风险评估技术，实现危化品、重点设施（危化品仓库、城市管网、深海管道、交通枢纽等）、重要能源（电、油、气、氢）等的全生命周期管理和全链条风险评估；研究大规模密集人群风险预警与疏散疏导技术、大规模交通疏散仿真技术、应急交通评估技术，构建区域疏散避难系统；研究重大灾害情景的感知、再现、仿真、推演技术，实现数字化信息与物理场信息有效叠加，实现复杂灾害场景及其发展演化过程的模拟仿真与情景推演；研究网络舆情传播推演技术和面向反恐防恐的特殊个体识别、跟踪与追溯过程的模拟推演技术，实现线上－线下一体化的事件模拟与推演；研究电力系统、水利系统等多种行业领域相关的公共安全问题模拟技术，实现多事件和事件链推演；构建多圈层耦合、多领域融合的地球系统模拟和突发事件演化模拟大型综合模拟器。

（5）公共安全的韧性理论及新兴综合风险的评估方法

公共安全中的韧性，是指能够承受突发事件对社会、经济、技术系统和基础设施的冲击和压力，并在突发事件作用下仍然能够维持基本的结构和功能的能力。韧性理论致力于增强抗灾能力和灾后恢复能力，提升突发事件应对能力，使暴露于危害之下的系统、社区或社会通过保护和恢复重要基本结构与功能等办法，及时有效地抗御、吸收、适应灾害影响和灾后复原。主要包括研究韧性城市的内涵、构成及其度量方法；研究城市系统间的交互影响与动态不确定性特征分析；研究城市系统及突发事件的复杂自适应演化机理、鲁棒性分析与控制方法；研究应急资源与应急能力的需求评估、优化配置、全程管理方法等。同时，新兴技术如人工智能、增材制造、新型交通方式、万物互联等的发展，在为人类生活提供大量便利和优势的同时，也给公共安全带来了新的安全风险；经济全球一体化、社会老龄化、自然灾害的强度和频次显著增加、恐怖主义等新形势也对未来公共安全综合风险评估提出了新的挑战和要求。如研究基于物联网、大数据、云计算、人工智能、模拟仿真、情景推演等技术的风险评估方法；研究公共安全复杂多案例分析推理方法；研究基于历史案例的应急知识管理、推演与评估方法；研究区域多灾种耦合及次生衍生的机理与风险评估方法；研究基于大数据的风险感知与防控方法等。

（6）全周期安全运行与一体化防控的应急管理与防控的理论与方法

全周期安全是公共安全的重要理念之一，大型城市、化工园区、重要能源、生命线系统、道路交通、水域和水环境、电力设备和电网等都是公共安全重点关注的对象，也是需要从全周期安全的视角进行系统化研究的重点问题。包括研究超大城市生命线系统运行监测与预警方法；研究人员密集场所"人－设施－环境"多源数据挖掘与异常识别方法；研究道路交通系统安全风险特征分析、大规模交通疏散仿真方法与策略优化方法；研究轨道、航空、水运多交通网络的风险识别与量化分析方法；研究危险化学品生产、运输、储藏、使用全过程风险分析方法与全周期安全运行理论；研究基于城市物联网雨洪感知的城市洪涝仿真模拟与灾害快速评估方法；研究多变环境下的水安全演变与应对机理；研究电网稳定运行安全特征分析和安全防御体系；研究基于多源异构数据融合的反恐防恐风险感知与防控方法；研究新型城市结构和生产力布局下的韧性城市理论；研究管理扁平化、信息泛在化、个体作用突显等多因素交融下的应急管理流程、机制与方法；研究大数据－大计算支持的量化应急管理理论和方法；研究基于软件定义服务的协同应急理论与方法；研究"数据－计算－推理"深度融合的态势推演与决策支持方法；研究由灾后被动救助向灾前主动预防、从应对单一灾种向复合灾害应对的新型应急管理理论和方法等。

（7）重要基础设施和高效精准应急技术装备的主动安全原理与方法

重要基础设施承载了社会经济运行发展的重要基础功能；基础设施长期、可靠、主动安全运行，是保障公共安全乃至国家安全的重要基础。人工智能、增材制造等新技术的发展为基础设施及应急救援的高效性和精准性提供了有力的技术支持。重要基础设施与应急救援技术装备也面临着极大的发展需求和空间。如研究极端气象条件对电网、通信、交通等基础设施造成破坏的机理和风险评估方法；研究突发事件下城市地铁网络的鲁棒性和脆弱性分析理论以及突发事件下的人－机器人交互共享与主动感知技术原理和机器人群体智能原理；研究地铁等地下空间的通行能力、紧急疏散策略以及系统损失与恢复模型；研究多领域网络－物理协同攻击下的基础设施安全保障机理；研究重要基础设施等复杂自适应演化机理、系统安全建模与防控策略；研究基于韧性原理的重要基础设施主动安全保障方法；研究基于无人平台的多传感器系统集成与快速信息处理方法以及基于多源传感器信息数据的现场信息高精度获取与分析方法；研究"数据－模型－案例"耦合与"现场－仿真"耦合的动态推演、预测和综合研判方法；研究高度集成的可穿戴式微型高精度有害物质传感器技术原理以及成套化多功能应急救援装备技术原理等。

（8）国家安全管理的决策体系基础科学问题

近年来，随着国际战略格局的变化和我国综合国力的不断增强，我国国家安全形势总体上呈现出改善的势头。但在新形势下，我国国家安全面临的威胁也表现出复杂化和多元化的特点：外部安全与内部稳定问题相互交织，传统安全和非传统安全挑战相互叠加，国家安全的战略决策与重大事件的应对决策并存。国家安全是战略性的国家需求，重大、迫切而深远，对国家安全管理的决策体系研究提出了重大需求。国家安全管理的决策体系包含着深刻复杂的科学技术问题、政策选择问题与体制机制问题，研究开放性强，创新空间巨大，需要多学科深度融合，为国家安全管理创新研究提供广阔前景。国家安全管理的决策体系研究，也是管理科学中决策理论与方法在国家安全方向的实证研究，应完善并充实管理学科，促进学科发展。国家安全管理的决策体系基础科学问题涉及重大国家安全事件管理机制，特别是涉及多部门协同、多层级贯通、跨区域联动、政府与社会协同、信息共享等难题；国家安全大数据综合信息集成与分析方法，主要研究基于大数据的国家安全综合信息集成，为国家安全事件管理提供信息支撑；国家安全风险管理与综合研判理论与方法，主要研究国家安全风险识别、趋势研判及国内外威胁预见，为国家安全事件管理提供趋势研判；国家安全智能防控和应对理论与方法，主要研究国家安全的主动智能防控与危机应对方法，建立国家安全事件防控与危机应对智能化决策平台；国家安全管理的决策体系设计，主要开展国家安全领域前瞻性交叉性创新研究，为国家安全保障提供决策体系的基础理论，为国家安全宏观管理提供决策参考。

参考文献

[1] 陈安，陈宁，武艳南．现代应急管理技术与系统 [M]. 北京：科学出版社，2011.

[2] 陈达强．基于应急系统特性分析的应急物资分配优化决策模型研究 [M]. 杭州：
     浙江工商大学出版社，2010.

[3] 陈玲丽．个体主义—集体主义的结构与跨文化研究 [M]. 北京：中国社会科学出
     版社，2013.

[4] 陈雪龙．非常规突发事件情景的构建与动态推演方法 [M]. 天津：天津大学出版
     社，2013.

[5] 陈雪龙．面向复杂决策问题的模型构造与管理方法 [M]. 天津：天津大学出版社，
     2013.

[6] 迟菲，胡成，李凤．密集人群流动规律及其模拟技术 [M]. 北京：化学工业出版社，
     2012.

[7] 杜治娟，王硕，王秋月，等．社会媒体大数据分析研究综述 [J]. 计算机科学与探索，
     2017(1).

[8] 樊博．G2G 电子政务的绩效改进研究 [M]. 北京：清华大学出版社，2013.

[9] 樊博．电子政务：国家十一五规划教材 [M]. 北京：电子工业出版社，2013.

[10] 樊治平，姜艳萍，刘洋，等．突发事件应急方案选择的决策方法研究 [M]. 北京：
     科学出版社，2014.

[11] 范维澄，刘奕，翁文国，等．公共安全科学导论 [M]. 北京：科学出版社，2013.

[12] 范维澄，闪淳昌，等．公共安全与应急管理 [M]. 北京：科学出版社，2017.

[13] 方方．人格心理学 [M]. 北京：人民卫生出版社，2013.

[14] 方志耕，刘思峰，施红星，等．灰色博弈理论及其经济应用研究 [M]. 北京：高等
     教育出版社，2016.

[15] 高德华，邓修权．组织惯例的微观机理与演化复杂性——基于多主体仿真的研究

[M]. 北京：北京邮电大学出版社，2016.

[16] 郭旦怀. 基于空间场景相似性的地理空间分析 [M]. 北京：科学出版社，2016.

[17] 国务院应急办赴英培训考察团. 英国应急管理的特点及启示 [J]. 中国应急管理，2007(7): 54-58.

[18] 韩传峰，等. 关键基础设施系统保护建模与仿真 [M]. 北京：科学出版社，2016.

[19] 韩传峰. 国家安全管理 [M]. 上海：同济大学出版社，2016.

[20] 韩传峰. 国家关键基础设施系统安全与保护 [M]. 上海：同济大学出版社，2015.

[21] 韩传峰. 灾难管理系统论：方法与应用 [M]. 北京：科学出版社，2013.

[22] 黄金才，刘忠，张维明，等. 指挥控制辅助决策方法 [M]. 北京：国防科技大学出版社，2013.

[23] 黄全义，钟少波，孙超，等. 灾害性气象事件影响预评估理论与方法 [M]. 北京：科学出版社，2017.

[24] 黄炜，赵来军. 蓝藻水华相关因素识别、预测与治理 [M]. 上海：复旦大学出版社，2015.

[25] 贾传亮，余廉，陈俊霖. 突发事件案例提示顿悟理论与方法 [M]. 北京：科学出版社，2017.

[26] 贾庆山，杨玉，夏俐，等. 基于事件的优化方法简介及其在能源互联网中的应用 [J]. 控制理论与应用，2018, 35(1).

[27] 姜振飞，刘霞. 小布什政府与奥巴马政府核战略比较研究 [M]. 北京：中国社会科学出版社，2017.

[28] 李和瀚，孟小峰，邹磊. 面向 ScholarSpace 知识库的关键词查询方法 [J]. 通信学报，2015, 36(12): 28-36.

[29] 李湖生. 突发事件应急准备体系规划建设理论与方法 [M]. 北京：科学出版社，2016.

[30] 李丽华，马亚萍，丁宁，等. 应急疏散中社会关系网络与"领导—追随"行为变化 [J]. 清华大学学报（自然科学版），2016, 56(3): 334-340.

[31] 李旺民. 基于移动设备的全站仪内外业一体化方法研究 [J]. 地理空间信息，2018(1): 71-73.

[32] 李向阳，等. 大规模灾害应对准备的容错规划方法 [M]. 北京：科学出版社，2017.

[33] 李雪峰. 突发事件应对案例研究：方法与实践 [M]. 北京：国家行政学院出版社，2017.

[34] 李勇建，乔晓娇，孙晓晨，等. 非常规突发事件运行机理与应急决策 [M]. 北京：科学出版社，2016.

[35] 廖东升. 基于 Agent 的心理战效果评估方法 [M]. 北京：军事科学出版社，2012.

[36] 刘川意. 拨得云开见日出 [M]. 北京：电子工业出版社，2012.

[37] 刘栋, 李素, 曹志冬. 基于改进人工蜂群算法的支持向量机时序预测 [J]. 传感器与微系统, 2018, 37(5): 51-54.

[38] 刘南. 应急资源配置决策的理论、方法及应用 [M]. 北京: 科学出版社, 2015.

[39] 刘思峰, 郭本海, 方志耕, 等. 系统评价: 方法、模型、应用 [M]. 北京: 科学出版社, 2016.

[40] 刘思峰, 杨英杰, 吴利丰, 等. 灰色系统理论及其应用 [M]. 7 版. 北京: 科学出版社, 2014.

[41] 刘铁民, 等. 重大生产安全事故情景构建理论与方法: 基于高含硫油气田井喷等重大事故应急 [M]. 北京: 科学出版社, 2017.

[42] 刘霞, 向良云. 公共危机治理 [M]. 上海: 上海交通大学出版社, 2011.

[43] 刘小月, 赵秋红, 鞠彦兵. 非常规突发事件应急管理评估方法研究 [M]. 北京: 科学出版社, 2016.

[44] 刘怡君, 李倩倩, 马宁, 等. 社会舆情的网络分析方法与建模仿真 [M]. 北京: 科学出版社, 2016.

[45] 马怀德. 非常规突发事件应急管理的法律问题研究 [M]. 北京: 中国法制出版社, 2015.

[46] 马祖军. 非常规突发事件应急血液保障理论与方法 [M]. 北京: 科学出版社, 2015.

[47] 孟小峰, 马如霞, 马友忠, 等. 数据集成原理 [M]. 北京: 机械工业出版社, 2014.

[48] 彭宗超, 陶鹏, 等. 中国应急管理研究报告 (2012—2013): 应急准备文化建设 [M]. 北京: 清华大学出版社, 2014.

[49] 彭宗超, 陶鹏, 等. 中国应急管理研究报告: 应急准备文化 [M]. 北京: 清华大学出版社, 2014.

[50] 齐佳音, 张一文. 突发性公共危机事件与网络舆情作用机制研究 [M]. 北京: 科学出版社, 2016.

[51] 乔仁毅, 龚维斌. 政府应急管理 [M]. 北京: 国家行政学院出版社, 2014.

[52] 秦绪伟, 刘晓. 风险环境下的供应链可靠设计与应急计划 [M]. 北京: 科学出版社, 2012.

[53] 邱晓刚, 陈彬, 张鹏. 面向应急管理的人工社会构建与计算实验 [M]. 北京: 科学出版社, 2017.

[54] 邱晓刚, 陈彬. 基于 HLA 的分布仿真环境设计 [M]. 北京: 国防工业出版社, 2016.

[55] 裘江南, 王雪华, 等. 突发事件应急知识管理的模型与方法 [M]. 北京: 科学出版社, 2016.

[56] 闪淳昌, 等. 中国突发事件应急体系顶层设计 [M]. 北京: 科学出版社, 2017.

[57] 尚明生，陈端兵，高辉．网络舆情信息处理技术 [M]．北京：科学出版社，2015．

[58] 尚明生．网络高性能调度及资源管理技术 [M]．北京：科学出版社，2010．

[59] 佘廉，黄超．突发事件案例生成理论与方法 [M]．北京：科学出版社，2017．

[60] 施俊琦，汪默．管理心理学——21 世纪新进展 [M]．北京：北京大学出版社，2013．

[61] 时勘．救援人员应对非常规突发事件的抗逆力模型 [M]．北京：科学出版社，2017．

[62] 宋鸿彬，蒲卫，曹志冬．传染病信息学：理论与实践 [M]．北京：科学出版社，2014．

[63] 宋劲松．突发事件应急指挥 [M]．北京：中国经济出版社，2012．

[64] 宋劲松．应急管理社会动员 [M]．北京：中国经济出版社，2012．

[65] 孙金华，宋卫国，等．突发事件中大规模人群的行为规律 [M]．北京：科学出版社，2016．

[66] 滕五晓．应急管理能力评估——基于案例分析的研究 [M]．北京：社会科学文献出版社，2014．

[67] 王红卫，祁超．基于层次任务网络规划的应急响应决策理论与方法 [M]．北京：科学出版社，2015．

[68] 王红卫，王剑，陈曦．国民经济动员管理决策与仿真演练方法、技术及其应用 [M]．北京：科学出版社．2013

[69] 王慧敏，刘高峰，陶飞飞，等．非常规突发水灾害应急合作管理与决策 [M]．北京：科学出版社，2016．

[70] 王雷，赵秋红，王欣．应急管理技术与方法 [M]．北京：北京航空航天大学出版社，2016．

[71] 王宁，仲秋雁．非常规突发事件演化与推演方法 [M]．北京：科学出版社，2016．

[72] 王筱莉，赵来军．基于群体差异的谣言传播规律与政府辟谣策略研究 [M]．上海：复旦大学出版社，2016．

[73] 王旭坪，阮俊虎，赵颖，等．非常规突发事件的应急资源协调优化及仿真研究 [M]．北京：科学出版社，2016．

[74] 吴启迪，康琦，汪镭．自然计算导论 [M]．上海：上海科学技术出版社，2011．

[75] 谢科范，陈刚，吴倩，等．非常规突发事件的集群决策 [M]．北京：知识产权出版社，2013．

[76] 许伟．基于网络大数据的社会经济监测预警研究 [M]．北京：科学出版社，2016．

[77] 薛澜，曾光，彭宗超，等．防控"甲流" [M]．北京：社会科学文献出版社，2014．

[78] 薛澜，等．中国应急管理体系的顶层设计与模式重构 [M]．北京：科学出版社，2017．

[79] 杨立中.建筑内人员运动规律与疏散动力学 [M].北京：科学出版社，2012.

[80] 杨青，杨帆，刘星星，等.基于免疫学的非常规突发事件识别和预控 [M].北京：
科学出版社，2015.

[81] 尤天慧，张尧，樊治平，等.信息不完全确定的多指标决策理论与方法 [M].北京：
科学出版社，2010.

[82] 游志斌，杨永斌.国外政府风险管理制度的顶层设计与启示 [J].行政管理改革，
2012(5): 76-79.

[83] 喻凯，熊祥瑞，高涛.基于 Hadoop 的地图瓦片云存储系统的设计与实现 [J].
2017.

[84] 袁宏永，黄全义，苏国锋，等.应急平台体系关键技术研究的理论与实践 [M].北
京：清华大学出版社，2012.

[85] 袁宏永，苏国锋，等.突发事件及其链式效应理论研究与应用 [M].北京：科学出
版社，2016.

[86] 袁玉宇，刘川意.云计算时代的数据中心 [M].北京：电子工业出版社，2012.

[87] 苑盛成，王刚桥，马晔风，等.基于实时数据的应急交通疏散仿真方法研究 [J].
系统工程理论与实践，2015, 35(10): 2484-2489.

[88] 曾大军.传染病信息学与生物监测 [M].北京：科学出版社，2014.

[89] 詹承豫.从危机管理到风险治理———基于理论、制度及实践的分析 [M].北京：
中国法制出版社，2016.

[90] 詹承豫.学校突发事件应急管理理论与实务 [M].北京：中国法制出版社，2014.

[91] 张辉，刘弈，刘艺.突发事件应急决策支持的理论与方法 [M].北京：科学出版社，
2017.

[92] 张鹭鹭，康鹏，顾洪.震应急医学救援"两期三段"研究——基于玉树地震医学
救援实证分析 [M].北京：科学出版社，2016.

[93] 张鹭鹭，梁万年，康鹏.地震应急医学救援"两期三段"研究 - 基于玉树地震医
学救援实证分析 [M].北京：科学出版社，2015.

[94] 张鹭鹭，张义.卫勤决策支持平台 [M].上海：第二军医大学出版社，2015.

[95] 张郁.无人机低空摄影的精度分析与研究 [J].测绘地理信息，2018(4): 14.

[96] 赵来军，等.谣言传播规律与突发事件应对策略研究 [M].北京：科学出版社，
2016.

[97] 赵来军，王珂，汪建.城市应急避难所规划建设理论与方法 [M].北京：科学出版
社，2014.

[98] 赵来军.城市危险化学品无缝隙化安全管理研究 [M].北京：科学出版社，2011.

[99] 赵来军.公共危机与社会治理 [M].北京：社会科学文献出版社，2011.

[100] 赵秋红，郗蒙浩.非常规突发事件应急管理体系的组织设计——理论、方法和应

用 [M]. 北京 : 科学出版社 , 2017.

[101] 郑涛 , 祖正虎 , 田德桥 . 生物事件应急管理 [M]. 北京 : 科学出版社 , 2016.

[102] 郑涛 . 生物安全学 [M]. 北京 : 科学出版社 , 2014.

[103] 钟开斌 . 应急决策——理论与案例 [M]. 北京 : 社会科学文献出版社 , 2014.

[104] 钟开斌 . 中外政府应急管理比较 [M]. 北京 : 国家行政学院出版社 , 2012.

[105] Ai P, Feng P, Mu P, et al. Research on hydrological information organization based on virtualization[C]. International symposium on distributed computing, 2012: 86-90.

[106] An J, Kang Q, Wang L, et al. Mussels wandering optimization: an ecologically inspired algorithm for global optimization[J]. Cognitive Computation, 2013, 5(2): 188-199.

[107] An J, Kang Q, Wang L, et al. Population-based dynamic scheduling optimisation for complex production process[J]. International Journal of Computer Applications in Technology, 2012, 43(4): 304-310.

[108] Arsuaga J, Diao Y, Klingbeil M, et al. Properties of topological networks of flexible polygonal chains[J]. Molecular Based Mathematical Biology, 2014, 2(1): 98-106.

[109] Bai Q, Lin W, Wang L. Family incivility and counterproductive work behavior: A moderated mediation model of self-esteem and emotional regulation[J]. Journal of Vocational Behavior, 2016, 94: 11-19.

[110] Bullnheimer B, Hartl R, Strauss C. Applying the Ant System to Vehicle Routing Problems[M]. Meta-Heuristics, 1999.

[111] Cai H, Wang L, Liu L, et al. A temporal relation-based method for extracting occurrence time in Chinese web news of emergencies[J]. Journal of Convergence Information Technology, 2010, 5(3): 31-37.

[112] Cai L, Chen W, Shen Y, et al. Recognition of facial expressions of emotion in panic disorder[J]. Psychopathology, 2012, 45(5): 294-299.

[113] Cao S, Song W, Liu X, et al. Simulation of pedestrian evacuation in a room under fire emergency[J]. Procedia Engineering, 2014, 71(71): 403-409.

[114] Cao Y, Liu Y, Fan H, et al. SysML-based uniform behavior modeling and automated mapping of design and simulation model for complex mechatronics[J]. Computer-Aided Design, 2013, 45(3): 764-776.

[115] Cao Z D, Zeng D J, Wang Q Y, et al. An epidemiological analysis of the Beijing 2008 Hand-Foot-Mouth epidemic[J]. Chinese Science Bulletin, 2010, 55(12): 1142-1149.

[116] Cao Z D, Zeng D J, Zheng X L, et al. Spatio-temporal evolution of Beijing 2003 SARS epidemic[J]. Science China Earth Sciences, 2010, 53(7): 1017-1028.

[117] Cao Z, Zeng D, Wang Q, et al. Epidemiological features and spatio-temporal evolution

in the early phase of the Beijing H1N1 epidemic[J]. Acta Geographica Sinica, 2010, 65(3): 361-368.

[118] Carciofo R, Du F, Song N, et al. Age-related chronotype differences in Chinese, and reliability assessment of a reduced version of the Chinese Morningness Eveningness Questionnaire[J]. Sleep and Biological Rhythms, 2012, 10(4): 310-318.

[119] Carciofo R, Du F, Song N, et al. Chronotype and time-of-day correlates of mind wandering and related phenomena[J]. Biological Rhythm Research, 2014, 45(1): 37-49.

[120] Carciofo R, Du F, Song N, et al. Mind wandering, sleep quality, affect and chronotype: an exploratory study[J]. PLOS One, 2014, 9(3): e91285.

[121] Chai C, Liu X, Zhang W, et al. Application of social network theory to prioritizing oil & gas industries protection in a networked critical infrastructure system[J]. Journal of Loss Prevention in the process Industries, 2011, 24(5): 688-694.

[122] Chai H, Chen W Z, Zhu J, et al. Processing of facial expressions of emotions in healthy volunteers: An exploration with event-related potentials and personality traits[J]. Neurophysiologie Clinique/Clinical Neurophysiology, 2012, 42(6): 369-375.

[123] Chen A, Chen N, Li J. During-incident process assessment in emergency management: Concept and strategy[J]. Safety Science, 2012, 50(1): 90-102.

[124] Chen B, Chen M, Zhang Z, et al. Speed of last vehicle feedback strategy in intelligent transportation systems[J]. International Journal of Modern Physics C, 2011, 22(07): 745-753.

[125] Chen B, Sun X, Wei H, et al. Piecewise function feedback strategy in intelligent traffic systems with a speed limit bottleneck[J]. International Journal of Modern Physics C, 2011, 22(08): 849-860.

[126] Chen B, Zhang L, Guo G, et al. KD-ACP: a software framework for social computing in emergency management[J]. Mathematical Problems in Engineering, 2015, 2015.

[127] Chen C, Liu Z, Lin W H, et al. Distributed modeling in a mapreduce framework for data-driven traffic flow forecasting[J]. IEEE Transactions on Intelligent Transportation Systems, 2013, 14(1): 22-33.

[128] Chen D, Gao H, Lü L, et al. Identifying influential nodes in large-scale directed networks: the role of clustering[J]. PLOS One, 2013, 8(10): e77455.

[129] Chen D, Lü L, Shang M S, et al. Identifying influential nodes in complex networks based on AHP[J]. Physica A: Statistical Mechanics and its Applications, 2012, 391(4): 1777-1787.

[130] Chen D, Shang M, Lv Z, et al. Detecting overlapping communities of weighted networks via a local algorithm[J]. Physica A: Statistical Mechanics and its

Applications, 2012, 389(19): 4177-4187.

[131] Chen H, Li M, Dai Z, et al. Factors influencing the perception of medical staff and outpatients of dual practice in Shanghai, People's republic of china[J]. Patient Preference and Adherence, 2016, 10: 1667.

[132] Chen H, Li M, Wang J, et al. Factors influencing inpatients' satisfaction with hospitalization service in public hospitals in Shanghai, People's Republic of China[J]. Patient Preference and Adherence, 2016, 10: 469.

[133] Chen H, Zeng D, Yan P. 传染病信息学 - 公共卫生症候群监测与生物防御 [M]. 北京 : 科学出版社 , 2011.

[134] Chen J, Jin Q J, Wang H M, et al. A risk assessment model of flood based on information diffusion method and BP neural network[J]. Prz. Elektrotech, 2012, 88: 33-36.

[135] Chen J, Jin Q, Chao J. Design of deep belief networks for short-term prediction of drought index using data in the Huaihe river basin[J]. Mathematical Problems in Engineering, 2012, 2012.

[136] Chen J, Su G, Yuan H. Integration of the post-earthquake casualty estimation model and GIS platform[C]. Information Systems for Crisis Response and Management (ISCRAM), 2011 International Conference on. IEEE, 2011: 523-527.

[137] Chen J, Su G, Zhao Q. Study of emergency management information system for hydropower project[C]. Software Engineering (WCSE), 2012 Third World Congress on. IEEE, 2012: 198-201.

[138] Chen J, Zhang L, Wang H, et al. Losses assessment for region flood disasters based on entropy weight TOPSIS model[J]. International Journal on Advances in Information Sciences and Service Sciences, 2012, 4(17): 192-200.

[139] Chen J, Zhang X, Su G, et al. Study on fire-rescue command system and key technology of ultra high-rise building[C]. Image and Signal Processing (CISP), 2012 5th International Congress on. IEEE, 2012: 1906-1910.

[140] Chen L, Song W, Huo F. Study of personnel monitoring and counting in single channel based on RFID technology[J]. Procedia Engineering, 2014, 71: 529-536.

[141] Chen L, Song W. New method to calculate exit flow based on RFID technology[J]. Applied Mechanics and Materials, 2013, 444-445: 1625-1629.

[142] Chen M, Jin X, Shen D. Short text classification improved by learning multi-granularity topics[C]. Proceedings of the 22th International Joint Conference on Artificial Intelligence (IJCAI 2011), 2011: 1776-1781.

[143] Chen M, Ma Q, Li M, et al. Cognitive and emotional conflicts of counter-conformity

choice in purchasing books online: an event-related potentials study[J]. Biological Psychology, 2010, 85(3): 437-445.

[144] Chen M, Ma Q, Li M, et al. The neural and psychological basis of herding in purchasing books online: an event-related potential study[J]. Cyberpsychology, Behavior, and Social Networking, 2010, 13(3): 321-328.

[145] Chen N, Cai P, Zhou T, et al. Perceptual learning modifies the functional specializations of visual cortical areas[J]. Proceedings of the National Academy of Sciences, 2016: 201524160.

[146] Chen N, Chen A, Ribeiro B. Infulence of class distribution on cost-sensitive learning: A case study of bankruptcy analysis[J]. Intelligent Data Analysis, 2013, 17(3): 423-437.

[147] Chen N, Chen A. Emergency evaluation model and method: a perspective overview[J]. Journal of Safety and Crisis Management, 2012, 2(1): 11-23.

[148] Chen N, Ribeiro B, Chen A. Comparative study of classifier ensembles for cost-sensitive credit risk assessment[J]. Intelligent Data Analysis, 2015, 19(1): 127-144.

[149] Chen N, Ribeiro B, Chen A. Using non-negative matrix factorization for bankruptcy analysis[J]. INFOCOMP, 2011, 10(4): 57-64.

[150] Chen P, Yuan H, Li D. Space-time analysis of burglary in Beijing[J]. Security Journal, 2013, 26(1): 1-15.

[151] Chen T, Huang J. Exploratory research on the system of China relief reserve[J]. systems engineering procedia. Systems Engineering Procedia, 2012, 5: 99-106.

[152] Chen X, Peng L, Zhang M, et al. A public traffic demand forecast method based on computational experiments[J]. IEEE Transactions on Intelligent Transportation Systems, 2016, 18(4): 984-995.

[153] Chen X, Xiong X, Zhang M, et al. Public authority control strategy for opinion evolution in social networks[J]. Chaos: An Interdisciplinary Journal of Nonlinear Science, 2016, 26(8): 083105.

[154] Chen Y, He K, Yu L. The information content of OVX for crude oil returns analysis and risk measurement: Evidence from the Kalman filter model[J]. Annals of Data Science, 2015, 2(4): 471-487.

[155] Chen Y, Li K, Xu H, et al. A DEA-TOPSIS method for multiple criteria decision analysis in emergency management[J]. Journal of Systems Science and Systems Engineering, 2009, 18(4): 489-507.

[156] Chen Y, Zhai P. Persistent extreme precipitation events in China during 1951-2010[J]. Climate Research, 2013, 57(2): 143-155.

[157] Chen Y, Zhao Q, Wang L, et al. The regional cooperation-based warehouse location problem for relief supplies[J]. Computers and Industrial Engineering, 2016, 102: 259-268.

[158] Chen Z K, Yang S Q, Tan S, et al. The data allocation strategy based on load in NoSQL Database[C]// Applied Mechanics and Materials. Trans Tech Publications, 2014, 513: 1464-1469.

[159] Chen Z, Fan Z, Sun M. A hierarchical multiple kernel support vector machine for customer churn prediction using longitudinal behavioral data[J]. European Journal of Operational Research, 2012, 223(2): 461-472.

[160] Chen Z, Yang S, Tan S, et al. A new fragment re-allocation strategy for NoSQL database systems[J]. Frontiers of Computer Science, 2015, 9(1): 111-127.

[161] Chen Z, Zhang H T. A remark on collective circular motion of heterogeneous multi-agents[J]. Automatica, 2013, 49(5): 1236-1241.

[162] Cheng G, Huang J, Liu Z, et al. Image quality assessment using natural image statistics in gradient domain[J]. AEU-International Journal of Electronics and Communications, 2011, 65(5): 392-397.

[163] Cheng L, Shuiping Y, Jing Q, et al. A scenario representation model for emergency decision support[J]. Procedia Computer Science, 2017, 107: 301-305.

[164] Cheng Q, Lu X, Liu Z, et al. Mining research trends with anomaly detection models: the case of social computing research[J]. Scientometrics, 2015, 103(2): 453-469.

[165] Cheng Q, Lu X, Liu Z, et al. Spatial clustering with density-ordered tree[J]. Physica A: Statistical Mechanics and its Applications, 2016, 460: 188-200.

[166] Cheng Q, Lu X, Wu J T, et al. Analysis of heterogeneous dengue transmission in Guangdong in 2014 with multivariate time series model[J]. Scientific reports, 2016, 6: 33755.

[167] Cheng W, Jin X, Sun J, et al. Searching dimension incomplete databases[J]. IEEE Transactions on Knowledge and Data Engineering, 2014, 26(3): 725-738.

[168] Cheng W, Jin X, Sun J. Probabilistic similarity query on dimension incomplete data[C]. Data Mining, 2009. ICDM'09. Ninth IEEE International Conference on. IEEE, 2009: 81-90.

[169] Chi F, Chen A. Emergency loan of bank after Disaster In China[J]. Journal of Safety and Crisis Management, 2011, 1(2): 1-10.

[170] Chi H B, Li H, Li W. A synthetic evaluation model for consumer products quality safety based on the VIKOR method[J]. International Journal on Information, 2012, 15(10): 4037-4047.

[171] Chu X, Zhong Q, Khokhar S. Triage scheduling optimization for mass casualty and disaster response[J]. Asia-Pacific Journal of Operational Research, 2015, 32(06): 1550041.

[172] Chu X, Zhong Q. Post-earthquake allocation approach of medical rescue teams[J]. Natural Hazards, 2015, 79(3): 1809-1824.

[173] Chuang Y, Xie X, Liu C. Interdependent orientations increase pro-environmental preferences when facing self-interest conflicts: The mediating role of self-control[J]. Journal of Environmental Psychology, 2016, 46: 96-105.

[174] Cui A X, Wang W, Tang M, et al. Efficient allocation of heterogeneous response times in information spreading process[J]. Chaos: An Interdisciplinary Journal of Nonlinear Science, 2014, 24(3): 033113.

[175] Dai J, Ding Z, Xu J. Context-based moving object trajectories uncertainty reduction and ranking in road network[J]. Journal of Computer Science and Technology, 2016, 31(1): 167-184.

[176] Dai W H, Su L H, Liu X Y. Dynamic monitoring and emergency response system for environment protection[C]// Advanced Materials Research. Trans Tech Publications, 2010, 113: 571-574.

[177] Dai W, Hu H, Wu T, et al. Information spread of emergency events: path searching on social networks[J]. The Scientific World Journal, 2014, 2014.

[178] Dai W, Wan X, Liu X. Emergency event: Internet spread, psychological impacts and emergency management[J]. JCP, 2011, 6(8): 1748-1755.

[179] Dai W, Wang C, Li G. Research on 3G-based mobile self-rescue system for medical emergency[J]. Journal of Networks, 2011, 6(8): 1214.

[180] Dai Y, Wang J. Application of integrated concept in industries for maximizing energy saving potential[C]. Applied Mechanics and Materials, 2014, 496(6): 2598-2602.

[181] Dang Y, Liu S, Wang Y. Optimization of Regional Industrial Structures and Applications[M]. CRC Press, Taylor & Francis Group, 2010.

[182] Deng N. Study on the statistical method of direct economic losses from work safety accidents[J]. 4th International Conference on Risk Analysis and Crisis Response, RACR 2013, 2013: 419-425.

[183] Deng O, Su G F, Huang Q Y, et al. Forest fire risk mapping based on spatial logistic model of northeastern China forest zone[J]. Geo-Informatics in Resource Management and Sustainable Ecosystem. Springer, Berlin, Heidelberg, 2013: 181-192.

[184] Deng O, Su G, Huang Q, et al. Development and analysis of 11-year MODIS forest fire datasets across the Heilongjiang Province of northeastern China[J]. International

Symposium on Computers and Informatics (ISCI 2015): 2062-2069.

[185] Deng Q, Liu Y, Li L, et al. Emergency online attention and psychological distance under risk[C]// Acm Sigspatialinternational Workshop, ACM, 2016.

[186] Deng Q, Liu Y, Zhang H, et al. A new crowdsourcing model to assess disaster using microblog data in typhoon Haiyan. Natural Hazards[J]. 2016, 84(2): 1241-1256.

[187] Deng Q, Liu Y, Zhang H, et al. A new crowdsourcing model to assess disaster using microblog data in typhoon Haiyan[J]. Natural Hazards, 2016, 84(2): 1241-1256.

[188] Deng Q, Ma Y, Liu Y et al. Prediction of retweet counts by a back propagation neural network[J]. Journal of Tsinghua University (Science and Technology), 2015, 55(12): 1342-1347.

[189] Deng Q, Tang B, Xue C, et al. Comparison of the ability to predict mortality between the injury severity score and the new injury severity score: A meta-analysis[J]. International Journal of Environmental Research and Public Health, 2016, 13(8): 825.

[190] Deng X L, Yu Y L, Guo D H, et al. Efficient CPS model based online opinion governance modeling and evaluation for emergency accidents[J]. GeoInformatica, 2018, 22(2): 479-502.

[191] Deng X, Liu Z, Xie J, et al. Web system upgrading with transaction failure and strategic customers[J]. IEEE Transactions on Systems, Man, and Cybernetics: Systems, 2014, 44(2): 209-219.

[192] Depke R, Heckel R, Malte J, et al. Sentiment Analysis of Name Entity for Text[M]. International Journal of Software Engineering and Knowledge Engineering, 1991.

[193] Diao Y, Ernst C, Montemayor A, et al. The knot spectrum of confined random equilateral polygons[J]. Computational and Mathematical Biophysics, 2014, 2(1).

[194] Diao Y, Ernst C, Ziegler U. Random walks and polygons in tight confinement[C]. Journal of Physics Conference Series. IOP Publishing, 2014, 544(1): 012017.

[195] Diao Y, Rodriguez V, Klingbeil M, et al. Orientation of DNA minicircles balances density and topological complexity in kinetoplast DNA[J]. PLOS One, 2015, 10(6): 1-10.

[196] Ding H, Liu J, Zhao B, et al. Application of feature matching in the vehicle violation detection in urban traffic[J]. JDCTA: International Journal of Digital Content Technology and Its Applications, 2012, 6(11): 131-138.

[197] Ding H, Zhang W. Multi-target tracking with occlusions via skeleton points assignment[J]. Neurocomputing, 2012, 83: 165-175.

[198] Ding N, Chen T, Zhang H. Experimental study of elevator loading and unloading time during evacuation in high-rise buildings[J]. Fire Technology, 2017, 53(1): 29-42.

[199] Ding N, Chen T, Zhang H. Simulation of high-rise building evacuation considering fatigue factor based on cellular automata: A case study in China[C]. Building Simulation. Tsinghua University Press, 2017, 10(3): 407-418.

[200] Ding Q, Tong Q, Tong Q, et al. A new definite linear algorithm for the structural equation model with application in fire risk evaluation[J]. Communications in Statistics-Theory and Methods, 2016, 45(23): 7075-7085.

[201] Ding Y, Yang L, Rao P. Investigating the merging behavior at the floor-stair interface of high-rise building based on computer simulations[J]. Proceedings of the 9th Asia-Oceania Symposium on Fire Science and Technology, Procedia Engineering, 2013, 62: 463-469.

[202] Ding Y, Yang L. Occupant evacuation process study of public buildings based on computer modeling and simulation[J]. Journal of Applied Fire Science, 2014, 23(3): 365-380.

[203] Ding Z J, Jiang R, Wang B H. Traffic flow in the Biham-Middleton-Levine model with random update rule[J]. Physical Review E, 2011, 83(4): 047101.

[204] Ding Z Y, Jia Y, Zhou B, et al. Mining topical influencers based on the multi-relational network in micro-blogging sites[J]. China Communications, 2013, 10(1): 93-104.

[205] Ding Z Y, Zhang J F, Yan J, et al. Detecting spammers in microblogs[J]. Journal of Internet Technology, 2013, 14(2): 289-296.

[206] Ding Z, Chen Z, Yang Q. IoT-SVKSearch: A real-time multimodal search engine mechanism for the internet of things[J]. International Journal of Communication Systems, 2014, 27(6): 871-897.

[207] Ding Z, Xu J, Yang Q. SeaCloudDM: A database cluster framework for managing and querying massive heterogeneous sensor sampling data[J]. The Journal of Supercomputing, 2013, 66(3): 1260-1284.

[208] Ding Z, Yang B, Chi Y, et al. Enabling smart transportation systems: A parallel spatio-temporal database approach[J]. IEEE Transactions on Computers, 2016, 65(5): 1377-1391.

[209] Ding Z, Yang B, Ralf H G, et al. Network-matched trajectory-based moving object database: Models and applications[J]. IEEE Transactions on Intelligent Transportation Systems, 2015, 16(4): 1918-1928.

[210] Dong C F, Ma X, Wang B H. Advanced information feedback strategy in intelligent two-route traffic flow systems[J]. Science China Information Sciences, 2010, 53(11): 2265-2271.

[211] Dong X, Wang Y, Zhu J, et al. Influence of evacuees number and elevator load on

mixed evacuation process[J]. Hydraulic Engineering II-Proceedings of the 2nd SREE Conference on Hydraulic Engineering, CHE 2013, 2014: 211-216.

[212] Dong X, Zou Q, Guan Y. Set-Similarity joins based semi-supervised sentiment analysis[C]// International Conference on Neural Information Processing. Springer, Berlin, Heidelberg, 2012: 176-183.

[213] Du F, Yang J, Yin Y, et al. On the automaticity of contingent capture: disruption caused by the attentional blink[J]. Psychonomic Bulletin and Review, 2013, 20(5): 944-950.

[214] Du J, Wong S, Shu C, et al. Revisiting Jiang's dynamic continuum model for urban cities[J]. Transportation Research Part B: Methodological, 2013, 56: 96-119.

[215] Du Y, Du Y, Xuan Z, et al. A study on coevolutionary dynamics of knowledge diffusion and social network structure[J]. Expert Systems with Applications, 2015, 42(7): 3619-3633.

[216] Duan H, Yuan Y, Yang C, et al. Anticipatory processes under academic stress: An ERP study[J]. Brain and Cognition, 2015, 94: 60-67.

[217] Duan H, Yuan Y, Zhang L, et al. Chronic stress exposure decreases the cortisol awakening response in healthy young men[J]. Stress, 2013, 16(6): 630-637.

[218] Duan W, Cao Z, Wang Y, et al. An ACP approach to public health emergency management: using a campus outbreak of H1N1 influenza as a case study[J]. IEEE Transactions on Systems, Man, and Cybernetics: Systems, 2013, 43(5): 1028-1041.

[219] Duan W, Fan Z, Zhang P, et al. Mathematical and computational approaches to epidemic modeling: a comprehensive review[J]. Frontiers of Computer Science, 2015, 9(5): 806-826.

[220] Duan W, Qiu X, Cao Z, et al. Heterogeneous and stochastic agent-based models for analyzing infectious diseases' super spreaders[J]. IEEE Intelligent Systems, 2013, 28(4): 18-25.

[221] Duan W, Qiu X. Fostering artificial societies using social learning and social control in parallel emergency management systems[J]. Frontiers of Computer Science, 2012, 6(5): 604-610.

[222] Duan W, Quax R, Lees M, et al. Topology dependent epidemic spreading velocity in weighted networks[J]. Journal of Statistical Mechanics: Theory and Experiment, 2014, 2014(12): P12020.

[223] Dynich A, Wang Y. On the e-commercialization of science: A step toward the future?[J]. Electronic Commerce Research and Applications, 2016, 20: 183-188.

[224] Ergu D, Kou G, Peng Y, et al. Estimating the missing values for the incomplete decision matrix and consistency optimization in emergency management[J]. Applied

Mathematical Modelling, 2016, 40(1): 254-267.

[225] Ergu D, Kou G, Peng Y, et al. Simulation experiments for improving the consistency ratio of reciprocal matrices[J]. International Journal of Computers Communications and Control, 2014, 9(4): 408-418.

[226] Ergu D, Kou G. Data inconsistency and incompleteness processing model in decision matrix[J]. Studies in Informatics and Control, 2013, 22(4): 359-366.

[227] Ergu D, Peng Y. A framework for SaaS software packages evaluation and selection with virtual team and BOCR of analytic network process[J]. The Journal of Supercomputing, 2014, 67(1): 219-238.

[228] F Yang F, Li M, Huang A, et al. Forecasting time series with genetic programming based on least square method[J]. Journal of Systems Science and Complexity, 2014, 27(1): 117-129.

[229] Fan B, Chen L, Chong Y T, et al. Mining for spatio-temporal distribution rules of illegal dumping from large dataset[J]. ACM SIGMIS Database: the DATABASE for Advances in Information Systems, 2016, 47(3): 41-53.

[230] Fan B, Jiang H. Legislative policies for the dominant tasks of e-government push in the Chinese context[J]. Information Development, 2016, 32(4): 953-968.

[231] Fan B, Li J. Emergency resource planning by using spatial data association rule mining and linear programming method[C]// Computational Sciences and Optimization (CSO), 2011 Fourth International Joint Conference on. IEEE, 2011: 613-617.

[232] Fan B, Luo J. Benchmarking scale of e-government stage in Chinese municipalities from government chief information officers' perspective[J]. Information Systems and e-Business Management, 2014, 12(2): 259-284.

[233] Fan B, Luo J. Spatially enabled emergency event analysis using a multi-level association rule mining method[J]. Natural Hazards, 2013, 67(2): 239-260.

[234] Fan B. Achieving horizontal integration of municipal e-government in China: assessment of managerial mechanisms[J]. Information Development, 2013, 29(4): 333-348.

[235] Fan B. Hybrid spatial data mining methods for site selection of emergency response centers[J]. Natural Hazards, 2014, 70(1): 643-656.

[236] Fan B. The impact of information technology capability, information sharing and government process redesign on the operational performance of emergency incident management systems[J]. Information Research, 2013, 18(4).

[237] Fang B, Jia Y, Han Y, et al. A survey of social network and information dissemination

analysis[J]. Chinese Science Bulletin, 2014, 59(32): 4163-4172.

[238] Fang Z, Liu S, Shi H, et al. Grey Game Theory and its Applications in Economic Decision-Making[M]. CRC Press, 2016.

[239] Fang Z, Song W, Li Z, et al. Experimental study on evacuation process in a stairwell of a high-rise building[J]. Building and Environment, 2012, 47: 316-321.

[240] Fang Z, Song W, Liu X, et al. A continuous distance model (CDM) for the single-file pedestrian movement considering step frequency and length[J]. Physica A: Statistical Mechanics and its Applications, 2012, 391(1-2): 307-316.

[241] Fang Z, Song W, Zhang J, et al. A multi-grid model for evacuation coupling with the effects of fire products[J]. Fire Technology, 2012, 48(1): 91-104.

[242] Fang Z, Wei H, Yang B, et al. The Design of the Driving-Coupling Algorithm in Unconventional Incidents Based on the GERTS Network[M]. Advances in Grey Systems Research. Springer, Berlin, Heidelberg, 2010: 3-11.

[243] Fu L, Song W, Lv W, et al. Simulation of emotional contagion using modified SIR model: a cellular automaton approach[J]. Physica A: Statistical Mechanics and its Applications, 2014, 405: 380-391.

[244] Fu M, Weng W, Yuan H. Effects of multiple air gaps on the thermal performance of firefighter protective clothing under low-level heat exposure[J]. Textile Research Journal, 2014, 84(9): 968-978.

[245] Fu M, Weng W, Yuan H. Numerical simulation of the effects of blood perfusion, water diffusion, and vaporization on the skin temperature and burn injuries[J]. Numerical Heat Transfer, Part A: Applications, 2014, 65(12): 1187-1203.

[246] Fu M, Weng W, Yuan H. Thermal insulations of multilayer clothing systems measured by a bench scale test in low level heat exposures[J]. International Journal of Clothing Science and Technology, 2014, 26(5): 412-423.

[247] Fu T, Abbasi A, Zeng D, et al. Sentimental spidering: leveraging opinion information in focused crawlers[J]. ACM Transactions on Information Systems (TOIS), 2012, 30(4): 24.

[248] Fu T, Tan P, Zhong M. Experimental research on the influence of surface conditions on the total hemispherical emissivity of iron-based alloys[J]. Experimental Thermal and Fluid Science, 2012, 40: 159-167.

[249] Fu T, Zhao H, Zeng J, et al. Improvements to three-color optical CCD-based pyrometer system[J]. Applied Optics, 2010, 49(31): 5997-6005.

[250] Fu Z, Yang L, Chen Y, et al. The effect of individual tendency on crowd evacuation efficiency under inhomogeneous exit attraction using a static field modified FFCA

model[J]. Physica A: Statistical Mechanics and its Applications, 2013, 392(23): 6090-6099.

[251] Fu Z, Yang L, Rao P, et al. Interactions of pedestrians interlaced in T-shaped structure using a modified multi-field cellular automaton[J]. International Journal of Modern Physics C, 2013, 24(4): 1350024.

[252] Fu Z, Zhou X, Zhu K, et al. A floor field cellular automaton for crowd evacuation considering different walking abilities[J]. Physica A: Statistical Mechanics and its Applications, 2015, 420: 294-303.

[253] Gan Y, Wen Y, Wang J, et al. Is expressive suppression an effective coping strategy? A study of chinese rescue medical staff following an earthquake[J]. Asian Journal of Social Psychology, 2014, 17(4): 264-276.

[254] Gan Y, Xie X, Wang T, et al. Thriving in the shadow of the 2008 Sichuan Earthquake: Two studies on resilience in adolescents[J]. Journal of Health Psychology, 2013, 18(9): 1232-1241.

[255] Gao D, Deng X, Bai B. The emergence of organizational routines from habitual behaviours of multiple actors: An agent-based simulation study[J]. Journal of Simulation, 2014, 8(3): 215-230.

[256] Gao F, Fei F, Lee X, et al. Inversion mechanism with functional extrema model for identification incommensurate and hyper fractional chaos via differential evolution[J]. Expert Systems with Applications, 2014, 41(4): 1915-1927.

[257] Gao F, Lee T, Cao W J, et al. Self-evolution of hyper fractional order chaos driven by a novel approach through genetic programming[J]. Expert Systems with Applications, 2016, 52: 1-15.

[258] Gao F, Lee X, Fei F, et al. Identification time-delayed fractional order chaos with functional extrema model via differential evolution[J]. Expert Systems with Applications, 2014, 41(4): 1601-1608.

[259] Gao F, Lee X, Fei F, et al. Parameter identification for Van Der Pol-Duffing oscillator by a novel artificial bee colony algorithm with differential evolution operators[J]. Applied Mathematics and Computation, 2013, 222: 132-144.

[260] Gao F, Lee X, Tong H, et al. Identification of unknown parameters and orders via Cuckoo search oriented statistically by differential evolution for noncommensurate fractional-order chaotic systems[C]. Abstract and Applied Analysis. Hindawi, 2013, 2013: 1-19.

[261] Gao H, Cao H, Xu Y, et al. Taking pleasure at another's misfortune: The implicit Schadenfreude of disaster spectators[J]. Psychological Reports, Psychological

Reports, 2014, 114(2): 439-460.

[262] Gao H, Zhang Y, Wang F, et al. Regret causes ego-depletionand finding benefits in the regrettable events alleviates ego-depletion[J]. The Journal of General Psychology, 2014, 141(3): 169-206.

[263] Gao T, Rong L. Study on management of the life cycle of emergency plan system based on effectiveness[J]. International Journal of Knowledge and Systems Science, 2014, 5(1): 49-64.

[264] Gao Y, Chen T, Luh P, et al. Modified social force model based on predictive collision avoidance considering degree of competitiveness[J]. Fire Technology, 2016, 53(1): 331-351.

[265] Ge Y, Liu L, Qiu X, et al. A framework of multilayer social networks for communication behavior with agent-based modeling[J]. Simulation, 2013, 89(7): 810-828.

[266] Ge Y, Meng R, Cao Z, et al. Virtual city: An individual-based digital environment for human mobility and interactive behavior[J]. Simulation, 2014, 90(8): 917-935.

[267] Ge Y, Qu W, Jiang C, et al. The effect of stress and personality on dangerous driving behavior among Chinese drivers[J]. Accident Analysis and Prevention, 2014, 73: 34-40.

[268] Ge Y, Song Z, Qiu X, et al. Modular and hierarchical structure of social contact networks[J]. Physica A: Statistical Mechanics and its Applications, 2013, 392(19): 4619-4628.

[269] Ge Y, Wu J, Sun X, et al. Enhanced mismatch negativity in adolescents with posttraumatic stress disorder (PTSD)[J]. International Journal of Psychophysiology, 2011, 79(2): 231-235.

[270] Gong K, Tang M, Yang H, et al. Variability of contact process in complex networks[J]. Chaos: An Interdisciplinary Journal of Nonlinear Science, 2011, 21(4): 043130.

[271] Gualdi S, Medo M, Zhang Y C. Influence, originality and similarity in directed acyclic graphs[J]. EPL (Europhysics Letters), 2011, 96(1): 18004.

[272] Gualdi S, Yeung C H, Zhang Y C. Tracing the evolution of physics on the backbone of citation networks[J]. Physical Review E, 2011, 84(4): 046104.

[273] Guan N, Tao D, Luo Z, et al. Manifold regularized discriminative non-negative matrix factorization with fast gradient descent[J]. IEEE Transactions on Image Processing, 2011, 20(7): 2030-2048.

[274] Guan N, Tao D, Luo Z, et al. NeNMF: an optimal gradient method for nonnegative matrix factorization[J]. IEEE Transactions on Signal Processing, 2012, 60(6): 2882-2898.

[275] Guan N, Tao D, Luo Z, et al. NeNMF: An optimal gradient method for non-negative matrix factorization[J]. IEEE Transactions on Signal Processing, 2012, 60(6): 2882-2898.

[276] Guan N, Tao D, Luo Z, et al. Non-negative patch alignment framework[J]. IEEE Transactions on Neural Networks, 2011, 22(8): 1218-1230.

[277] Guan N, Tao D, Luo Z, et al. Online non-negative Matrix factorization with robust stochastic approximation[J]. IEEE Transactions on Neural Networks and Learning Systems, 2012, 23(7): 1087-1099.

[278] Guan N, Tao D, Luo Z, et al. Online nonnegative matrix factorization with robust stochastic approximation[J]. IEEE Transactions on Neural Networks and Learning Systems, 2012, 23(7): 1087-1099.

[279] Guan Y, Cai S, Shang M. Recommendation algorithm based on item quality and user rating preferences[J]. Frontiers of Computer Science, 2014, 8(2): 289-297.

[280] Guo D, Liu Y, Jin H, et al. Theory and network applications of balanced kautz tree structures[J]. ACM Transactions on Internet Technology (TOIT), 2012, 12(1): 3.

[281] Guo D, Zhou H, Zou Y, et al. Geographical analysis of the distribution and spread of human rabies in china from 2005 to 2011[J]. PLOS One, 2013, 8(8): e72352.

[282] Guo G, Qiu X. Accuracy of lattice Monte Carlo simulation of biased diffusion models[J]. Physical Review E, 2014, 90(4): 043305.

[283] Guo G, Qiu X. First passage time distributions of anomalous biased diffusion with double absorbing barriers[J]. Physica A: Statistical Mechanics and its Applications, 2014, 411: 80-86.

[284] Guo S, Meng X. Density peaks clustering with differential privacy[C]// 8th Biennial Conference on Innovative Data Systems Research, 2017.

[285] Guo X T, Yuan J Q, Cao X F, et al. Understanding the acceptance of mobile health services: a service participants analysis[C]// Management Science and Engineering (ICMSE), 2012 International Conference on. IEEE, 2012: 1868-1873.

[286] Guo X, Liu S, Wu L, et al. A multi-variable grey model with a self-memory component and its application on engineering prediction[J]. Engineering Applications of Artificial Intelligence, 2015, 42: 82-93.

[287] Guo X, Zhao N, Wang S, et al. Player-spectator discrepancies on risk preference during decision making[J]. The Journal of General Psychology: Experimental, Psychological, and Comparative Psychology, 2010, 137(2): 210-224.

[288] Guo X, Zheng L, Zhu L, et al. Acquisition of conscious and unconscious knowledge of semantic prosody[J]. Consciousness and Cognition, 2011, 20(2): 417-425.

[289] Guo X, Zhu L, Zheng L, et al. Effects of task orientation on subsequent source memory as revealed by functional MRI[J]. Neural regeneration research, 2013, 8(26): 2424.

[290] Han S, Northoff G, Vogeley K, et al. A cultural neuroscience approach to the biosocial nature of the human brain[J]. Annual review of psychology, 2013, 64: 335-359.

[291] Han Y, Davidson R, Su G, et al. An efficient simulation-based seismic hazard analysis method[J]. 3rd International Conference on Risk Analysis and Crisis Response, 2011, 250-255.

[292] Han Y, Fang B, Jia Y. Predicting the topic influence trends in social media with multiple models[J]. Neurocomputing, 2014, 144: 463-470.

[293] Han Z Y, Weng W G, Huang Q Y, et al. Aerodynamic characteristics of human movement behaviours in full-scale environment: comparison of limbs pendulum and body motion[J]. Indoor and Built Environment, 2015, 24(1): 87-100.

[294] Han Z Y, Weng W G, Huang Q Y. Characterizations of particle size distribution of the droplets exhaled by sneeze[J]. Journal of The Royal Society Interface, 2013, 10(88): 20130560.

[295] Han Z, Lu X, Hörhager E I, et al. The effects of trust in government on earthquake survivors' risk perception and preparedness in China[J]. Natural Hazards, 2017, 86(1): 437-452.

[296] Han Z, Weng W, Huang Q. Numerical and experimental investigation on the dynamic airflow of human movement in a full-scale cabin[J]. HVAC&R Research, 2014, 20(4): 444-457.

[297] Han Z, Weng W, Zhao Q, et al. Investigation on an integrated evacuation route planning method based on real-time data acquisition for high-rise building fire[J]. IEEE Transactions on Intelligent Transportation Systems, 2013, 14(2): 782-795.

[298] He H, Mei S, Zhu Y. Timed Influence nets based evaluation of the effectiveness of public health emergency scenario[C]. Advanced Materials Research. Trans Tech Publications, 2014, 973: 2442-2447.

[299] He K, Wang L, Zou Y, et al. Exchange rate forecasting using entropy optimized multivariate wavelet denoising model[J]. Mathematical Problems in Engineering, 2014, 2014.

[300] He K, Wang L, Zou Y, et al. Value at risk estimation with entropy-based wavelet analysis in exchange markets[J]. Physica A: Statistical Mechanics and its Applications, 2014, 408: 62-71.

[301] He K, Yu L, Tang L. Electricity price forecasting with a BED (Bivariate EMD

Denoising) methodology[J]. Energy, 2015, 91: 601-609.

[302] He L, Jia Y, Ding Z, et al. Hierarchical classification with a topic taxonomy via LDA[J]. International Journal of Machine Learning and Cybernetics, 2014, 5(4): 491-497.

[303] He S, Liu X, Wang C. A nonlinear lagrange algorithm for minimax problems with general constraints[J]. Numerical Functional Analysis and Optimization, 2016, 37(6): 680-698.

[304] He S, Wei M, Tong H. A smooth penalty-based sample average approximation method for stochastic complementarity problems[J]. Journal of Computational and Applied Mathematics, 2015, 287: 20-31.

[305] He S, Wu L. Convergence analysis of a nonlinear Lagrange algorithm for general nonlinear constrained optimization problems[J]. Applied Mathematics-A Journal of Chinese Universities, 2014, 29(3): 352-366.

[306] He S, Zhang L, Zhang J. The rate of convergence of a NLM based on F-B NCP for constrained optimization problems without strict complementarity[J]. Asia-Pacific Journal of Operational Research, 2015, 32(3): 1-27.

[307] He W, Zhang Y, Zhu J, et al. Could sex difference in color preference and its personality correlates fit into social theories? Let Chinese university students tell you[J]. Personality and Individual Differences, 2011, 51(2): 154-159.

[308] He Y, Liu Z, Shi J, et al. K-shortest-path-based evacuation routing with police resource allocation in city transportation networks[J]. PLOS One, 2015, 10(7): e0131962.

[309] He Z, Fan B, Cheng T C E, et al. A mean-shift algorithm for large-scale planar maximal covering location problems[J]. European Journal of Operational Research, 2016, 250(1): 65-76.

[310] He Z, Liu S, Li M, et al. Learning entity representation for entity disambiguation[C]// Proceedings of the 51st Annual Meeting of the Association for Computational Linguistics (Volume 2: Short Papers). 2013, 2: 30-34.

[311] He Z, Wang H. A comparison and improvement of online learning algorithms for sequence labeling[J]. Proceedings of COLING 2012, 2012: 1147-1162.

[312] Hou L, Lao Y, Wang Y, et al. Modeling freeway incident response time: A mechanism-based approach[J]. Transportation Research Part C: Emerging Technologies, 2013, 28: 87-100.

[313] Hou L, Liu J G, Pan X, et al. A social force evacuation model with the leadership effect[J]. Physica A: Statistical Mechanics and its Applications, 2014, 400: 93-99.

[314] Hu C, Liu X, Hua Y. A bi-objective robust model for emergency resource allocation under uncertainty[J]. International Journal of Production Research, 2016, 54(24):

7421-7438.

[315] Hu S, Han C, Meng L. A scenario planning approach for propositioning rescue centers for urban waterlog disasters[J]. Computers and Industrial Engineering, 2015, 87: 425-435.

[316] Hu S, Han C, Meng L. Stochastic optimization for investment in facilities in emergency prevention[J]. Transportation research part E: logistics and transportation review, 2016, 89: 14-31.

[317] Hu T, Li J, Jia H, et al. Helping others, warming yourself: altruistic behaviors increase warmth feelings of the ambient environment[J]. Frontiers in Psychology, 2016, 7: 1349.

[318] Hu X, Mu T, Dai W, et al. Analysis of browsing behaviors with ant colony clustering algorithm[J]. Journal of computers, 2012, 7(12): 3096-3102.

[319] Hu X, Zhou X, Dai W, et al. Tourism crisis management system based on ecological mechanism[J]. JSW, 2012, 7(12): 2808-2815.

[320] Hu Y, Gan Y, Liu Y. How Chinese people infer helpers' ambiguous intentions: Helper effort and interpersonal relationships[J]. International Journal of Psychology, 2012, 47(5): 393-404.

[321] Huang C, Huang Q, Zhong S, et al. Case reuse based on fuzzy reasoning - adaption for emergency management[J]. Applied Mechanics and Materials, 2013, 333-335: 4.

[322] Huang D, Zhang Y, Zhang K. The effects of the relationships between object features on multiple-identity tracking[J]. Experimental Psychology, 2014.

[323] Huang H, Kato S, Hu R. Optimum design for indoor humidity by coupling Genetic Algorithm with transient simulation based on Contribution Ratio of Indoor Humidity and Climate analysis[J]. Energy and Buildings, 2012, 47: 208-216.

[324] Huang J, Cheng G, Liu Z, et al. Synthetic aperture radar image compression using tree-structured edge-directed orthogonal wavelet packet transform[J]. AEU-International Journal of Electronics and Communications, 2012, 66(3): 195-203.

[325] Huang J, Xue F, Song X. Simulation analysis on policy interaction effects between emission trading and renewable energy subsidy[J]. Journal of Modern Power Systems and Clean Energy, 2013, 1(2): 195-201.

[326] Huang J, Yao J, Sun J, et al. A new coupled map car-following model under inter-vehicle communication[C]. 12th International Conference on Control Automation Robotics and Vision, 2012: 430-435.

[327] Huang Q, Jia Q S, Guan X. Robust scheduling of EV charging load with uncertain wind power integration[J]. IEEE Transactions on Smart Grid, 2018, 9(2): 1043-1054.

[328] Huang Q, Jia Q, Li Q, et al. Research on capability of continuous reconnaissance from UAV Formation in condition of multi-target[J]. Journal of System Simulation, 2012, 7: 031.

[329] Huang Y, Choe Y, Lee S, et al. Drinking tea improves the performance of divergent creativity[J]. Food Quality and Preference, 2018, 66: 29-35.

[330] Huang Y, Zhang W, Wang J. Multiple instance learning with correlated features[C]// Information Science and Technology (ICIST), 2012 International Conference on. IEEE, 2012: 441-446.

[331] Huang Z, Liu D, Lv D, et al. Signature-based data association for multiple target tracking[J]. International Conference on Software Engineering and Information Technolog, 2014.

[332] Ji J, Fan C, Zhong W, et al. Experimental investigation on influence of different transverse fire locations on maximum smoke temperature under the tunnel ceiling[J]. International Journal of Heat and Mass Transfer, 2012, 55(17-18): 4817-4826.

[333] Ji J, Gao Z, Fan C, et al. A study of the effect of plug-holing and boundary layer separation on natural ventilation with vertical shaft in urban road tunnel fires[J]. International Journal of Heat and Mass Transfer, 2012, 55(21-22): 6032-6041.

[334] Jia H , Lu J , Xie X , et al. When your strength threatens me: supervisors show less social comparison bias than subordinates[J]. Journal of Occupational and Organizational Psychology, 2015, 89(3): 568-587.

[335] Jia Q S, Shi L, Mo Y, et al. On optimal partial broadcasting of wireless sensor networks for kalman filtering[J]. IEEE Transactions on Automatic Control, 2012, 57(3): 715-721.

[336] Jia Q S, Wu J, Wu Z, et al. Event-Based HVAC Control - A Complexity-Based Approach[J]. IEEE Transactions on Automation Science and Engineering, 2018 (99): 1-11.

[337] Jia Q S, Zhang Y, Zhao Q. Controlling the internet of things: from energy saving to fast evacuation in smart buildings[J]. Intelligent Building Control Systems. Springer, 2018.

[338] Jia Q S, Zhao Q C. Strategy optimization for controlled Markov process with descriptive complexity constraint[J]. Science in China Series F: Information Sciences, 2009, 52(11): 1993.

[339] Jia Q S. A structural property of optimal policies for multi-component maintenance problems[J]. IEEE Transactions on Automation Science and Engineering, 2010, 7(3): 677-680.

[340] Jia Q S. An adaptive sampling algorithm for simulation-based optimization with

descriptive complexity preference[J]. IEEE Transactions on Automation Science and Engineering, 2011, 8(4): 720-731.

[341] Jia Q S. Efficient computing budget allocation for simulation-based policy improvement[J]. IEEE Transactions on Automation Science and Engineering, 2012, 9(2): 342-352.

[342] Jia Q S. On solving event-based optimization with average reward over infinite stages[J]. IEEE Transactions on Automatic Control, 2011, 56(12): 2912-2917.

[343] Jia Q S. On solving optimal policies for finite-stage event-based optimization[J]. IEEE Transactions on Automatic Control, 2011, 56(9): 2195-2200.

[344] Jia Q S. On state aggregation to approximate complex value functions in large-scale Markov decision processes[J]. IEEE Transactions on Automatic Control, 2011, 56(2): 333-344.

[345] Jia Q S. On supply demand coordination in vehicle-to-grid—A brief literature review[C]// 2018 33rd Youth Academic Annual Conference of Chinese Association of Automation (YAC). IEEE, 2018: 1083-1088.

[346] Jian M, Song W, Lo S. Flow dilemma in the game of bottleneck conflicts[C]. International Conference on Remote Sensing, Environment and Transportation Engineering, 2011: 369-372.

[347] Jiang C, Zheng S, Yuan F, et al. Experimental assessment on the moving capabilities of mobility-impaired disabled[J]. Safety Science, 2012, 50(4): 974-985.

[348] Jiang F, Song L, Fan Y, et al. Disaster rescue simulation based on complex adaptive theory[J]. Indonesian Journal of Electrical Engineering and Computer Science, 2013, 11(5): 2402-2408.

[349] Jiang Y, Shu C, Zhang M. An alternative formulation of finite difference weighted ENO Schemes with lax - Wendroff time discretization for conservation laws[J]. SIAM Journal on Scientific Computing, 2013, 35(2): A1137-A1160.

[350] Jiang Z, Jia Q S, Guan X. Optimization of sensor location for improving wind power prediction accuracy[C]// Automation Science and Engineering (CASE), 2017 13th IEEE Conference on. IEEE, 2017: 1220-1225.

[351] Jing J, Luo X, Xuan J, et al. Cognition-based semantic annotation for web images[C]// Big Data and Cloud Computing (BdCloud), 2014 IEEE Fourth International Conference on. IEEE, 2014: 540-546.

[352] Kang P, Lv Y, Hao L, et al. Psychological consequences and quality of life among medical rescuers who responded to the 2010 Yushu earthquake: A neglected problem[J]. Psychiatry Research, 2015, 230(2): 517-523.

[353] Kang P, Tang B, Liu Y, et al. Medical efforts and injury patterns of military hospital patients following the 2013 Lushan earthquake in China: a retrospective study[J]. International Journal of Environmental Research and Public Health, 2015, 12(9): 10723-10738.

[354] Kang P, Zhang L, Liang W, et al. Medical evacuation management and clinical characteristics of 3,255 inpatients after the 2010 Yushu earthquake in China[J]. Journal of Trauma and Acute Care Surgery, 2012, 72(6): 1626-1633.

[355] Kang Q, An J, Wang L, et al. Unification and diversity of computation models for generalized swarm Intelligence[J]. International Journal on Artificial Intelligence Tools, 2012, 21(3): 1-18.

[356] Kang Q, Lan T, Yan Y, et al. Group search optimizer based optimal location and capacity of distributed generations[J]. Neurocomputing, 2012, 78(1): 55-63.

[357] Kang Q, Lan T, Yan Y, et al. Swarm-based optimal power flow considering generator fault in distribution systems[C]. 2011 IEEE International Conference on Systems, Man, and Cybernetics, 2011: 786-790.

[358] Kang Q, Zhou M, An J, et al. Swarm intelligence approaches to optimal power flow problem with distributed generator failures in power networks[J]. IEEE Transactions on Automation Science and Engineering, 2013, 10(2): 343-353.

[359] Ke H, Ma J. Modeling project time-cost trade-off in fuzzy random environment[J]. Applied Soft Computing, 2014, 19: 80-85.

[360] Kong J, Han C. Interaction of multi-inter-organizational relationships of emergency organizations of 2008 Wenchuan Earthquake in China[C]. IEEE International Conference on Systems, Man, and Cybernetics, 2013.

[361] Kong J, Han C. Interaction of multi-interorganizational relationships of emergency organizations of 2008 Wenchuan Earthquake in China[C]. Systems, Man, and Cybernetics (SMC), 2013 IEEE International Conference on. IEEE, 2013: 1276-1281.

[362] Kou G, Ergu D, Shang J. Enhancing data consistency in decision matrix: Adapting Hadamard model to mitigate judgment contradiction[J]. European Journal of Operational Research, 2014, 236(1): 261-271.

[363] Lai M, Li Y, Liu Y. Determining the optimal scale width for a rating scale using an integrated discrimination function[J]. Measurement, 2010, 43(10): 1458-1471.

[364] Lam L, Bellavia D C, Han X P, et al. Bilinear effect in complex systems[J]. EPL (Europhysics Letters), 2010, 91(6): 68004.

[365] Lan T, Kang Q, An J, et al. Sitting and sizing of aggregator controlled park for plug-in hybrid electric vehicle based on particle swarm optimization[J]. Neural Computing

and Applications, 2013, 22(2): 249-257.

[366] Li B, Zheng C H, Huang D S, et al. Gene expression data classification using locally linear discriminant embedding[J]. Computers in Biology and Medicine, 2010, 40(10): 802-810.

[367] Li C, Wang F, Wei X, et al. Solution method of optimal scheme set for water resources scheduling group decision-Mahing based on multi-agent computation[J]. Intelligent Automation and Soft Computing, 2011, 17(7): 871-883.

[368] Li D, Yang Y, Dai W. Cost-sensitive learning for emotion robust speaker recognition[J]. The Scientific World Journal, 2014, 2014.

[369] Li F, Guo X, Zhu L, et al. Implicit learning of mappings between forms and metaphorical meanings[J]. Consciousness and cognition, 2013, 22(1): 174-183.

[370] Li G, Lu S, Chen X, et al. Study on correlation factors that influence terrorist attack fatalities using Global Terrorism Database[J]. Procedia Engineering, 2014, 84: 698-707.

[371] Li G, Lu S, Zhang H, et al. Correspondence analysis on exploring the association between fire causes and influence factors[J]. Procedia Engineering, 2013, 62: 581-591.

[372] Li G, Song L, Peng M, et al. Influences of time, location, and cause factors on the probability of fire loss in China: A correspondence analysis[J]. Fire Technology, 2014, 50(5): 1181-1200.

[373] Li H, Daniels J. Social significance of community structure: Statistical view[J]. Physical Review E, 2015, 91(1): 012801.

[374] Li H, Li J, Chang P, et al. Parametric prediction on default risk of Chinese listed tourism companies by using random oversampling, isomap, and locally linear embeddings on imbalanced samples[J]. International Journal of Hospitality Management, 2013, 35: 141-151.

[375] Li H, Yan J, Weihong H, et al. Mining user interest in microblogs with a user-topic model[J]. China Communications, 2014, 11(8): 131-144.

[376] Li J, Du W, Yang F, et al. Evolutionary game analysis of remanufacturing closed-loop supply chain with asymmetric information[J]. Sustainability, 2014, 6(9): 6312-6324.

[377] Li J, Du W, Yang F, et al. The carbon subsidy analysis in remanufacturing closed-loop supply chain[J]. Sustainability, 2014, 6(6): 3861-3877.

[378] Li J, Jia Q S, Guan X, et al. Tracking a moving object via a sensor network with a partial information broadcasting scheme[J]. Information Sciences, 2011, 181(20): 4733-4753.

[379] Li J, Liu X, Wu J, et al. Coordination of supply chain with a dominant retailer under

demand disruptions[J]. Mathematical Problems in Engineering, 2014, 2014.

[380] Li J, Zhou Y, Shang W, et al. A cloud computation architecture for unconventional emergency management[C]// International Conference on Web-Age Information Management. Springer, Berlin, Heidelberg, 2013: 187-198.

[381] Li L, Jin X, Long M. Topic correlation analysis for cross-domain text classification[C]. Proceedings of the 26th AAAI Conference on Artificial Intelligence (AAAI 2012), 2012: 998-1004.

[382] Li L, Jin X, Pan S J, et al. Multi-domain active learning for text classification[C]. Proceedings of the 18th ACM SIGKDD International Conference on Knowledge Discovery and Data Mining. ACM, 2012: 1086-1094.

[383] Li L, Luo X. Automatic student grouping method for foreign language learning[C]// Semantics, Knowledge and Grids (SKG), 2014 10th International Conference on. IEEE, 2014: 63-66.

[384] Li M, Liu L, Li C B. An approach to expert recommendation based on fuzzy linguistic method and fuzzy text classification in knowledge management systems[J]. Expert Systems with Applications, 2011, 38(7): 8586-8596.

[385] Li M, Liu R R, Jia C X, et al. Critical effects of overlapping of connectivity and dependence links on percolation of networks[J]. New Journal of Physics, 2013, 15(9): 093013.

[386] Li N, Ma N, Liu Y, et al. Resting-state functional connectivity predicts impulsivity in economic decision-making[J]. Journal of Neuroscience, 2013, 33(11): 4886-4895.

[387] Li Q, Liu Y. Complex Network Analysis of Online[J]. The 2011 3rd International Conference, 2011: 197-199.

[388] Li W M. Research on the integration method of total station indoor and field work based on mobile device[J]. Geospatial Information, 2018.

[389] Li X, Guo S, Yu L. Skewness of fuzzy numbers and its applications in portfolio selection[J]. IEEE Transactions on Fuzzy Systems, 2015, 23(6): 2135-2143.

[390] Li X, He K, Lai K K, et al. Forecasting crude oil price with multiscale denoising ensemble model[J]. Mathematical Problems in Engineering, 2014, 2014.

[391] Li X, Lei Y, Vangheluwe H, et al. A multi-paradigm decision modeling framework for combat system effectiveness measurement based on domain-specific modeling[J]. Journal of Zhejiang University SCIENCE C, 2013, 14(5): 311-331.

[392] Li X, Lei Y, Vangheluwe H, et al. Domain-specific decision modelling and statistical analysis for combat system effectiveness simulation[J]. Journal of Statistical Computation and Simulation, 2014, 84(6): 1261-1279.

[393] Li X, Ma J, Shang W, et al. How Does Public Attention Influence Natural Gas Price?: New Evidence with Google Search Data[M]// Natural Resources Management: Concepts, Methodologies, Tools, and Applications. IGI Global, 2017: 1489-1506.

[394] Li X, Mao W, Zeng D. Forecasting complex group behavior via multiple plan recognition[J]. Frontiers of Computer Science, 2012, 6(1): 102-110.

[395] Li X, Shang W, Wang S, et al. A MIDAS modelling framework for Chinese inflation index forecast incorporating Google search data[J]. Electronic Commerce Research and Applications, 2015, 14(2): 112-125.

[396] Li X, Su G, Zhong S, et al. Study on Scene-Driven Emergency Drill Method[M]. Practical Applications of Intelligent Systems. Springer, Berlin, Heidelberg, 2014: 1089-1097.

[397] Li Y, Shan S, Liu L. A clustering coefficient preference model on scale-free networks[J]. Journal of Convergence Information Technology, 2012, 7(4): 231-237.

[398] Li Y, Wang Y, Cui Q. Has airline efficiency affected by the inclusion of aviation into European Union Emission Trading Scheme? Evidences from 22 airlines during 2008-2012[J]. Energy, 2016, 96: 8-22.

[399] Li Y, Xu J. Legislation concerning the protection of the right to online privacy in China: A comparative study with EU[C]. Cybersecurity Summit (WCS), 2011 Second Worldwide. IEEE, 2011: 1-5.

[400] Li Z, Xu W, Zhang L, et al. An ontology-based Web mining method for unemployment rate prediction[J]. Decision Support Systems, 2014, 66: 114-122.

[401] Liang J, Ma H, Bos K, et al. Ease-of-retrieval effects on procedural justice judgements under conditions of informational and personal uncertainty[J]. Asian Journal of Social Psychology, 2016, 19(4): 336-346.

[402] Liao Z, Yang S, Liang J. Detection of abnormal crowd distribution[C], Proceedings of the 2010 IEEE/ACM Int'l Conference on Green Computing and Communications and Int'l Conference on Cyber, Physical and Social Computing. IEEE Computer Society, 2010: 600-604.

[403] Lin W, Ma J, Wang L, et al. A double-edged sword: The moderating role of conscientiousness in the relationships between work stressors, psychological strain, and job performance[J]. Journal of Organizational Behavior, 2015, 36(1): 94-111.

[404] Lin W, Wang L, Bamberger P A, et al. Leading future orientations for current effectiveness: The role of engagement and supervisor coaching in linking future work self salience to job performance[J]. Journal of Vocational Behavior, 2016, 92: 145-156.

[405] Lin Y T, Yang H X, Rong Z H, et al. Effects of heterogeneous influence of individuals

on the global consensus[J]. International Journal of Modern Physics C, 2010, 21(08): 1011-1019.

[406] Lin Y, Jian L, Liu S. Hybrid Rough Sets and Applications in Uncertain Decision-Making[M]. Auerbach Publications, 2010.

[407] Lin Z, Ding G, Wang J. Image annotation based on recommendation model[C]. Proceedings of the 34th International ACM SIGIR Conference on Research and Development in Information Retrieval. ACM, 2011: 1097-1098.

[408] Linghu B, Chen F, Guo X, et al. A conceptual model for flood risk assessment based on agent-based modeling[C]. Computer Sciences and Applications (CSA), 2013 International Conference on. IEEE, 2013: 369-373.

[409] Liu C, Xie J R, Chen H S, et al. Interplay between the local information based behavioral responses and the epidemic spreading in complex networks[J]. Chaos: An Interdisciplinary Journal of Nonlinear Science, 2015, 25(10): 103111.

[410] Liu C, Yeung C H, Zhang Z K. Self-organization in social tagging systems[J]. Physical Review E, 2011, 83(6): 066104.

[411] Liu D, Huang Z, Wu J. Model-driven multi-target tracking in crowd scenes[C]. 16th International Conference on Information Fusion, 2013, 1: 1495-1501.

[412] Liu D, Liu X, Wang W, et al. Semi-supervised community detection based on discrete potential theory[J]. Physica A: Statistical Mechanics and its Applications, 2014, 416: 173-182.

[413] Liu D, Zhong S, Huang Q. Study on Risk Assessment Framework for Snowmelt Flood and Hydro-Network Extraction from Watersheds[M]// Geo-Informatics in Resource Management and Sustainable Ecosystem. Springer, Berlin, Heidelberg, 2015: 638-651.

[414] Liu G F, Wang H M, Tong J P. Scenario Construction of Flood Emergency Management in River Basin Based on Scene Perception[M]// Modeling Risk Management for Resources and Environment in China. Springer Berlin Heidelberg, 2011.

[415] Liu G, Sha Y. Building inventory management model for relief supplies based on OGC and SOA[C]// International Symposium on Computational Intelligence and Design. IEEE, 2011.

[416] Liu J, Fan Y, Shi P. Response to a high-altitude earthquake: The Yushu Earthquake example[J]. International journal of disaster risk science, 2011, 2(1): 43-53.

[417] Liu J, Li B, Zhang W S. Feature extraction using maximum variance sparse mapping[J]. Neural Computing and Applications, 2012, 21(8): 1827-1833.

[418] Liu J, Li J, Sun X, et al. An embedded co-AdaBoost based construction of software

239

document relation coupled resource spaces for cyber-physical society[J]. Future Generation Computer Systems, 2014, 32: 198-210.

[419] Liu J, Zhou J, Wang J, et al. Irregular community discovery for cloud service improvement[J]. The Journal of Supercomputing, 2012, 61(2): 317-336.

[420] Liu J, Zhou Y. Predicting earthquakes: The Mw9.0 Tohoku Earthquake and historical earthquakes in northeastern Japan[J]. International Journal of Disaster Risk Science, 2012, 3(3): 155-162.

[421] Liu J, Zhu J, Huang J. Multi-stage multi-objective engineering evaluation method for the ability of the emergency resources reserve system[J]. Systems Engineering Procedia, 2012, 5: 43-48.

[422] Liu K, Fang B, Zhang W. Exploring social relations for personalized tag recommendation in social tagging systems[J]. IEICE Transactions on Information and Systems, 2011, 94(3): 542-551.

[423] Liu K, Liu X. Emergency policy for perishable products supply chain when nodes fail[C]. Advanced Materials Research. Trans Tech Publications, 2011, 317: 2097-2102.

[424] Liu K, Wang W E N. Reliability of statistical tests for detecting changes in extreme precipitation[J]. IAHS-AISH publication, 2011: 645-650.

[425] Liu M, Feng M, Wong C Y. Flexible service policies for a Markov inventory system with two demand classes[J]. International Journal of Production Economics, 2014, 151: 180-185.

[426] Liu N, Ye Y. Humanitarian logistics planning for natural disaster response with Bayesian information updates[J]. Journal of Industrial and Management Optimization (JIMO), 2014, 10(3): 665-689.

[427] Liu R R, Wang W X, Lai Y C, et al. Optimal convergence in naming game with geography-based negotiation on small-world networks[J]. Physics Letters A, 2011, 375(3): 363-367.

[428] Liu S, Forrest J, Yang Y. Advances in grey systems research[J]. The Journal of Grey System, 2013, 25(2): 1-18.

[429] Liu S, Forrest J, Yang Y. Grey System: Thinking, Methods, and Models with Applications[M]// Contemporary Issues in Systems Science and Engineering. John Wiley & Sons, 2015.

[430] Liu S, Lin Y. Grey Systems: Theory and Applications[M]. Springer-Verlag, 2011.

[431] Liu S, Liu S, Sheng K, et al. On uncertain systems and uncertain models[J]. Kybernetes, 2012, 41(5-6): 548-558.

[432] Liu S, Tao L, Xie N, et al. On the new model system and framework of grey system theory[C]. 2015 IEEE International Conference on Grey Systems and Intelligent Services (GSIS). IEEE, 2015: 1-11.

[433] Liu S, Xie N, Yuan C, et al. Systems Evaluation: Methods, Models, and Applications[M]. Taylor & Francis Group, 2012.

[434] Liu S, Xu B, Forrest J, et al. On uniform effect measure functions and a weighted multi-attribute grey target decision model[J]. The Journal of Grey System, 2013, 25(1): 1-11.

[435] Liu S, Yang Y, Forrest J. Grey Data Analysis[M]. Springer-Verlag, 2016.

[436] Liu S, Zeng B, Liu J, et al. Four basic models of GM (1,1) and their suitable sequences[J]. Grey System: Theory and Application, 2015, 5(2): 141-156.

[437] Liu S. Grey System in Economy: Theory and Application(2)[M]. ASE Printing House. 2014.

[438] Liu T, Bu R, Huang J. A cost-efficiency equilibrium problem of regional single emergency resource guarantee with multi-objective programming[J]. Systems Engineering Procedia, 2012, 5: 29-36.

[439] Liu X, Ghorpade A, Tu Y, et al. A novel approach to probability distribution aggregation[J]. Information Sciences , 2012, 188: 269-275.

[440] Liu X, Ghorpade A. An optimization approach to distribution aggregation for operations management[J]. Information Sciences, 2012, 46(20): 5781-5795.

[441] Liu X, Li W, Tu Y L, et al. An expert system for an emergency response management in Networked Safe Service Systems[J]. Expert Systems with Applications, 2011, 38(9): 11928-11938.

[442] Liu X, Liu Y, Zhang L, et al. Mass aeromedical evacuation of patients in an emergency: experience following the 2010 yushu earthquake[J]. The Journal of Emergency Medicine, 2013, 45(6): 865-871.

[443] Liu X, Wang C, Zhou B, et al. Priority-based consolidation of parallel workloads in the cloud[J] . IEEE Transactions on Parallel and Distributed Systems, 2013 . 24(9): 1874-1883.

[444] Liu X, Yuan Y, Fang B, et al. A strategy optimization approach for mission deployment in distributed systems[J]. Mathematical Problems in Engineering, 2014, 2014.

[445] Liu X, Zhang L, Liu Y, et al. Critical care aeromedical evacuation staff in batang airport after the Yushu earthquake at high altitude[J]. Aviation, Space, and Environmental Medicine, 2012, 83(4): 436-440.

[446] Liu Y, Fan Z, Chen F.. A Risk decision method for emergency response based on

cumulative prospect theory[C]. Computational Sciences and Optimization (CSO), 2011 Fourth International Joint Conference on. IEEE, 2011: 618-622.

[447] Liu Y, Fan Z, Yuan Y, et al. A FTA-based method for risk decision-making in emergency response[J]. Computers and Operations Research, 2014, 42: 49-57.

[448] Liu Y, Fan Z, Zhang Y. A method for stochastic multiple criteria decision making based on dominance degrees[J]. Information Sciences, 2011, 181(19): 4139-4153.

[449] Liu Y, Fan Z, Zhang Y. Risk decision analysis in emergency response: A method based on cumulative prospect theory[J]. Computers and Operations Research, 2014, 42: 75-82.

[450] Liu Y, Guo B. A lexicographic approach to postdisaster relief logistics planning considering fill rates and costs under uncertainty[J]. Mathematical Problems in Engineering, 2014, 2014.

[451] Liu Y, Li Q, Tang X, et al. Superedge prediction: What opinions will be mined based on an opinion supernetwork model?[J]. Decision Support Systems, 2014, 64: 118-129.

[452] Liu Y, Luo X, Xuan J. Online hot event discovery based on Association Link Network[J]. Concurrency and Computation: Practice and Experience, 2015, 27(15): 4001-4014.

[453] Liu Y, Shen Y, Han C. Development of an interpretive structural model of factors in emergency materials support[C]. 2011 International Conference on Information Systems for Crisis Response and Management, 2011.

[454] Liu Y, Tang M, Zhou T, et al. Core-like groups result in invalidation of identifying super-spreader by k-shell decomposition[J]. Scientific Reports, 2015, 5: 9602.

[455] Liu Y, Yuan Y, Fan Z P. A FTA-based method for risk decision making in emergency response[C]. Computational Sciences and Optimization (CSO), 2011 Fourth International Joint Conference on. IEEE, 2011: 608-612.

[456] Liu Y, Zhang T, Lei H, et al. Stochastic programming approach for earthquake disaster relief mobilization with multiple objectives[J]. Journal of Systems Engineering and Electronics, 2013, 24(4): 642-654.

[457] Liu Y. Uncertain random variables: a mixture of uncertainty and randomness[J]. Soft Computing, 2013, 17(4): 625-634.

[458] Liu Z, Huang J, Cheng G, et al. Community detection in hypernetwork via Density-Ordered Tree partition[J]. Applied Mathematics and Computation, 2016, 276(3): 384-393.

[459] Liu Z, Liu L, Li H. Determinants of information retweeting in microblogging[J]. Internet Research, 2012, 22(4): 443-466.

[460] Liu Z, Liu L. A novel Chinese web news source extraction algorithm[J]. Journal of Convergence Information Technology, 2011, 6(8): 99-106.

[461] Liu Z, Yang D, Wen D, et al. Cyber-physical-social systems for command and control[J]. IEEE Intelligent Systems, 2011, 26(4): 92-96.

[462] Liu Z, Zhang Q M, Lü L, et al. Link prediction in complex networks: A local naïve Bayes model[J]. EPL (Europhysics Letters), 2011, 96(4): 48007.

[463] Long M, Cheng W, Jin X, et al. Transfer learning via cluster correspondence inference[C]. Data Mining (ICDM), 2010 IEEE 10th International Conference on. IEEE, 2010: 917-922.

[464] Lu C, Yan X. Applying fuzzy weighted average approach for the selection of the emergency supplies storage location[J]. Journal of Computational Information System, 2013, 9(10): 4101-4110.

[465] Lu C, Yan X. The break-even distance of road and inland waterway freight transportation systems[J]. Maritime Economics and Logistics, 2015, 17(2): 246-263.

[466] Lu H M, Zeng D, Chen H. Prospective infectious disease outbreak detection using Markov switching models[J]. IEEE Transactions on Knowledge and Data Engineering, 2010, 22(4): 565-577.

[467] Lu J, Jia H, Xie X, et al. Missing the best opportunity; who can seize the next one? agents show less inaction inertia than personal decision makers[J]. Journal of Economic Psychology, 2016, 54: 100-112.

[468] Lu J, Shu C, Zhang M. Stability analysis and a priori error estimate of explicit Runge-Kutta discontinuous Galerkin methods for correlated random walk with density-dependent turning rates[J]. Science China Mathematics, 2013, 56(12): 2645-2676.

[469] Lu J, Xie X, Wang M, et al. Double reference points: the effects of social and financial reference points on decisions under risk[J]. Journal of Behavioral Decision Making, 2015, 28(5): 451-463.

[470] Lü L, Chen D B, Zhou T. The small world yields the most effective information spreading[J]. New Journal of Physics, 2011, 13(12): 123005.

[471] Lü L, Liu W. Information filtering via preferential diffusion[J]. Physical Review E, 2011, 83(6): 066119.

[472] Lu L, Peng C, Zhu J, et al. Correlation between fire attendance time and burned area based on fire statistical data of Japan and China[J]. Fire Technology, 2014, 50(4): 851-872.

[473] Lü L, Zhang Y C, Yeung C H, et al. Leaders in social networks, the delicious case[J]. PLOS One, 2011, 6(6): e21202.

[474] Lü L, Zhou T. Link prediction in complex networks: A survey[J]. Physica A: Statistical Mechanics and its Applications, 2011, 390(6): 1150-1170.

[475] Lu Q, Liu N. Pricing games of mixed conventional and e-commerce distribution

channels[J]. Computers and Industrial Engineering, 2013, 64(1): 122-132.

[476] Lu S, Liang C, Song W, et al. Frequency-size distribution and time-scaling property of high-casualty fires in China: Analysis and comparison[J]. Safety science, 2013, 51(1): 209-216.

[477] Lu S, Mei P, Li G, et al. Time-scaling properties of high-casualty fires in China[J]. Procedia Engineering, 2013, 62: 602-608.

[478] Lu S, Mei P, Wang J, et al. Fatality and influence factors in high-casualty fires: A correspondence analysis[J]. Safety science, 2012, 50(4): 1019-1033.

[479] Lu S, Wang J, Yang H, et al. Bayesian network model for fast disaster assessment in unconventional emergencies management[C]. Information Systems for Crisis Response and Management (ISCRAM), 2011 International Conference on. IEEE, 2011: 375-381.

[480] Lu S, Wu D, Lu S, et al. A Bayesian network model for the Asian Games fire risk assessment[C]. Information Systems for Crisis Response and Management (ISCRAM), 2011 International Conference on. IEEE, 2011: 350-355.

[481] Lu X, Brelsford C. Network structure and community evolution on Twitter: Human behavior change in response to the 2011 Japanese Earthquake and Tsunami[J]. Scientific Reports, 2014, 4: 6773.

[482] Lu X, Xue L. Managing the unexpected: sense-making in the Chinese Emergency management system[J]. Public Administration, 2016, 94(2): 414-429.

[483] Lu X. Managing Uncertainty in Crisis: Exploring the Impact of Institutionalization on Organizational Sense-Making[M]. Springer, 2017.

[484] Luo C, Zheng X, Zeng D D, et al. Portrayal of electronic cigarettes on YouTube[J]. BMC Public Health, 2014, 14(1): 1028.

[485] Luo S, Yu D, Han S. Genetic and neural correlates of romantic relationship satisfaction[J]. Social Cognitive and Affective Neuroscience, 2015, 11(2): 337-348.

[486] Luo X, Liu H, Xuan J. Website interaction network[J]. Journal of Organizational Computing and Electronic Commerce, 2014, 24(2-3): 215-235.

[487] Luo X, Wei X, Zhang J. Guided game-based learning using fuzzy cognitive maps[J]. IEEE Transactions on Learning Technologies, 2010, 3(4): 344-357.

[488] Luo X, Xu Z, Yu J, et al. Building association link network for semantic link on web resources[J]. IEEE Transactions on Automation Science and Engineering, 2011, 8(3): 482-494.

[489] Luo X, Xuan J, Liu H. Web event state prediction model: combining prior knowledge with real time data[J]. Web Eng., 2014, 13(5&6): 483-506.

[490] Luo X, Zhang J, Li Q, et al. Measuring algebraic complexity of text understanding based on human concept learning[J]. IEEE Transactions on Human-Machine Systems, 2014, 44(5): 638-649.

[491] Luo X, Zhang J, Ye F, et al. Power series representation model of text knowledge based on human concept learning[J]. IEEE Transactions on Systems, Man, and Cybernetics: Systems, 2014, 44(1): 86-102.

[492] Lv W, Fang Z, Wei X, et al. Experiment and modelling for pedestrian following behavior using velocity-headway relation[J]. Procedia Engineering, 2013, 62: 525-531.

[493] Lv W, Song W, Fang Z, et al. Modelling of lane-changing behaviour integrating with merging effect before a city road bottleneck[J]. Physica A: Statistical Mechanics and its Applications, 2013, 392(20): 5143-5153.

[494] Lv W, Song W, Fang Z. Three-lane changing behaviour simulation using a modified optimal velocity model[J]. Physica A: Statistical Mechanics and its Applications, 2011, 390(12): 2303-2314.

[495] Lv W, Song W, Liu X, et al. A microscopic lane changing process model for multilane traffic[J]. Physica A: Statistical Mechanics and its Applications, 2013, 392(5): 1142-1152.

[496] Lv W, Song W, Ma J, et al. A two-dimensional optimal velocity model for unidirectional pedestrian flow based on pedestrian's visual hindrance field[J]. IEEE Transactions on Intelligent Transportation Systems, 2013, 14(4): 1753-1763.

[497] Lv Y, Tang B, Liu X, et al. A Comparative Study of Scientific Publications in Health Care Sciences and Services from Mainland China, Taiwan, Japan, and India (2007-2014)[J]. International journal of environmental research and public health, 2015, 13(1): 79.

[498] Lv Y, Xue C, Ge Y, et al. Analysis of factors influencing inpatient and outpatient satisfaction with the Chinese military health service[J]. PLOS One, 2016, 11(3): e0151234.

[499] Ma J, Lo S, Song W, et al. Modeling pedestrian space in complex building for efficient pedestrian traffic simulation[J]. Automation in Construction, 2013, 30: 25-36.

[500] Ma J, Lo S, Xu X, et al. Dynamic features of pedestrian-vehicle counter flow conflicts[J]. 3rd International Conference on Transportation Engineering 2011, 2011: 697-702.

[501] Ma J, Song W, Tian W, et al. Experimental study on an ultra high-rise building evacuation in China[J]. Safety science, 2012, 50(8): 1665-1674.

[502] Ma J, Song W. Automatic clustering method of abnormal crowd flow pattern

detection[J]. Procedia engineering, 2013, 62: 509-518.

[503] Ma N, Li N, He X, et al. Rejection of unfair offers can be driven by negative emotions, evidence from modified ultimatum games with anonymity[J]. PLOS One, 2012, 7(6): e39619.

[504] Ma N, Liu Y. SuperedgeRank algorithm and its application in identifying opinion leader of online public opinion supernetwork[J]. Expert Systems with Applications, 2014, 41(4): 1357-1368.

[505] Ma Q, Bian J, Ji W, et al. Research on warnings with new thought of neuro-IE[J]. Procedia Engineering, 2011, 26: 1633-1638.

[506] Ma Q, Feng Y, Xu Q, et al. Brain potentials associated with the outcome processing in framing effects[J]. Neuroscience letters, 2012, 528(2): 110-113.

[507] Ma Q, Jin J, Wang L. The neural process of hazard perception and evaluation for warning signal words: evidence from event-related potentials[J]. Neuroscience Letters, 2010, 483(3): 206-210.

[508] Ma Q, Luo X, Luo Y. Information entropy based the stability measure of user behaviour network in microblog[C]// Semantics, Knowledge and Grids (SKG), 2014 10th International Conference on. IEEE, 2014: 67-74.

[509] Ma Q, Shen Q, Xu Q, et al. Empathic responses to others' gains and losses: an electrophysiological investigation[J]. Neuroimage, 2011, 54(3): 2472-2480.

[510] Ma Y, Li L, Zhang H, et al. Experimental study on small group behavior and crowd dynamics in a tall office building evacuation[J]. Physica A: Statistical Mechanics and its Applications, 2017, 473: 488-500.

[511] Ma Y, Li S, Wang C, et al. Distinct oxytocin effects on belief updating in response to desirable and undesirable feedback[J]. Proceedings of the National Academy of Sciences, 2016, 113(33): 9256-9261.

[512] Ma Y, Wu N, Zhang H, et al. Thermal annealing system and process design to improve quality of large size glasses[J]. International Journal of Heat and Mass Transfer, 2014, 72: 411-422.

[513] Ma Y, Zhang H. Enhancing knowledge management and decision-making capability of China's emergency operations center using big data[J]. Intelligent Automation and Soft Computing, 2017: 1-8.

[514] Ma Y, Zhao Q, Xi M. Decision-makings in safety investment: An opportunity cost perspective[J]. Safety Science, 2016, 83: 31-39.

[515] Mai X, Lv W, Wei X, et al. Analyzing the characteristics of unidirectional bicycle movement around a track based on digital image processing[J]. Procedia Engineering,

2013, 62: 519-524.

[516] Mao X, Dong M, Liu L, et al. An integrated approach to developing self-adaptive software[J]. International Journal of Information Science and Engineering, 2014, 30(4): 1071-1085.

[517] Mao Z, Mu H, Xiao H, et al. Reliability analysis of occupant safety evacuation in public assembly occupancies[J]. Procedia engineering, 2013, 62: 493-500.

[518] Mao Z, Xiao H, Mu H, et al. Uncertainty analysis of parameters on occupant evacuation in building fires[J]. Journal of applied fire science, 2014, 24(1): 67-80.

[519] Mei P, Li G, Lu S, et al. Influence of government on the power-law distribution of city fires in Jiangxi, China[J]. Procedia Engineering, 2013, 62: 1057-1062.

[520] Mei S, Chen B, Zhu Y, et al. Simulating city-level airborne infectious diseases[J]. Computers, Environment and Urban Systems, 2015, 51: 97-105.

[521] Mei S, Quax R, van de Vijver D, et al. Increasing risk behaviour can outweigh the benefits of antiretroviral drug treatment on the HIV incidence among men-having-sex-with-men in Amsterdam[J]. BMC Infectious Diseases, 2011, 11(1): 118.

[522] Mei S, Zarrabi N, Lees M, et al. Complex agent networks: an emerging approach for modeling complex systems[J]. Applied Soft Computing, 2015, 37: 311-321.

[523] Mei S, Zhu Y, Qiu X, et al. Individual decision making can drive epidemics: a fuzzy cognitive map study[J]. IEEE Transactions on Fuzzy Systems, 2014, 22(2): 264-273.

[524] Meng L, Kang Q, Han C, et al. A game theoretical model for location of terror response facilities under capacitated resources[J]. The Scientific World Journal, 2013.

[525] Meng L, Kang Q, Han C, et al. A multi-agent model for simulation of public crisis information dissemination[J]. International Journal of Wireless and Mobile Computing, 2016, 11(1): 33-41.

[526] Meng L, Ma Q, Han C, et al. Determining the number of facilities for large-scale emergency[J]. International Journal of Computing Science and Mathematics, 2013, 4(3): 242-251.

[527] Meng R, Ge Y, Cao Z, et al. A Framework for generating geospatial social computing environments[J]. IEEE Intelligent Systems, 2015, 30(1): 44-52.

[528] Meng X, Ding Z, Xu J. Moving Objects Management: Models, Techniques and Applications[M]. 2nd Ed. Springer, 2014.

[529] Meng X, Wei F, Liu X, et al. Cross-lingual mixture model for sentiment classification[C]// Proceedings of the 50th Annual Meeting of the Association for Computational Linguistics: Long Papers-Volume 1. Association for Computational Linguistics, 2012: 572-581.

[530] Meng X, Wei F, Liu X, et al. Entity-centric topic-oriented opinion summarization in twitter[C]// Proceedings of the 18th ACM SIGKDD international conference on Knowledge discovery and data mining. ACM, 2012: 379-387.

[531] Meng X, Wei F, Xu G, et al. Lost in translations? Building sentiment lexicons using context based machine translation[J]. Proceedings of COLING 2012: Posters, 2012: 829-838.

[532] Meng Z, Dong H, Li J, et al. Darwintree: A molecular data analysis and application environment for phylogenetic study[J]. Data Science Journal, 2015, 14: 10.

[533] Miao Q, Li Q, Zeng D. Fine-grained opinion mining by integrating multiple review sources[J]. Journal of the American Society for Information Science and Technology, 2010, 61(11): 2288-2299.

[534] Mu H, Lo S, Song W, et al. An experimental and numerical study of imbalanced door choice during an announced evacuation drill[J]. Fire technology, 2016, 52(3): 801-815.

[535] Mu H, Lo S, Song W, et al. Impact of wedge-shaped design for building bottlenecks on evacuation time for efficiency optimization[J]. Simulation, 2015, 91(11): 1014-1021.

[536] Mu H, Wang J, Mao Z, et al. Pre-evacuation human reactions in fires: An attribution analysis considering psychological process[J]. Procedia Engineering, 2013, 52: 290-296.

[537] Mu N, Song W, Qi X, et al. Simulation of evacuation in a twin bore tunnel: analysis of evacuation time and egress selection[J]. Procedia engineering, 2014, 71: 333-342.

[538] Ni S, Weng W, Zhang H. Modeling the effects of social impact on epidemic spreading in complex networks[J]. Physica A: Statistical Mechanics and its Applications, 2011, 390(23-24): 4528-4534.

[539] Ni Z, Wang Y, Yin Z. Relative risk model for assessing domino effect in chemical process industry[J]. Safety Science, 2016, 87: 156-166.

[540] Ning D, Hui Z, Tao C, et al. Stair evacuation simulation based on cellular automata considering evacuees' walk preferences[J]. Chinese Physics B, 2015, 24(6): 068801.

[541] Ouyang M, Dueñas-Osorio L. Time-dependent resilience assessment and improvement of urban infrastructure systems[J]. Chaos: An Interdisciplinary Journal of Nonlinear Science, 2012, 22(3): 033122.

[542] Pan G, Xu Y, Wu Z, et al. TaskShadow: toward seamless task migration across smart environments[J]. IEEE Intelligent Systems, 2011, 26(3): 50-57.

[543] Pan W, Yu L, Wang S, et al. A fuzzy multi-objective model for provider selection in data communication services with different QoS levels[J]. International Journal of Production Economics, 2014, 147: 689-696.

[544] Peng M, Li G, Song L, et al. An analytic network process approach for rapid loss

assessment of high casualty fires in China[J]. Fire Technology, 2014, 50(5): 1163-1179.

[545] Peng M, Peng Y, Chen H. Post-seismic supply chain risk management: A system dynamics disruption analysis approach for inventory and logistics planning[J]. Computers and Operations Research, 2014, 42: 14-24.

[546] Peng M, Song L, Li G, et al. Evaluation of fire protection performance of eight countries based on fire statistics: an application of data envelopment analysis[J]. Fire Technology, 2014, 50(2): 349-361.

[547] Peng Z, Ma B, Liu T. The Cooperative-Harmonious Democracy in China[M]. Routledge, 2017.

[548] Ping J, Jiang J, Yu Z. Emergency management organizational structure optimization based on information transmission reliability[J]. Journal of Convergence Information Technology, 2011, 6(10): 235-242.

[549] Pu Q, Wang J, Wu S, et al. Secure verifier-based three-party password-authenticated key exchange[J]. Peer-to-peer Networking and Applications, 2013, 6(1): 15-25.

[550] Pu Q, Wang J, Wu S. Scalable and efficient mobile authentication scheme preserving user privacy[J]. International Journal of Ad Hoc and Ubiquitous Computing, 2013, 12(2): 65-74.

[551] Pu Q, Wang J, Wu S. Secure SIP authentication scheme supporting lawful interception[J]. Security and Communication Networks, 2013, 6(3): 340-350.

[552] Qi J, Qu Q, Tan Y. Topic evolution prediction of user generated contents considering enterprise generated contents[C]. Proceedings of the First ACM International Workshop on Hot Topics on Interdisciplinary Social Networks Research. ACM, 2012: 73-76.

[553] Qi J, Zhou Y, Chen W, et al. Are customer satisfaction and customer loyalty drivers of customer lifetime value in mobile data services: a comparative cross-country study[J]. Information Technology and Management, 2012, 13(4): 281-296.

[554] Qian X, Miao Q, Zhai P, et al. Cold-wet spells in mainland China during 1951-2011[J]. Natural Hazards, 2014, 74(2): 931-946.

[555] Qin C, Fan B. Factors that influence information sharing, collaboration, and coordination across administrative agencies at a Chinese university[J]. Information Systems and e-Business Management, 2016, 14(3): 637-664.

[556] Qin X, Liu X, Tang L. A two-stage stochastic mixed-integer program for the capacitated logistics fortification planning under accidental disruptions[J]. Computer and Industrial Engineering, 2013, 65(4): 614-623.

[557] Qing Y, Fan Y. Multi-agents simulation on unconventional emergencies evolution mechanism in public health[J]. Advances in Intelligent and Soft Computing, 2011, 129(2): 509-514.

[558] Qing Y, Huimin M, Yanling Y. Multi-agent risk identifier model of emergency management system engineering based on immunology[J]. Systems Engineering Procedia, 2012, 4: 385-392.

[559] Qiu C, Wang C, Fang B, et al. A multiobjective particle swarm optimization-based partial classification for accident severity analysis[J]. Applied Artificial Intelligence, 2014, 28(6): 555-576.

[560] Qiu J, Wang Z, Ye X, et al. Modeling method of cascading crisis events based on merging Bayesian network[J]. Decision Support Systems, 2014, 62(1246): 94-105.

[561] Qiu X, Zhao L, Wang J, et al. Effects of time-dependent diffusion behaviors on the rumor spreading in social networks[J]. Physics Letters A, 2016, 380(24): 2054-2063.

[562] Qu T, Guo D, Shen Y, et al. Minimizing traffic migration during network update in iaas datacenters[J]. IEEE Transactions on Services Computing, 2016.

[563] Qu W, Ge Y, Jiang C, et al. The Dula Dangerous Driving Index in China: an investigation of reliability and validity[J]. Accident Analysis and Prevention, 2014, 64: 62-68.

[564] Qu W, Ge Y, Xiong Y, et al. Dangerous driving in a Chinese sample: Associations with morningness-eveningness preference and personality[J]. PLOS One, 2015, 10(1): e0116717.

[565] Qu Y, Shang W, Wang S. Webpage mining for inflation emergency early warning[C]// International Conference on Web-Age Information Management. Springer, Berlin, Heidelberg, 2013: 211-222.

[566] Qu Y, Yu H. Robust planning models for uncertain emergency evacuation problem[J]. International Journal of Industrial and Systems Engineering, 2015, 20(4): 415-436.

[567] Rao P, Yang L, Zhu K, et al. Analysis of characteristics of pedestrian flow on staircases during fire[J]. Journal of Applied Fire Science, 2012, 21(2): 123-142.

[568] Ren X, Zhu J, Huang J. Multi-period dynamic model for emergency resource dispatching problem in uncertain traffic network[J]. Systems Engineering Procedia, 2012, 5: 37-42.

[569] Ruan J, Wang X, Shi Y, et al. Scenario-based path selection in uncertain emergency transportation networks[J]. International Journal of Innovative Computing, Information and Control, 2013, 9(8): 3293-3305.

[570] Ruan J, Wang X, Shi Y. Developing fast predictors for large-scale time series using

fuzzy granular support vector machines[J]. Applied Soft Computing, 2013, 13(9): 3981-4000.

[571] Sha Y, Huang J. The multi-period location-allocation problem of engineering emergency blood supply systems[J]. Systems Engineering Procedia, 2012, 5: 21-28.

[572] Sha Y, Liu Y, Yan J. The attitude analysis of Internet users in the event involving PM2.5 governance[C]// Fifth International Conference on Business Intelligence and Financial Engineering. IEEE Computer Society, 2012.

[573] Shan S, Xin T, Wang L, et al. Identifying influential factors of knowledge sharing in emergency events: A virtual community perspective[J]. Systems Research and Behavioral Science, 2013, 30(3): 367-382.

[574] Shang M S, Chen D B, Zhou T. Detecting overlapping communities based on community cores in complex networks[J]. Chinese Physics Letters, 2010, 27(5): 058901.

[575] Shang R, Zhang P, Zhong M. Investigation and analysis on evacuation behavior of large scale population in campus[J]. Procedia Engineering, 2013, 52: 302-308.

[576] Shang Z, Tao T, Wang L. Don't always prefer my chosen objects: Low level of trait autonomy and autonomy deprivation decreases mere choice effect[J]. Frontier of Psychology, 2016, 7: 524.

[577] Shang Z, Wang L, Wu H. The interactive influence of perceived ownership and perceived choosership of stocks on brain response to stock outcomes[J]. Frontiers in Psychology, 2017, 8: 8.

[578] Shen Y, Liu S, Fang Z, et al. Modeling and simulation of stranded passengers' transferring decision-making on the basis of herd behaviors[C]. Grey Systems and Intelligent Services (GSIS), 2011 IEEE International Conference on. IEEE, 2011: 795-802.

[579] Shen Y, Liu Y, Han C. Research on relationship between public security and economic growth in China[C]. 2011 International Conference on Information Systems for Crisis Response and Management, 2011.

[580] Shen Z, Zhao Q C, Jia Q S. Quantifying heuristics in the ordinal optimization framework[J]. Discrete Event Dynamic Systems, 2010, 20(4): 441-471.

[581] Shi C, Zhong M, Nong X, et al. Modeling and safety strategy of passenger evacuation in a metro station in China[J]. Safety Science, 2012, 50(5): 1319-1332.

[582] Shi D M, Wang B H. Evacuation of pedestrians from a single room by using snowdrift game theories[J]. Physical Review E, 2013, 87(2): 022802.

[583] Shi L, Jia Q S, Mo Y, et al. Sensor scheduling over a packet-delaying network[J]. Automatica, 2011, 47(5): 1089-1092.

[584] Shi W, Ji J, Sun J, et al. Experimental study on influence of stack effect on fire in the compartment adjacent to stairwell of high rise building[J]. Statyba, 2014, 20(1): 121-131.

[585] Shi Y, Wan Y, Wu K, et al. Non-negativity and locality constrained Laplacian sparse coding for image classification[J]. Expert Systems with Applications, 2017, 72: 121-129.

[586] Shu P, Wang W, Tang M, et al. Numerical identification of epidemic thresholds for susceptible-infected-recovered model on finite-size networks[J]. Chaos: An Interdisciplinary Journal of Nonlinear Science, 2015, 25(6): 063104.

[587] Shuang T, Lin T, Xiaoling L, et al. An efficient method for checking the integrity of data in the cloud[J]. China Communications, 2014, 11(9): 68-81.

[588] Slam N, Wang W, Xue G, et al. A framework with reasoning capabilities for crisis response decision-support systems[J]. Engineering Applications of Artificial Intelligence, 2015, 46(PB): 346-353.

[589] Song C, Wang Y, Dong X, et al. The impacts of uncertain locations of extra evacuees in source nodes on evacuation process[J]. Hydraulic Engineering II - Proceedings of the 2nd SREE Conference on Hydraulic Engineering, CHE 2013, 2014: 179-184.

[590] Song W, Lv W, Fang Z. Experiment and modeling of microscopic movement characteristic of pedestrians[J]. Procedia Engineering, 2013, 62: 56-70.

[591] Song Z, Ge Y, Luo L, et al. An effective immunization strategy for airborne epidemics in modular and hierarchical social contact network[J]. Physica A: Statistical Mechanics and its Applications, 2015, 439: 142-149.

[592] Su G, Chen J, Liu F, et al. Research on Key Technologies for Jail Incident Prevention and Response System[M]. Practical Applications of Intelligent Systems. Springer, Berlin, Heidelberg, 2014: 765-774.

[593] Su Z X, Chen M Y, Xia G P, et al. An interactive method for dynamic intuitionistic fuzzy multi-attribute group decision making[J]. Expert Systems with Applications, 2011, 38(12): 15286-15295.

[594] Su Z X, Xia G P, Chen M Y, et al. Induced generalized intuitionistic fuzzy OWA operator for multi-attribute group decision making[J]. Expert Systems with Applications, 2012, 39(2): 1902-1910.

[595] Su Z X, Xia G P, Chen M Y. Some induced intuitionistic fuzzy aggregation operators applied to multi-attribute group decision making[J]. International Journal of General Systems, 2011, 40(8): 805-835.

[596] Sun A, Zeng D D, Chen H. Burst detection from multiple data streams: a network-based approach[J]. IEEE Transactions on Systems, Man, and Cybernetics, Part C (Applications and Reviews), 2010, 40(3): 258-267.

[597] Sun C, Deng Y, Tang B, et al. Urban traffic operation pattern and spatiotemporal mode based on big data (taking Beijing urban area as an example)[J]. Geo-Informatics in Resource Management and Sustainable Ecosystem. Springer, Berlin, Heidelberg, 2015: 32-47.

[598] Sun C, Zhang F, Zhong S, et al. Expression and deduction of emergency scenario based on scenario element model[C]. Proceedings of the ISCRAM 2015 Conference, 2015.

[599] Sun J, Xu W, Ma J, et al. Leverage RAF to find domain experts on research social network services: A big data analytics methodology with MapReduce framework[J]. International Journal of Production Economics, 2015, 165: 185-193.

[600] Sun Y, Li X, Yu F. Designing the emergency continuity management for urban infrastructures: a conceptual framework for coping with catastrophe. International Journal of Critical Infrastructure Protection, 2016, 13: 28-35.

[601] Sutin A, Stephan Y, Wang L, et al. Personality traits and body mass index in Asian populations[J]. Journal of Research in Personality, 2015, 58: 137-142.

[602] Tan S, Jia Y. NaEPASC: A novel and efficient public auditing scheme for cloud data[J]. Journal of Zhejiang University SCIENCE C, 2014, 15(9): 794-804.

[603] Tang B, Ge Y, Liu Z, et al. Health-related quality of life for medical rescuers one month after Ludian earthquake[J]. Health and Quality of Life Outcomes, 2015, 13(1): 88.

[604] Tang B, Ge Y, Xue C, et al. Health status and risk factors among adolescent survivors one month after the 2014 Ludian earthquake[J]. International journal of environmental research and public health, 2015, 12(6): 6367-6377.

[605] Tang B, Kang P, Liu X, et al. Post-traumatic psychological changes among survivors of the Lushan earthquake living in the most affected areas[J]. Psychiatry Research, 2014, 220(1-2): 384-390.

[606] Tang B, Liu X, Liu Y, et al. A meta-analysis of risk factors for depression in adults and children after natural disasters[J]. BMC Public Health, 2014, 14(1): 623.

[607] Tang B, Zhang L. Yaan earthquake[J]. Lancet, 2013, 381(9882): 1984-1985.

[608] Tang B, Zhang L. Ya'an earthquake[J]. The Lancet, 2013, 381(9882): 1984-1985.

[609] Tang L, Dai W, Yu L, et al. A novel CEEMD-based EELM ensemble learning paradigm for crude oil price forecasting[J]. International Journal of Information Technology and Decision Making, 2015, 14(01): 141-169.

[610] Tang L, Lv H, Yang F, et al. Complexity testing techniques for time series data: A comprehensive literature review[J]. Chaos, Solitons and Fractals, 2015, 81: 117-135.

[611] Tang L, Shi J, Yu L, et al. Economic and environmental influences of coal resource tax in China: A dynamic computable general equilibrium approach[J]. Resources,

Conservation and Recycling, 2017, 117: 34-44.

[612] Tang L, Wang Z, Li X, et al. A novel hybrid FA-Based LSSVR learning paradigm for hydropower consumption forecasting[J]. Journal of Systems Science and Complexity, 2015, 28(5): 1080-1101.

[613] Tang L, Wu J, Yu L, et al. Carbon emissions trading scheme exploration in China: a multi-agent-based model[J]. Energy Policy, 2015, 81: 152-169.

[614] Tang L, Yu L, He K. A novel data-characteristic-driven modeling methodology for nuclear energy consumption forecasting[J]. Applied Energy, 2014, 128: 1-14.

[615] Tang L, Yu L, Liu F, et al. An integrated data characteristic testing scheme for complex time series data exploration[J]. International Journal of Information Technology and Decision Making, 2013, 12(3): 491-521.

[616] Tang L, Yu L, Wang S, et al. A novel hybrid ensemble learning paradigm for nuclear energy consumption forecasting[J]. Applied Energy, 2012, 93: 432-443.

[617] Tang M, Zhou T. Efficient routing strategies in scale-free networks with limited bandwidth[J]. Physical Review E, 2011, 84(2): 026116.

[618] Tang P, Wang H W, Qi C, et al. A new decision model for handling asynchronous incident objectives with priorities in emergency response[J]. J Comput Inf Syst, 2011, 7(11): 5251-5258.

[619] Tang P, Wang H, Qi C, et al. Anytime heuristic search in temporal HTN planning for developing incident action plans[J]. AI Communications, 2012, 25(4): 321-342.

[620] Tao F F, Wang H M, Kang J L, et al. Study on knowledge base system of extreme flood magnitude based on data driven reasoning[J]. International Review on Computers and Software, 2012, 7(5): 2226-2230.

[621] Tao F, Wang H, Liu G. Application study on visual discussion technique in group decision making of sudden disasters[J]. JDIM, 2012, 10(6): 373-378.

[622] Teng M, Han C, Lin X. A novel model for evaluating environmental governance performance based on trends analysis[J]. International Journal of Wireless and Mobile Computing, 2016, 11(1): 75-82.

[623] Tian R Y, Liu Y J. Isolation, insertion, and reconstruction: three strategies to intervene in rumor spread based on supernetwork model[J]. Decision Support Systems, 2014, 67: 121-130.

[624] Tian R, Ma N, Li Q, et al. The evolution and application of network analysis methods[J]. 2013 IEEE International Conference on Systems, Man, and Cybernetics, 2013: 2197-2201.

[625] Tian W, Song W, Lü W, et al. Experiment and analysis on microscopic characteristics

of pedestrian movement in building bottleneck[J]. Science China Technological Sciences, 2011, 54(7): 1730-1736.

[626] Tian W, Song W, Ma J, et al. Experimental study of pedestrian behaviors in a corridor based on digital image processing[J]. Fire Safety Journal, 2012, 47: 8-15.

[627] Tong J P, Ma J F, Liu G F. Evolutionary game analysis of emergency management cooperation for water disaster[C]// Service Systems and Service Management (ICSSSM), 2011 8th International Conference on. IEEE, 2011: 1-4.

[628] Tong J, Wang L, Peng K. From person-environment misfit to job burnout: Theoretical extensions[J]. Journal of Managerial Psychology, 2015, 30(2): 169-182.

[629] Tong Q, Zou X, Ding Q, et al. Latent regression with constrained parameters to determine the weight coefficients in summary index model[J]. Communications in Statistics - Simulation and Computation, 2013, 42(7): 1628-1642.

[630] Wan Y, Chen X L, Shi Y. Adaptive cost dynamic time warping distance in time series analysis for classification[J]. Journal of Computational and Applied Mathematics, 2017, 319: 514-520.

[631] Wang C M, Li T. Study on the release mechanism of national economy mobilization resource based on military and civilian integration: Taking tent for example[J]. Acta Armamentarii, 2011, 32(SUPPL. 1): 112-117.

[632] Wang C, Wang Y. Discovering consumer's purchasing behavior based on efficient association rules[C]// Fuzzy Systems and Knowledge Discovery (FSKD), 2011 Eighth International Conference on. IEEE, 2011, 2: 937-941.

[633] Wang C, Zhong S, Zhang Q, et al. Urban Disaster Comprehensive Risk Assessment Research Based on GIS: A Case Study of Changsha City, Hunan Province, China[M]// Geo-Informatics in Resource Management and Sustainable Ecosystem. Springer, Berlin, Heidelberg, 2015: 95-106.

[634] Wang D, Liu F, Wang J, et al. Integrated rescheduling and preventive maintenance for arrival of new jobs through evolutionary multi-objective optimization[J]. Soft Computing, 2016, 20(4): 1635-1652.

[635] Wang D, Liu F, Wang Y, et al. A knowledge-based evolutionary proactive scheduling approach in the presence of machine breakdown and deterioration effect[J]. Knowledge-Based Systems, 2015, 90(C): 70-80.

[636] Wang D, Liu F, Yin Y, et al. Prioritized surgery scheduling in face of surgeon tiredness and fixed off-duty period[J]. Journal of Combinatorial Optimization, 2015, 30(4): 967-981.

[637] Wang D, Pan L, Lu L, et al. Emergency management business process reengineering and integrated emergency response system structure design for a city in China[J].

Procedia Engineering, 2013, 52: 371-376.

[638] Wang D, Qi C, Wang H. Improving emergency response collaboration and resource allocation by task network mapping and analysis[J]. Safety Science, 2014, 70: 9-18.

[639] Wang D, Tao W, Zhu J, et al. Sequential decision analysis of fire emergency and rescue on urban successional building fires[J]. Procedia Engineering, 2013, 62: 1087-1095.

[640] Wang F, Chen W, Huang J, et al. Preliminary study of relationships between hypnotic susceptibility and personality disorder functioning styles in healthy volunteers and personality disorder patients[J]. BMC Psychiatry, 2011, 11(1): 121.

[641] Wang G, Liu Y, Li J, et al. Superedge coupling algorithm and its application in coupling mechanism analysis of online public opinion supernetwork[J]. Expert Systems with Applications, 2015, 42(5): 2808-2823.

[642] Wang H, Fan T, Shi A, et al. Fuzzy integral based information fusion for water quality monitoring using remote sensing data[J]. International Journal of Communications, Network and System Sciences, 2010, 3(9): 737.

[643] Wang H, Li K, Xie X. Individual differences in pain sensitivity predict the experience of unfairness[J]. Journal of Health Psychology, 2017.

[644] Wang H, Liu Y, Yin P. Study on user preferences modelling based on web mining[J]. International Journal of Information Technology and Management, 2012, 11(4): 307-322.

[645] Wang J, Cao Z, Zeng D D, et al. Epidemiological analysis, detection, and comparison of space-time patterns of Beijing hand-foot-mouth disease (2008-2012)[J]. PLOS One, 2014, 9(3): e92745.

[646] Wang J, Cao Z, Zeng D, et al. Epidemiological analysis, detection, and comparison of space-time patterns of beijing hand-foot-mouth disease (2008-2012)[J]: PLOS One, 2014, 9(3): e92745.

[647] Wang J, Kitayama S, Han S. Sex difference in the processing of task-relevant and task-irrelevant social information: An event-related potential study of familiar face recognition[J]. Brain Research, 2011, 1408: 41-51.

[648] Wang J, Lo S, Sun J, et al. Qualitative simulation of the panic spread in large-scale evacuation[J]. Simulation, 2012, 88(12): 1465-1474.

[649] Wang J, Lo S, Wang Q, et al. Risk of large-scale evacuation based on the effectiveness of rescue strategies under different crowd densities[J]. Risk Analysis, 2013, 33(8): 1553-1563.

[650] Wang J, Rong L. Similarity index based on the information of neighbor nodes for link prediction of complex network[J]. Modern Physics Letters B, 2013, 27(06): 1350039.

[651] Wang J, Sun J, Lo S. Randomness in the evacuation route selection of large-scale crowds under emergencies[J]. Applied Mathematical Modelling, 2015, 39(18): 5693-5706.

[652] Wang J, Xie S, Sun J. Self-organized criticality judgment and extreme statistics analysis of major urban fires[J]. Chinese science bulletin, 2011, 56(6): 567-572.

[653] Wang J, Yang H, Zhu J. A two-stage stochastic programming model for emergency resources storage region division[J]. Systems Engineering Procedia, 2012, 5: 125-130.

[654] Wang J, Zhao L, Huang R. 2SI2R rumor spreading model in homogeneous networks[J]. Physica A: Statistical Mechanics and its Applications, 2014, 413: 153-161.

[655] Wang J, Zhao L, Huang R. SIRaRu rumor spreading model in complex networks[J]. Physica A: Statistical Mechanics and its Applications, 2014, 398: 43-55.

[656] Wang J, Zhu J, Yang H, et al. Reliable path selection problem in uncertain traffic network after natural disaster[J]. Mathematical Problems in Engineering, 2013: 1-5.

[657] Wang J. Dynamics of urban fire correlations with detrended fluctuation analysis[J]. Journal of Risk Analysis and Crisis Response, 2011, 1(2): 126-132.

[658] Wang K, Ma Z. Age-based policy for blood transshipment during blood shortage[J]. Transportation Research Part E: Logistics and Transportation Review, 2015, 80: 166-183.

[659] Wang L, Ma Q, Song Z, et al. N400 and the activation of prejudice against rural migrant workers in China[J]. Brain Research, 2011, 1375: 103-110.

[660] Wang L, Xu Y, Wang Y, et al. The epidemiological investigation and intelligent analytical system for foodborne disease[J]. Food Control, 2010, 21(11): 1466-1471.

[661] Wang M, Burlacu G, Truxillo D, et al. Age differences in feedback reactions: The Roles of employee feedback orientation on social awareness and utility[J]. Journal of Applied Psychology, 2015, 100(4): 1296-1308.

[662] Wang Q, Zhao L, Huang R, et al. Interaction of media and disease dynamics and its impact on emerging infection management[J]. Discrete and Continuous Dynamical System B, 2015, 20(1): 215-230.

[663] Wang S, He Y, Zou J, et al. A flame detection synthesis algorithm[J]. Fire Technology, 2014, 50(4): 959-975.

[664] Wang S, He Y, Zou J, et al. Early smoke detection in video using swaying and diffusion feature[J]. Journal of Intelligent and Fuzzy Systems Applications in Engineering and Technology, 2014, 26(1): 267-275.

[665] Wang S, Rong J, Zhou D, et al. A swaying object detection algorithm[J]. Proceedings of SPIE - The International Society for Optical Engineering, 2013, 8878(4): 32.

[666] Wang S, Shang W. Forecasting direction of China security index 300 movement with

least squares support vector machine[J]. Procedia Computer Science, 2014, 31: 869-874.

[667] Wang S, Yu L, Tang L, et al. A novel seasonal decomposition based least squares support vector regression ensemble learning approach for hydropower consumption forecasting in China[J]. Energy, 2011, 36(11): 6542-6554.

[668] Wang T, Liu Z, Xiu B, et al. Characterizing the evolution of social computing research[J]. IEEE Intelligent Systems, 2014, 29(5): 48-56.

[669] Wang T, Zhang Q, Liu Z, et al. On social computing research collaboration patterns: a social network perspective[J]. Frontiers of Computer Science, 2012, 6(1): 122-130.

[670] Wang W, Jiao P, He D, et al. Autonomous overlapping community detection in temporal networks[J]. Knowledge-Based Systems, 2016, 110(C): 121-134.

[671] Wang W, Liu D, Liu X, et al. Fuzzy overlapping community detection based on local random walk and multidimensional scaling[J]. Physica A: Statistical Mechanics and its Applications, 2013, 392(24): 6578-6586.

[672] Wang W, Pan L, Yuan N, et al. A comparative analysis of intra-city human mobility by taxi[J]. Physica A: Statistical Mechanics and its Applications, 2015, 420: 134-147.

[673] Wang W, Tang M, Zhang H F, et al. Epidemic spreading on complex networks with general degree and weight distributions[J]. Physical Review E, 2014, 90(4): 042803.

[674] Wang W, Wang X G, Zhou X. Impacts of Californian dams on flow regime and maximum/minimum flow probability distribution[J]. Hydrology Research, 2011, 42(4): 275-289.

[675] Wang W, Yuan N, Pan L, et al. Temporal patterns of emergency calls of a metropolitan city in China[J]. Physica A: Statistical Mechanics and its Applications, 2015, 436: 846-855.

[676] Wang W, Zhang Z Z, Wang X G, et al. Evaluation of using the modified water deficit index derived from MODIS vegetation index and land surface temperature products for monitoring drought[C]// Geoscience and Remote Sensing Symposium (IGARSS), 2012 IEEE International. IEEE, 2012: 5951-5954.

[677] Wang X Z, Liu Y, Zhang H. Sentiment analysis of name entity for text[J]. International Journal of Software Engineering and Knowledge Engineering, 2016.

[678] Wang X Z, Zhang H M, Zhao J H, et al. An interactive web-based analysis framework for remote sensing cloud computing[J]. ISPRS Annals of Photogrammetry, Remote Sensing and Spatial Information Sciences, 2015.

[679] Wang X, Huang Y, Ma Q, et al. Event-related potential P2 correlates of implicit aesthetic experience[J]. Neuroreport, 2012, 23(14): 862-866.

[680] Wang X, Jia Y, Chen R, et al. Improving text categorization with semantic knowledge

in Wikipedia[J]. IEICE Transactions on Information and Systems, 2013, 96(12): 2786-2794.

[681] Wang X, Jin X, Chen M, et al. Topic mining over asynchronous text sequences[J]. IEEE Transactions on Knowledge and Data Engineering, 2012, 24(1): 156-169.

[682] Wang X, Liu Y, Zhang H, et al. Public health emergency management and multi-source data technology in China[J]. Intelligent Automation and Soft Computing, 2017: 1-8.

[683] Wang X, Luo X, Liu H. Measuring the veracity of web event via uncertainty[J]. Journal of Systems and Software, 2015, 102: 226-236.

[684] Wang X, Luo X, Zhang H, et al. Outbreak power measurement for evolution course of web events[J]. International Journal of Web Engineering and Technology, 2016, 15(3&4): 226-248.

[685] Wang X, Ma Q, Wang C. N400 as an index of uncontrolled categorization processing in brand extension[J]. Neuroscience Letters, 2012, 525(1): 76-81.

[686] Wang X, Ruan J, Shi Y. A recovery model for combinational disruptions in logistics delivery: Considering the real-world participators[J]. International Journal of Production Economics, 2012, 140(1): 508-520.

[687] Wang X, Wu X. A novel knowledge representation method based on ontology for natural disaster decision-making[C]. Computer Science and Automation Engineering (CSAE), 2012 IEEE International Conference on. IEEE, 2012, 3: 241-245.

[688] Wang X, Zeng D, Seale H, et al. Comparing early outbreak detection algorithms based on their optimized parameter values[J]. Journal of Biomedical Informatics, 2010, 43(1): 97-103.

[689] Wang X, Zhang H, Liu Y. Sentence vector model based on implicit word vector expression[J]. IEEE Access, 2018, 6: 17455-17463.

[690] Wang X, Zhang H, Wang J, et al. Sentiment analysis of name entity for text[C]// SEKE. 2016: 37-41.

[691] Wang X, Zhang H, Xu Z. Public sentiments analysis based on fuzzy logic for text[J]. International Journal of Software Engineering and Knowledge Engineering, 2016, 26(09n10): 1341-1360.

[692] Wang X, Zhang H, Yuan S, et al. Sentiment processing of social media information from both wireless and wired network[J]. EURASIP Journal on Wireless Communications and Networking, 2016(1): 164.

[693] Wang X, Zhang H. Propagation of social emotion in cyber space based on cognitive social psychology[J]. IEEE Access, 2017, 5: 1005-1012.

[694] Wang Y, Han C, Liu L. Network analysis of the inter-organizational collaboration

in emergency management system of China[C]. IEEE International Conference on Systems, Man, and Cybernetics, 2013: 1271-1275.

[695] Wang Y, Hu X, Dai W, et al. Vocal emotion of humanoid robots: a study from brain mechanism[J]. The Scientific World Journal, 2014, 2014.

[696] Wang Y, Wu C, Ji Z, et al. Non-parametric change-point method for differential gene expression detection[J]. PLOS One, 2011, 6(5): e20060.

[697] Wang Y, Yao F, Liu K. The safety efficiency of an overhead lines undergrounding of cities cabling project[J]. 4th International Conference on Risk Analysis and Crisis Response, RACR 2013, 2013: 427-433.

[698] Wang Y, Zhou Y, Liu Y, et al. A grid-based clustering algorithm for wild bird distribution[J]. Frontiers of Computer Science, 2013, 7(4): 475-485.

[699] Wang Z, Chen Y F, Tjosvold D, et al. Cooperative goals and team agreeableness composition for constroversy in China[J]. 2010.

[700] Wang Z, Liang W, Hu X. A metaheuristic based on a pool of routes for the vehicle routing problem with multiple trips and time windows[J]. Journal of the Operational Research Society, 2014, 65(1): 37-48.

[701] Wang Z, Wang H W, Qi C, et al. A resource enhanced HTN planning approach for emergency decision-making[J]. Applied intelligence, 2013, 38(2): 226-238.

[702] Wei D, Zhou T, Cimini G, et al. Effective mechanism for social recommendation of news[J]. Physica A: Statistical Mechanics and its Applications, 2011, 390(11): 2117-2126.

[703] Wei J, Bu B, Liang L. Estimating the diffusion models of crisis information in micro blog[J]. Journal of Informetrics, 2012, 6(4): 600-610.

[704] Wei J, Guo X, Marinova D, et al. Industrial SO2 pollution and agricultural losses in China: Evidence from heavy air polluters[J]. Journal of Cleaner Production, 2014, 64: 404-413.

[705] Wei J, Jia R, Marinova D, et al. Modeling pollution control and performance in China's provinces[J]. Journal of Environmental Management, 2012, 113: 263-270.

[706] Wei J, Lei Z, Wei Y, et al. Collective behavior in mass incidents: a study of contemporary China[J]. Journal of Contemporary China, 2014, 23(88): 715-735.

[707] Wei J, Wang F, Zhao D. A risk perception model: simulating public response to news reports in China[J]. Information Research, 2012, 17(2).

[708] Wei J, Wang H, Fan J, et al. Corporate accidents, media coverage, and stock market responses: Empirical study of the Chinese listed firms[J]. Chinese Management Studies, 2013, 7(4): 617-630.

260

[709] Wei J, Zhao D, Marinova D. Disaster relief drivers: China and the US in comparative perspective[J]. China An International Journal, 2013, 11(2): 93-116.

[710] Wei M, Li X, Yu L. Time-dependent fuzzy random location-scheduling programming for hazardous materials transportation[J]. Transportation Research Part C: Emerging Technologies, 2015, 57: 146-165.

[711] Wei W, Lu J G, Galinsky A D, et al. Regional ambient temperature is associated with human personality[J]. Nature Human Behaviour, 2017, 1(12): 890.

[712] Wei W, Ma J, Wang L. The warm side of coldness: Cold promotes interpersonal warmth in negative contexts[J]. British Journal of Social Psychology, 2015, 54(4): 712-727.

[713] Wei W, Wang L, Shang Z, et al. Non-sympathetic FRN responses to drops in others' stocks[J]. Social Neuroscience, 2015, 10(6): 616-623.

[714] Wei X, Luo X, Li Q. Improving the compression efficiency for news web service using semantic relations among webpages[J]. International Journal of Cognitive Informatics and Natural Intelligence (IJCINI), 2013, 7(2): 49-64.

[715] Wei X, Lv W, Song W. Rescue route reselection model and algorithm for the unexpected accident[J]. Procedia Engineering, 2013, 62: 532-537.

[716] Wei X, Mai X, Lv W, et al. Microscopic character and movement consistency of pedestrian group: An experimental study in campus[J]. Fire Safety Science, 2014, 11: 1103-1114.

[717] Wei X, Song W, Lv W, et al. Defining static floor field of evacuation model in large exit scenario[J]. Simulation Modelling Practice and Theory, 2014, 40: 122-131.

[718] Wei X, Song W, Lv W. Study on exit flow rate of an one-exit room[J]. Applied Mechanics and Materials, 2013, 444-445: 1569-1573.

[719] Wei Z W, Wang B H, Han X P. Renormalization and small-world model of fractal quantum repeater networks[J]. Scientific Reports, 2013, 3: 1222.

[720] Wu J, Ge Y, Shi Z, et al. Response inhibition in adolescent earthquake survivors with and without posttraumatic stress disorder: A combined behavioral and ERP study[J]. Neuroscience Letters, 2010, 486(3): 117-121.

[721] Wu J, Yuan Y, Cao C, et al. The relationship between response inhibition and posttraumatic stress symptom clusters in adolescent earthquake survivors: An event-related potential study[J]. Scientific Reports, 2015, 5: 8844.

[722] Wu J, Yuan Y, Duan H, et al. Long-term academic stress increases the late component of error processing: An ERP study[J]. Biological Psychology, 2014, 99: 77-82.

[723] Wu L, Liu S, Fang Z, et al. Properties of the GM(1,1) with fractional order

accumulation[J]. Applied Mathematics and Computation, 2015, 252: 287-293.

[724] Wu L, Liu S, Yang Y, et al. Multi-variable weakening buffer operator and its application[J]. Information Sciences, 2016, 339: 98-107.

[725] Wu L, Liu S, Yang Y. A gray model with a time varying weighted generating operator[J]. IEEE Transactions on Systems, Man, and Cybernetics: Systems, 2016, 46(3): 427-433.

[726] Wu L, Liu S, Yang Y. A model to determine OWA weights and its application in energy technology evaluation[J]. International Journal of Intelligent Systems, 2015, 30(7): 798-806.

[727] Wu L, Liu S, Yang Y. Grey double exponential smoothing model and its application on pig price forecasting in China[J]. Applied Soft Computing, 2016, 39: 117-123.

[728] Wu L, Liu S, Yao L, et al. Using fractional order accumulation to reduce errors from inverse accumulated generating operator of grey model[J]. Soft Computing, 2015, 19(2): 483-488.

[729] Wu N, Yang R, Zhang H. An advanced fire estimation model for decentralized building control[C]. Building Simulation. Tsinghua University Press, 2015, 8(5): 579-591.

[730] Wu Y, Xue Y, Wang H, et al. Extension of power system early-warning defense schemes by integrating typhoon information[C]. International Conference on Sustainable Power Generation and Supply, 2013.

[731] Wu Z, Liu X. Emergency strategy of civic critical infrastructure to the urgent events[C]. Advanced Materials Research. Trans Tech Publications, 2011, 317: 2091-2096.

[732] Xiao T, Li T. Research on the civil-military integration system of military oil storage and supply[J]. Acta Armamentarii, 2011, 32(SUPPL. 1): 134-138.

[733] Xiao Y, Wang B, Wu B, et al. A hybrid human dynamics model on analyzing hotspots in social networks[J]. Discrete Dynamics in Nature and Society, 2012, 2012.

[734] Xiao Y, Wang B, Wu B, et al. Experimental study of choice behavior during building evacuation considering long-range auditory information and particular groups[J]. Journal of Applied Fire Science, 2014, 24(2): 335-357.

[735] Xie J R, Jiang R, Ding Z J, et al. Dynamical traffic light strategy in the Biham-Middleton-Levine model[J]. Physical Review E, 2013, 87(2): 022812.

[736] Xie K, Chen G, Wu Q, et al. Research on the group decision-making about emergency event based on network technology[J]. Information Technology and Management, 2012, 12(2): 137-147.

[737] Xie K, Liu J, Chen G, et al. Group decision-making in an unconventional emergency

situation using agile Delphi approach[J]. Information Technology and Management, 2012, 13: 351-361.

[738] Xie K, Liu J, Chen Y, et al. Escape behavior in factory workshop fire emergencies: a multi-agent simulation[J]. Information Technology and Management, 2014, 15(2): 141-149.

[739] Xie K, Zhang Z, Zhang Z, et al. Effects of managerial response on consumer eWOM and hotel performance: evidence from TripAdvisor[J]. International Journal of Contemporary Hospitality Management, 2016, 28(9).

[740] Xie N, Liu S. Interval grey number sequence prediction by using non-homogenous exponential discrete grey forecasting model[J]. Journal of Systems Engineering and Electronics, 2015, 26(1): 96-102.

[741] Xie W, Ho B, Meier S, et al. Rank reversal aversion inhibits redistribution across societies[J]. Nature Human Behaviour, 2017, 1(8): 0142.

[742] Xie X, Liu H, Gan Y. Belief in a just world when encountering the 5•12 Wenchuan earthquake[J]. Environment and Behavior, 2011, 43(4): 566-586.

[743] Xie X, Stone E, Zheng R, et al. The 'Typhoon Eye Effect': determinants of distress during the SARS epidemic[J]. Journal of Risk Research, 2011, 14(9): 1091-1107.

[744] Xie X, Wang M, Zhang R, et al. The role of emotions in risk communication[J]. Risk Analysis: An International Journal, 2011, 31(3): 450-465.

[745] Xie Y, Qu Y, Li C, et al. Online multiple instance gradient feature selection for robust visual tracking[J]. Pattern Recognition Letters, 2012, 33(9): 1075-1082.

[746] Xie Y, Zhang W, Qu Y, et al. Discriminative subspace learning with sparse representation view-based model for robust visual tracking[J]. Pattern Recognition, 2014, 47(3): 1383-1394.

[747] Xu B, Liu L, You W. Importance of tie strengths in the prisoner's dilemma game on social networks[J]. Physics Letters A, 2011, 375(24): 2269-2273.

[748] Xu E H W, Wang W, Xu C, et al. Suppressed epidemics in multirelational networks[J]. Physical Review E, 2015, 92(2): 022812.

[749] Xu J, Peng Z. People at risk of influenza pandemics: The evolution of perception and behavior[J]. PLOS One, 2015, 10(12): e0144868.

[750] Xu K, Guo X, Li J, et al. Discovering target groups in social networking sites: An effective method for maximizing joint influential power[J]. Electronic Commerce Research and Applications, 2012, 11(4): 318-334.

[751] Xu L, Wang H, Chen J. Application of Extreme Value Analysis to Extreme Drought Disaster Area in China[M]// Modeling Risk Management for Resources and

Environment in China. Springer Berlin Heidelberg, 2011.

[752] Xu Q, Shen Q, Chen P, et al. How an uncertain cue modulates subsequent monetary outcome evaluation: an ERP study[J]. Neuroscience Letters, 2011, 505(2): 200-204.

[753] Xu Q, Zu Z, Xu Z, et al. Space P-based empirical research on public transport complex networks in 330 cities of China[J]. The Journal of Transportation Systems Engineering and Information Technology, 2013, 13(1): 193-198.

[754] Xu X, Zhong M, Chu B, et al. Study on optimized evacuation route of a commercial street based on microscopic model[R]. TRB 91th Annual Meeting, 2012: 1-26.

[755] Xu X, Zhong M, Shi C. An optimization algorithm for exit choice and its application in theater evacuation[J]. Journal of Northeastern University (Natural Science Edition), 2013, 34(1): 44-52.

[756] Xu X, Zhong M, Shi C. An optimization algorithm for exit choice and its application in theater evacuation. Journal of Northeastern University (Natural Science Edition), 2013, 34(S1): 44-52.

[757] Xu Y, Da Q, Wang H. A note on group decision-making procedure based on incomplete reciprocal relations[J]. Soft Computing, 2011, 15(7): 1289-1300.

[758] Xu Y, Wang H, Palacios-Marqués D. An interactive approach based on alternative achievement scale and alternative comprehensive scale for multiple attribute decision making under linguistic environment[J]. International Journal of Computational Intelligence Systems, 2013, 6(1): 87-95.

[759] Xu Y, Wang H. Approaches based on 2-tuple linguistic power aggergation operators for multiple attribute group decision making under linguistic environment[J]. Applied Soft Computing, 2011, 11(5): 3988-3997.

[760] Xu Y, Wang H. Approaches based on 2-tuple linguistic power aggregation operators for multiple attribute group decision making under linguistic environment[J]. Applied Soft Computing, 2011, 11(5): 3988-3997.

[761] Xu Y, Wang H. Distance measure for linguistic decision making[J]. Systems Engineering Procedia, 2011, 1: 450-456.

[762] Xu Z, Li T. A comparative study on pheromone updating strategies of MP2AS for VRP[C]. 2011 International Conference on System Science, Engineering Design and Manufacturing Informatization, 2011, 2: 142-145.

[763] Xu Z, Liu Y, Mei L, et al. Crowd Sensing Based Burst Computing of Events Using Social Media[J]. International Journal of Distributed Sensor Networks, 2015, 2015: 1-8.

[764] Xu Z, Luo X, Mei L, et al. Measuring the semantic discrimination capability of association relations[J]. Concurrency and Computation: Practice and Experience,

2014, 26(2): 380-395.

[765] Xu Z, Luo X, Yu J, et al. Measuring semantic similarity between words by removing noise and redundancy in web snippets[J]. Concurrency and Computation: Practice and Experience, 2011, 23(18): 2496-2510.

[766] Xu Z, Xu W, Shao W, et al. Real-time pricing control on generation-side: optimal demand-tracking model and information fusion estimation solver[J]. IEEE Transactions on Power Systems, 2014, 29(4): 1522-1535.

[767] Xu Z, Yuan Y, Ji S. A decision analysis framework for emergency notification: the case of the Sichuan earthquake[J]. International Journal of Emergency Management, 2009, 6(2): 227-243.

[768] Xu Z, Zhang H, Hu C, et al. Building knowledge base of urban emergency events based on crowdsourcing of social media[J]. Concurrency and Computation: Practice and Experience, 2016, 28(15): 4038-4052.

[769] Xu Z, Zhang H, Sugumaran V, et al. Participatory sensing-based semantic and spatial analysis of urban emergency events using mobile social media[J]. EURASIP Journal on Wireless Communications and Networking, 2016, 2016(1): 44.

[770] Xu Z, Zu Z, Zheng T, et al. Comparative analysis of the effectiveness of three immunization strategies in controlling disease outbreaks in realistic social networks[J]. PLOS One, 2014, 9(5): e95911.

[771] Xue C, Ge Y, Tang B, et al. A meta-analysis of risk factors for combat-related PTSD among military personnel and veterans[J]. PLOS One, 2015, 10(3): e0120270.

[772] Xue L. China's Crisis Management on H1N1 Flu in 2009[M]. Springer, 2017.

[773] Yan K S, Rong L L, Yu K. Discriminating complex networks through supervised NDR and Bayesian classifier[J]. International Journal of Modern Physics C, 2016, 27(05): 1650051.

[774] Yan S, Liu S, Liu J, et al. Dynamic grey target decision making method with grey numbers based on existing state and future development trend of alternatives[J]. Journal of Intelligent and Fuzzy Systems, 2015, 28(5): 2159-2168.

[775] Yan X Y, Han X P, Wang B H, et al. Diversity of individual mobility patterns and emergence of aggregated scaling laws[J]. Scientific Reports, 2013, 3: 2678.

[776] Yan X Y, Han X P, Zhou T, et al. Exact solution of the gyration radius of an individual's trajectory for a simplified human regular mobility model[J]. Chinese Physics Letters, 2011, 28(12): 120506.

[777] Yang B, Fang S, Zhao J. The study on the coupling model of unconventional incidents[J]. Kybernetes, 2012, 41(5-6): 664-673.

[778] Yang C, Guo Q, Meng X, et al. Revisiting performance in big data systems: an resource decoupling approach[C]// Proceedings of the 2017 Symposium on Cloud Computing. ACM, 2017: 639-639.

[779] Yang F, Wang Y, Pei J, et al. Electronic markets selection in supply chain with uncertain demand and uncertain price[J]. Mathematical Problems in Engineering, 2015, 2015.

[780] Yang F, Yang Q, Huang W. Multi-agents model of prevention and control emergencies with isolation measure[J]. Journal of Convergence Information Technology, 2012, 7(22): 492-499.

[781] Yang F, Yang Q, Liu X, et al. SIS evolutionary game model and multi-agent simulation of an infectious disease emergency[J]. Technology and Health Care, 2015, 23(s2): S603-S613.

[782] Yang F, Yang Q. Multi-agents model of active defense mode with immunization vaccination in unconventional emergencies management[J]. International Journal of Advancements in Computing Technology, 2012, 4(19): 607-616.

[783] Yang H X, Wang B H. Universal role of migration in the evolution of cooperation[J]. Chinese Science Bulletin, 2011, 56(34): 3693-3696.

[784] Yang H X, Wang W X, Xie Y B, et al. Transportation dynamics on networks of mobile agents[J]. Physical Review E, 2011, 83(1): 016102.

[785] Yang H, Tang M, Gross T. Large epidemic thresholds emerge in heterogeneous networks of heterogeneous nodes[J]. Scientific Reports, 2015, 5: 13122.

[786] Yang H, Tang M, Lai Y. Traffic-driven epidemic spreading in correlated networks[J]. Physical Review E, 2015, 91(6): 062817.

[787] Yang H, Tang M, Zhang H F. Efficient community-based control strategies in adaptive networks[J]. New Journal of Physics, 2012, 14(12): 123017.

[788] Yang L, Liu S, Li J, et al. Information-based evacuation experiment and its cellular automaton simulation[J]. International Journal of Modern Physics C, 2009, 20(10): 1583-1596.

[789] Yang L, Liu S, Rao P, et al. Subconscious environmental information perceiving behavior and its attenuation in information-based evacuation experiment[J]. International Journal of Modern Physics C, 2012, 23(7): 1250049.

[790] Yang L, Rao P, Zhu K, et al. Observation study of pedestrian flow on staircases with different dimensions under normal and emergency conditions[J]. Safety Science, 2012, 50(5): 1173-1179.

[791] Yang L, Su G, Yuan H. Design principles of integrated information platform for

emergency responses: The Case of 2008 Beijing Olympic Games[J]. Information Systems Research, 2012, 23(3-part-1): 761-786.

[792] Yang Q, Wu X, Zhou X, et al. Diverging effects of clean versus dirty money on attitudes, values, and interpersonal behavior[J]. Journal of Personality and Social Psychology, 2013, 104(3): 473-489.

[793] Yang Q, Yang F, Yu Y. Multi-agent computational experiment on twice-linked model of unconventional emergencies evolution mechanism[J]. Journal of Computers, 2013, 8(4): 1035-1042.

[794] Yang R, Li X, Zhang T. Analysis of linkage effects among industry sectors in China's stock market before and after the financial crisis[J]. Physica A: Statistical Mechanics and its Applications, 2014, 411(10): 12-20.

[795] Yang S, Liu W. Anomaly detection on collective moving patterns: a hidden Markov model based solution[C]. 2011 IEEE International Conferences on Internet of Things, and Cyber, Physical and Social Computing. IEEE, 2011, 291-296.

[796] Yang S. On feature selection for traffic congestion prediction[J]. Transportation Research Part C: Emerging Technologies, 2013, 26: 160-169.

[797] Yang Y, Hao C. Product selection for promotion planning[J]. Knowledge and information systems, 2011, 29(1): 223-236.

[798] Yang Y, Jia Q S, Deconinck G, et al. Distributed coordination of EV charging with renewable energy in a microgrid of buildings[J]. IEEE Transactions on Smart Grid, 2018, 9(6): 6253-6264.

[799] Yang Y, Jia Q S, Guan X, et al. Decentralized EV-Based Charging Optimization With Building Integrated Wind Energy[J]. IEEE Transactions on Automation Science and Engineering, 2018 (99): 1-16.

[800] Yang Y, Liu S, John R. Uncertainty representation of grey numbers and grey sets[J]. IEEE Transactions on Cybernetics, 2014, 44(9): 1508-1517.

[801] Yang Z, Zhou T. Epidemic spreading in weighted networks: An edge-based mean-field solution[J]. Physical Review E, 2012, 85(5): 056106.

[802] Yao J, Huang J, Chen G, et al. A new coupled-map car-following model based on a transportation supernetwork framework[J]. Chinese Physics B, 2013, 22(6): 145-153.

[803] Yao J, Lin F, Liu B. H ∞ control for stochastic stability and disturbance attenuation in a class of networked hybrid systems[J]. IET Control Theory and Applications, 2011, 5(15): 1698-1708.

[804] Yao J, Su Y, Guo Y, et al. Exponential synchronisation of hybrid impulsive and switching dynamical networks with time delays[J]. IET Control Theory and

Applications, 2013, 7(4): 508-514.

[805] Yao W, Huang H, Shen S, et al. Fire risk mapping based assessment method applied in performance based design[J]. Fire Safety Journal, 2013, 56: 81-89.

[806] Yao X, Han C, Wan S. Incomplete Strategy in Minority Game Model[C]. Advanced Materials Research, 2013, 629: 735-740.

[807] Ye L, Wang Y, Qiang C. Energy efficiency measures for airlines: An application of virtual frontier dynamic range adjusted measure[J]. Journal of Renewable and Sustainable Energy, 2016, 8(1): 207-232.

[808] Ye W, Fang Z, Xu R, et al. A quality detection GFTA-GERT model for trunk airplanes based on multi-core distributed coordination network[J]. Journal of Grey System, 2015, 27(3).

[809] Ye X, Bing X, Zhu L. A deadlock detection method for inter-organizational business process based on role network model[J]. Advances in Information Sciences and Service Sciences, 2011, 3(10).

[810] Yin S, Jing R. A schematic view of crisis threat assessment[J]. Journal of Contingencies and Crisis Management, 2014, 22(2): 97-107.

[811] Yu H, Liu H. Robust multiple objective game theory[J]. Journal of Optimization Theory and Application, 2013, 159(1): 272-280.

[812] Yu H, Zhai J. The distribution-free newsvendor problem with balking and penalties for balking and stockout[J]. Journal of Systems Science and Systems Engineering, 2014, 23(2): 153-175.

[813] Yu K, Lin W, Wang L, et al. The role of affective commitment and future work self salience in the abusive supervision-job performance relationship[J]. Journal of Occupational and Organizational Psychology, 2016, 89(1): 28-45.

[814] Yu L, Dai W, Tang L, et al. A hybrid grid-GA-based LSSVR learning paradigm for crude oil price forecasting[J]. Neural Computing and Applications, 2016, 27(8): 2193-2215.

[815] Yu L, Dai W, Tang L. A novel decomposition ensemble model with extended extreme learning machine for crude oil price forecasting[J]. Engineering Applications of Artificial Intelligence, 2016, 47: 110-121.

[816] Yu L, Lai K K. A distance-based group decision making methodology for multi-person multicriteria emergency decision support[J]. Decision Support Systems, 2011, 51(2): 307-315.

[817] Yu L, Li J, Tang L, et al. Linear and nonlinear Granger causality investigation between carbon market and crude oil market: A multi-scale approach[J]. Energy Economics,

2015, 51: 300-311.

[818] Yu L, Li J, Tang L. Dynamic volatility spillover effect analysis between carbon market and crude oil market: a DCC-ICSS approach[J]. International Journal of Global Energy Issues, 2015, 38(4-6): 242-256.

[819] Yu L, Wang S, Lai K K, et al. A multiscale neural network learning paradigm for financial crisis forecasting[J]. Neurocomputing, 2010, 73(4-6): 716-725.

[820] Yu L, Wang S, Lai K. Developing an SVM-based ensemble learning system for customer risk identification collaborating with customer relationship management[J]. Frontiers of Computer Science in China, 2010, 4(2): 196-203.

[821] Yu L, Wang S, Wen F, et al. Genetic algorithm-based multi-criteria project portfolio selection[J]. Annals of Operations Research, 2012, 197(1): 71-86.

[822] Yu L, Wang Z, Tang L. A decomposition-ensemble model with data-characteristic-driven reconstruction for crude oil price forecasting[J]. Applied Energy, 2015, 156: 251-267.

[823] Yu L, Yao X, Wang S, et al. Credit risk evaluation using a weighted least squares SVM classifier with design of experiment for parameter selection[J]. Expert Systems with Applications, 2011, 38(12): 15392-15399.

[824] Yu L, Yao X. A total least squares proximal support vector classifier for credit risk evaluation[J]. Soft Computing, 2013, 17(4): 643-650.

[825] Yu L, Zhao Y, Tang L. A compressed sensing based AI learning paradigm for crude oil price forecasting[J]. Energy Economics, 2014, 46: 236-245.

[826] Yu L, Zheng J, Shen W C, et al. BC-PDM: data mining, social network analysis and text mining system based on cloud computing[C]. Proceedings of the 18th ACM SIGKDD International Conference on Knowledge Discovery and Data Mining. ACM, 2012: 1496-1499.

[827] Yu L. An evolutionary programming based asymmetric weighted least squares support vector machine ensemble learning methodology for software repository mining[J]. Information Sciences, 2012, 191: 31-46.

[828] Yu L. Credit risk evaluation with a least squares fuzzy support vector machines classifier[J]. Discrete Dynamics in Nature and Society, 2014, 2014.

[829] Yu M, Tian X, Yu L. Pricing scheme of ocean carrier for inbound container storage for assistance of container supply chain finance[J]. Discrete Dynamics in Nature and Society, 2014, 2014.

[830] Yu W, Li M, Xue C, et al. Determinants and influencing mechanism of outpatient satisfaction: a survey on tertiary hospitals in the People's Republic of China[J]. Patient

Preference and Adherence, 2016, 10: 601.

[831] Yuan C, Liu S, Fang Z. Comparison of China's primary energy consumption forecasting by using ARIMA (the autoregressive integrated moving average) model and GM(1,1) model. Energy, 2016, 100: 384-390.

[832] Yuan S, Chun S A, Spinelli B, et al. Traffic evacuation simulation based on multi-level driving decision model[J]. Transportation Research Part C: Emerging Technologies, 2017, 78: 129-149.

[833] Yuan W, Wang L. Optimism and attributional style impact on the relationship between general insecurity and mental health[J]. Personality and Individual Differences, 2016, 101: 312-317.

[834] Zang L J, Cao C, Cao Y N, et al. A survey of commonsense knowledge acquisition[J]. Journal of Computer Science and Technology, 2013, 28(4): 689-719.

[835] Zang L, Wang W, Chen B, et al. The double-level default description logic D3L[C]// International Conference on Knowledge Science, Engineering and Management. Springer, Cham, 2015: 141-146.

[836] Zang L, Wang W, Wang Y, et al. A Chinese framework of semantic taxonomy and description: preliminary experimental evaluation using web information extraction[C]// International Conference on Knowledge Science, Engineering and Management. Springer, Cham, 2015: 275-286.

[837] Zeng B, Liu S, Xie N. Prediction model of interval grey number based on DGM(1,1)[J]. Journal of Systems Engineering and Electronics, 2010, 21(4): 598-603.

[838] Zeng D, Chen H, Lusch R, et al. Social media analytics and intelligence[J]. IEEE Intelligent Systems, 2010, 25(6): 13-16.

[839] Zeng D, Wei D, Chau M, et al. Domain-specific Chinese word segmentation using suffix tree and mutual information[J]. Information Systems Frontiers, 2011, 13(1): 115-125.

[840] Zeng W, Zeng A, Liu H, et al. Similarity from multi-dimensional scaling: Solving the accuracy and diversity dilemma in information filtering[J]. PLOS One, 2014, 9(10): e111005.

[841] Zeng W, Zeng A, Liu H, et al. Uncovering the information core in recommender systems[J]. Scientific Reports, 2014, 4: 6140.

[842] Zhan J, Sha Y, Yan J. Design and implementation of logistics vehicle monitoring system based on the SaaS model[C]// Fifth International Conference on Business Intelligence and Financial Engineering. IEEE, 2012.

[843] Zhan S L, Liu N, Ye Y. Coordinating efficiency and equity in disaster relief logistics

via information updates[J]. International Journal of Systems Science, 2014, 45(8).

[844] Zhan S L, Liu N. Determining the Optimal Decision Time of Relief Allocation in Response to Disaster via Relief Demand Updates[M]. Taylor & Francis, Inc. 2016.

[845] Zhang B, Li X, Wang S. A novel case adaptation method based on an improved integrated genetic algorithm for power grid wind disaster emergencies[J]. Expert Systems with Applications, 2015, 42(21): 7812-7824.

[846] Zhang F, Yang Z, Zhong S, et al. Exploring mean annual precipitation values (2003-2012) in a specific area (36 ° N-43 ° N, 113 ° E-120 ° E) using meteorological, elevational, and the nearest distance to coastline variables[J]. Advances in Meteorology, 2016: 1-13.

[847] Zhang F, Zhong S, Huang Q, et al. Pre-Evaluation of Contingency Plans for Meteorological Disasters Based on LINMAP Method[M] Foundations of Intelligent Systems. Springer Berlin Heidelberg, 2014.

[848] Zhang F, Zhong S, Sun C, et al. Ontology-based modeling and reasoning framework for disastrous meteorological events[J]. Journal of Computational Information Systems, 2015, 11(11): 3867-3873.

[849] Zhang F, Zhong S, Sun C, et al. Research scheme on pre-assessment theory and method for influences of disastrous meteorological events[J]. International Journal of Advances in Management Science, 2014, 3(4): 117-121.

[850] Zhang F, Zhong S, Yang Z, et al. Spatial estimation of losses attributable to meteorological disasters in a specific area (105.0 ° E-115.0 ° E, 25 ° N-35 ° N) Using Bayesian Maximum Entropy and Partial Least Squares Regression[J]. Advances in Meteorology, 2016: 1-16.

[851] Zhang F, Zhong S, Yang Z, et al. Spatial Estimation of Mean Annual Precipitation (1951-2012) in Mainland China Based on Collaborative Kriging Interpolation[M]. Geo-Informatics in Resource Management and Sustainable Ecosystem. Springer, Berlin, Heidelberg, 2015: 663-672.

[852] Zhang F, Zhong S, Yao S, et al. Ontology-based representation of meteorological disaster system and its application in emergency management: Illustration with a simulation case study of comprehensive risk assessment[J]. Kybernetes, 2016, 45(5): 798-814.

[853] Zhang H F, Yang Z, Wu Z X, et al. Braess's paradox in epidemic game: better condition results in less payoff[J]. Scientific Reports, 2013, 3: 3292.

[854] Zhang H T, Wang N, Chen M Z Q, et al. Spatially quantifying the leadership effectiveness in collective behavior[J]. New Journal of Physics, 2010, 12(12): 123025.

[855] Zhang H, Zhang J, Li P, et al. Risk estimation of infectious diseases determines the effectiveness of the control strategy[J]. Physica D: Nonlinear Phenomena, 2011, 240(11): 943-948.

[856] Zhang H, Zhang J, Zhou C, et al. Hub nodes inhibit the outbreak of epidemic under voluntary vaccination[J]. New Journal of Physics, 2010, 12(2): 023015.

[857] Zhang J H, Li T, Wang C. Research on agile mobilization mode from the perspective of civil-military integration[J]. Acta Armamentarii, 2011, 32(SUPPL. 1): 15-19.

[858] Zhang J, Li J, Liu Z. Multiple-resource and multiple-depot emergency response problem considering secondary disasters[J]. Expert Systems with Applications, 2012, 39(12): 11066-11071.

[859] Zhang J, Li Q, Luo X, et al. A multi-level text representation model within background knowledge based on human cognitive process[C]// Cognitive Informatics and Cognitive Computing (ICCI* CC), 2013 12th IEEE International Conference on. IEEE, 2013: 324-331.

[860] Zhang J, Shen S, Yang R. Asymmetric information in combating terrorism: Is the threat just a bluff?[J]. Tsinghua Science and Technology, 2010, 15(5): 604-612.

[861] Zhang J, Shen S, Yang R. The impacts of adaptive attacking and defending strategies on mitigation of intentional threats[J]. Kybernetes, 2010, 39(5): 825-837.

[862] Zhang J, Wang C. System dynamics simulation of the civil-military integrated innovation system of military enterprises[J]. Journal of Beijing Institute of Technology (English Edition), 2013 (1): 106-113.

[863] Zhang J, Zhang Q. Research on optimization models about production flexibility of China refined oil supply chain under normal conditions[J]. Journal of Convergence Information Technology, 2013, 8(10): 887.

[864] Zhang K, Ye W, Zhao L. The absolute degree of grey incidence for grey sequence base on standard grey interval number operation[J]. Kybernetes, 2012, 41(7-8): 934-944.

[865] Zhang L, Jia Y, Zhu X, et al. User-level sentiment evolution analysis in microblog[J]. China Communications, 2014, 11(12): 152-163.

[866] Zhang L, Li L, He Z, et al. Improving chinese word segmentation on micro-blog using rich punctuations[C]// Proceedings of the 51st Annual Meeting of the Association for Computational Linguistics (Volume 2: Short Papers). 2013, 2: 177-182.

[867] Zhang L, Liu X, Li Y, et al. Emergency medical rescue efforts after a major earthquake: lessons from the 2008 Wenchuan earthquake[J]. The Lancet, 2012, 379(9818): 853-861.

[868] Zhang L. Modeling the Injury Flow Following the Major Earthquake in China[M].

Elsevier, 2015.

[869] Zhang M, Huang J, Zhu J. Reliable facility location problem considering facility failure scenarios[J]. Kybernetes, 2012, 41(10): 1440-1461.

[870] Zhang M, Huang J., Zhu J. Facility Location Problem considering Facility Failure Scenario[J]. Systems Engineering Procedia, 2011: 87-94.

[871] Zhang P, Chen B, Ma L, et al. The large scale machine learning in an artificial society: Prediction of the Ebola outbreak in Beijing[J]. Computational Intelligence and Neuroscience, 2015, 2015: 6.

[872] Zhang P, Deng Q, Liu X, et al. Emergency-oriented Spatial-temporal Trajectory Pattern Recognition by Intelligent Sensor Devices[J]. IEEE Access, 2017, 5: 3687-3697.

[873] Zhang P, Yang R, Liu X, et al. A GIS-based urban vulnerability and emergency response research after an earthquake disaster[C]// the Second ACM SIGSPATIAL International Workshop. ACM, 2016.

[874] Zhang S, Luo X, Xuan J, et al. Discovering small-world in association link networks for association learning[J]. World Wide Web, 2014, 17(2): 229-254.

[875] Zhang W, Ding G, Chen L, et al. Generating virtual ratings from Chinese Reviews to augment online recommendations[J]. ACM Transactions on Intelligent Systems and Technology (TIST), 2013, 4(1): 9.

[876] Zhang W, Zu Z, Xu Q, et al. Optimized strategy for the control and prevention of newly emerging influenza revealed by the spread dynamics model[J]. PLOS One, 2014, 9(1): e84694.

[877] Zhang X L, Weng W G, Yuan H Y, et al. Empirical study of a unidirectional dense crowd during a real mass event[J]. Physica A: Statistical Mechanics and its Applications, 2013, 392(12): 2781-2791.

[878] Zhang X, Guan N, Jia Z, et al. Semi-supervised projective non-negative matrix factorization for cancer classification[J]. PLOS One, 2015, 10(9): e0138814.

[879] Zhang X, Guan N, Tao D, et al. Online multi-modal robust non-negative dictionary learning for visual tracking[J]. PLOS One, 2014, 10(5): e0124685.

[880] Zhang X, Jiang K, Wang H, et al. An improved bean optimization algorithm for solving TSP[C]. International Conference in Swarm Intelligence. Springer, Berlin, Heidelberg, 2012: 261-267.

[881] Zhang X, Su G, Chen J, et al. Iterative ensemble Kalman filter for atmospheric dispersion in nuclear accidents: An application to Kincaid tracer experiment[J]. Journal of Hazardous Materials, 2015, 297: 329-339.

[882] Zhang X, Su G, Yuan H, et al. Modified ensemble Kalman filter for nuclear accident

atmospheric dispersion: Prediction improved and source estimated[J]. Journal of Hazardous Materials, 2014, 280: 143-155.

[883] Zhang Y W, Qi J Y, Fang B X, et al. The indicator system based on BP neural network model for net-mediated public opinion on unexpected emergency[J]. China Communications, 2011, 8(2): 42-51.

[884] Zhang Y, Huai M. Diverse work groups and employee performance: The role of communication ties[J]. Small Group Research, 2016, 47(1): 28-57.

[885] Zhang Y, Jia Q S. Operational optimization for microgrid of buildings with distributed solar power and battery[J]. Asian Journal of Control, 2017, 19(3): 996-1008.

[886] Zhang Y, Waldman D A, Han Y L, et al. Paradoxical leader behaviors in people management: Antecedents and consequences[J]. Academy of Management Journal, 2015, 58(2): 538-566.

[887] Zhang Y, Zhang W, Xie Y. Improved heuristic equivalent search algorithm based on maximal information coefficient for Bayesian network structure learning[J]. Neurocomputing, 2013, 117: 186-195.

[888] Zhang Y. Functional diversity and group creativity: The role of group longevity[J]. The Journal of Applied Behavioral Science, 2016, 52(1): 97-123.

[889] Zhang Z K, Zhou T, Zhang Y C. Tag-aware recommender systems: a state-of-the-art survey[J]. Journal of Computer Science and Technology, 2011, 26(5): 767.

[890] Zhang Z, Li X, Li H. A quantitative approach for assessing the critical nodal and linear elements of a railway infrastructure[J]. International Journal of Critical Infrastructure Protection, 2015, 8: 3-15.

[891] Zhang Z, Li X. The optimal manufacturer's reserve investment and government's subsidy policy in emergency preparedness[J]. Journal of Inequalities and Applications, 2013, 2013(1): 62.

[892] Zhang Z, Wang M, Shi J. Leader-follower congruence in proactive personality and work outcomes: The mediating role of leader-member exchange[J]. Academy of Management Journal, 2012, 55(1): 111-130.

[893] Zhao B, Zhang W S, Liu J, et al. High-order mrf prior based bayesian deblurring[J]. International Journal of Digital Content Technology and its Applications, 2011.

[894] Zhao D, Wang F, Wei J, et al. Public reaction to information release for crisis discourse by organization: Integration of online comments[J]. International Journal of Information Management, 2013, 33(3): 485-495.

[895] Zhao H, Yan N, Zhang R, et al. Optimization of emergency management and rescue command decision mode in coal mine[J]. Disaster Advances, 2013, 6: 149-155.

274

[896] Zhao L, Cheng J, Qian Y, et al. USEIRS model for the contagion of individual aggressive behavior under emergencies[J]. Simulation, 2012, 88(12): 1456-1464.

[897] Zhao L, Cui H, Qiu X, et al. SIR rumor spreading model in the new media age[J]. Physica A: Statistical Mechanics and its Applications, 2013, 392(4): 995-1003.

[898] Zhao L, Huang W, Gao H, et al. A cooperative approach to reduce water pollution abatement cost in an interjurisdictional Lake Basin[J]. Journal of the American Water Resources Association, 2014, 50(3): 777-790.

[899] Zhao L, Huang W. Models for identifying significant environmental factors associated with cyanobacterial bloom occurrence and for predicting cyanobacterial blooms[J]. Journal of Great Lakes Research, 2014, 40(2): 265-273.

[900] Zhao L, Li C, Huang R, et al. Harmonizing model with transfer tax on water pollution across regional boundaries in a China's lake basin[J]. European Journal of Operational Research, 2013, 225(2): 377-382.

[901] Zhao L, Qian Y, Huang R, et al. Model of transfer tax on transboundary water pollution in China's river basin[J]. Operations Research Letters, 2012, 40(3): 218-222.

[902] Zhao L, Qiu X, Wang X, et al. Rumor spreading model considering forgetting and remembering mechanisms in inhomogeneous networks[J]. Physica A: Statistical Mechanics and its Applications, 2013, 392(4): 987-994.

[903] Zhao L, Wang J, Chen Y, et al. SIHR rumor spreading model in social networks[J]. Physica A: Statistical Mechanics and its Applications, 2012, 391(7): 2444-2453.

[904] Zhao L, Wang J, Huang R, et al. Sentiment contagion in complex networks[J]. Physica A: Statistical Mechanics and its Applications, 2014, 394: 17-23.

[905] Zhao L, Wang J, Huang R. Immunization against the spread of rumors in homogenous networks[J]. PLOS One, 2015, 10(5): e0124978.

[906] Zhao L, Wang Q, Cheng J, et al. Rumor spreading model with consideration of forgetting mechanism: A case of online blogging Live Journal[J]. Physica A: Statistical Mechanics and its Application, 2011, 390(13): 2619-2625.

[907] Zhao L, Wang Q, Cheng J, et al. The impact of authorities' media and rumor dissemination on the evolution of emergency[J]. Physica A: Statistical Mechanics and its Applications, 2012, 391(15): 3978-3987.

[908] Zhao L, Wang X, Qian Y. Analysis of factors that influence hazardous material transportation accidents based on Bayesian networks: A case study in China[J]. Safety science, 2012, 50(4): 1049-1055.

[909] Zhao L, Wang X, Qiu X, et al. A model for the spread of rumors in Barrat-Barthelemy-Vespignani (BBV) networks[J]. Physica A: Statistical Mechanics and its Applications,

2013, 392(21): 5542-5551.

[910] Zhao L, Wang X, Wang J, et al. Rumor propagation model with consideration of refutation mechanism in homogeneous social networks[J]. Dynamics in Nature and Society, 2014, 2014.

[911] Zhao L, Xie W, Gao H O, et al. A rumor spreading model with variable forgetting rate[J]. Physica A: Statistical Mechanics and its Applications, 2013, 392(23): 6146-6154.

[912] Zhao Q, Han L D, Luo N. A proposed semi-quantitative framework for comprehensive risk assessment of urban hazard installations considering rescue accessibility and evacuation vulnerability[J]. Safety Science, 2018, 110: 192-203.

[913] Zhao Q, Su G, Chen J, et al. Crisis management for oil spill at sea in Hainan province[C]. Information Systems for Crisis Response and Management (ISCRAM), 2011 International Conference on. IEEE, 2011: 66-69.

[914] Zhao Y, Chen X, Jia Q S, et al. Long-term scheduling for cascaded hydro energy systems with annual water consumption and release constraints[J]. IEEE Transactions on Automation Science and Engineering, 2010, 7(4): 969-976.

[915] Zhao Z D, Cai S M, Huang J M, et al. Scaling behavior of online human activity[J]. Europhysics Letters, 2012, 100(4): 48004.

[916] Zhao Z D, Xia H, Shang M S, et al. Empirical analysis on the human dynamics of a large-scale short message communication system[J]. Chinese Physics Letters, 2011, 28(6): 068901.

[917] Zhao Z, Liu Y, Tang M. Epidemic variability in hierarchical geographical networks with human activity patterns[J]. Chaos: An Interdisciplinary Journal of Nonlinear Science, 2012, 22(2): 023150.

[918] Zheng L, Chai H, Chen W, et al. Recognition of facial emotion and perceived parental bonding styles in healthy volunteers and personality disorder patients[J]. Psychiatry and Clinical Neurosciences, 2011, 65(7): 648-654.

[919] Zheng X, Zhong Y, Zeng D, et al. Social influence and spread dynamics in social networks[J]. Frontiers of Computer Science, 2012, 6(5): 611-620.

[920] Zhong L, Luo Q, Wen D, et al. A task assignment algorithm for multiple aerial vehicles to attack targets with dynamic values[J]. IEEE Transactions on Intelligent Transportation Systems, 2013, 14(1): 236-248.

[921] Zhong M, Shi C, He L, et al. Full-scale experimental research on fire fume refluence of sloped long and large curved tunnel[J]. Science China Technological Sciences, 2011, 54(1): 89-94.

[922] Zhong S, Liu Y, Wang F, et al. Study on the Application of GIS in Comprehensive

Risk Assessment of Hazardous Chemical Plants[M]// Geo-Informatics in Resource Management and Sustainable Ecosystem. Springer, Berlin, Heidelberg, 2013: 160-170.

[923] Zhong S, Su G F, Wang F, et al. A Preliminary Research on Incident Chain Modeling and Analysis[M]. Geo-Informatics in Resource Management and Sustainable Ecosystem. Berlin, Heidelberg: Springer, 2013: 171-180.

[924] Zhou B, Qin S, Han X P, et al. A model of two-way selection system for human behavior[J]. PLOS One, 2014, 9(1): e81424.

[925] Zhou L, Wei J, Zhao D. Detecting the impacts of socioeconomic factors on regional severity of work-related casualties in China[J]. Human and Ecological Risk Assessment An International Journal, 2014, 20(6): 1469-1490.

[926] Zhou T, Medo M, Cimini G, et al. Emergence of scale-free leadership structure in social recommender systems[J]. PLOS One, 2011, 6(7): e20648.

[927] Zhou X, Chen B, Liu L, et al. An opinion interactive model based on individual persuasiveness[J]. Computational Intelligence and Neuroscience, 2015, 2015: 3.

[928] Zhou X, He L, Yang Q, et al. Control deprivation and styles of thinking[J]. Journal of Personality and Social Psychology, 2012, 102(3), 460-478.

[929] Zhou X, Wildschut T, Sedikides C, et al. Heartwarming memories: Nostalgia maintains physiological comfort[J]. Emotion, 2012, 12(4): 678-684.

[930] Zhou Y, Tang M, Pan W, et al. Bird flu outbreak prediction via satellite tracking[J]. IEEE Intelligent Systems, 2014, 29(4): 10-17.

[931] Zhu D, Xie X, Gan Y. Information source and valence: How information credibility influences earthquake risk perception[J]. Journal of Environmental Psychology, 2011, 31(2): 129-136.

[932] Zhu D, Xie X, Xie J. When do people feel more risk? The effect of ambiguity tolerance and message source on purchasing intention of earthquake insurance[J]. Journal of risk research, 2012, 15(8): 951-965.

[933] Zhu J, Gao M, Huang J. A robust approach to vehicle routing for medical supplies in large-scale emergencies[J]. International Symposium on Engineering Management, 2007.

[934] Zhu J, Hipel K. Multiple stages grey target decision making method with incomplete weight based on multi-granularity linguistic label[J]. Information Sciences, 2012, 212: 15-32.

[935] Zhu J, Huang J, Liu D, et al. Connected distribution center location problem under traffic network in emergency management[C]// Computational Sciences and Optimization (CSO), 2012 Fifth International Joint Conference on. IEEE, 2012.

[936] Zhu J, Jia J, Wu J, et al. A modified model of direct estimation method for fine fuel moisture content prediction by considering crown density[J]. Procedia Engineering, 2013, 62: 1015-1022.

[937] Zhu J, Wang Y, Dong X, et al. Real-time evacuation path: unexpectedly increased numbers of evacuees in source nodes[J]. Advanced Materials Research, 2013, 779-780: 6.

[938] Zhu J. Supply Allocation and Vehicle Routing Problem with Multiple Depots in Large-Scale Emergencies[M]// Emergency Management. InTech, 2012.

[939] Zhu L, Guo X, Li J, et al. Hippocampal activity is associated with self-descriptiveness effect in memory, whereas self-reference effect in memory depends on medial prefrontal activity[J]. Hippocampus, 2012, 22(7): 1540-1552.

[940] Zhu L, Guo X, Zheng L, et al. Graded contribution of hippocampus to multifeature binding across temporal delay[J]. Neuroreport, 2010, 21(13): 902-906.

[941] Zhu Q, He K, Zou Y, et al. Day-ahead crude oil price forecasting using a novel morphological component analysis based model[J]. The Scientific World Journal, 2014, 2014.

[942] Zhu T, Wang B, Wu B, et al. Role defining using behavior-based clustering in telecommunication network[J]. Expert Systems with Applications, 2011, 38(4): 3902-3908.

[943] Zhu T, Wang B, Wu B, et al. Topic correlation and individual influence analysis in online forums[J]. In Expert Systems with Applications, 2012, 39(4): 4222-4232.

[944] Zhu T, Wu B, Wang B, et al. Community structure and role analysis in biological networks[J]. Journal of Biomolecular Structure and Dynamics, 2010, 27(5): 573-579.

[945] Zhu T, Zhou Y, Zhang Y, et al. An Efficient Strategy of Building Distributed Index Based on Lucene[C]// International Conference on Web-Age Information Management. Springer, Berlin, Heidelberg, 2013: 40-45.

[946] Zhuang Q, Wang D, Fan Y, et al. Evolution of cooperation in a heterogeneous population with influential individuals[J]. Physica A: Statistical Mechanics and its Applications, 2012, 391(4): 1735-1741.

[947] Zou Y, Yu L, He K. Estimating Portfolio value at risk in the electricity markets using an entropy optimized BEMD approach[J]. Entropy, 2015, 17(7): 4519-4532.

[948] Zou Y, Yu L, He K. Wavelet entropy based analysis and forecasting of crude oil price dynamics[J]. Entropy, 2015, 17(10): 7167-7184.

成果附录

附录 1　获得国家科学技术奖励项目

"非常规突发事件应急管理研究"获得国家科学技术奖励项目一览表

项目批准号	获奖项目名称	完成人（排名）	完成单位	获奖项目编号	获奖类别	获奖等级	获奖年份
91224008	国家应急平台体系关键技术系统与装备的研究、集成和应用	范维澄等	清华大学	2010-J24000-1-01-D01	J	一等	2010
91024028	电力系统广域监测分析与控制系统的研发及应用	薛禹胜（1）薛峰（7）	国网电力科学研究院华东电网有限公司江苏省电力公司四川省电力公司	2012-J-217-2-05-D01J	J	二等	2012
91024006	XXXXX 仿真推演实验评估系统	刘忠（3）	国防科学技术大学（1）	2012-J-24301-2-04-R03	J	二等	2012
91224005	卫勤决策支持平台构建与应用	张鹭鹭（1）刘源（5）张义（7）	第二军医大学	2014-J-24400-2-05-R01	J	二等	2014
91124002	在线社交网络分析关键技术及系统	贾焰（1）方滨兴（3）	中国人民解放军国防科学技术大学（1）	2015-J-220-2-05-D01	J	二等	2015

注：1. 承担项目的专家获得国家科学技术奖励 5 项，其中国家科学技术进步奖一等奖 1 项（均为第一完成人），国家科技进步奖二等奖 4 项。另有国际学术奖 3 项；省部级奖励 30 项，其中一等奖 12 项，二等奖 18 项（表中未列出）。表中列出了与本重大研究计划资助项目有关的完成人，括号中为排名顺序。

2. "J"代表国家科技进步奖。

附录2 代表性发明专利

"非常规突发事件应急管理研究" 代表性发明专利一览表

项目批准号	发明名称	发明人（排名）	专利号	专利申请时间	专利权人	授权时间
91024031	一种控制指令的发送、响应方法及装置	李湖生（1）	ZL 201410187256.8	2014-05-05	中国安全生产科学研究院	2016-09-14
90924303 91024031	一种广播报警方法	邓云峰（1）郭再富（5）王建光（7）江田汉（8）姜传胜（9）	ZL 201210141318.2	2012-05-09	中国安全生产科学研究院	2014-03-26
91024027	一种模拟多层防护服内部热传递机理的实验测试装置	张和平（2）	ZL 201110024101.9	2011-01-21	中国科学技术大学	2012-10-24
91024028	一种冻雨引发输电线路故障的故障概率在线评估方法	薛禹胜（1）	ZL 201310382127.X	2013-08-28	国网电力科学研究院 国电南瑞科技股份有限公司	2016-12-28
91024030	基于数据流的通用人工社会态势显示方法及装置	陈彬（1）邱晓刚（5）	ZL 201410013947.6	2014-01-13	中国人民解放军国防科学技术大学	2015-08-05
91024032	一种感知服务质量的位置隐私保护方法	孟小峰（1）	ZL 201010193368.6	2010-06-07	中国人民大学	2013-03-13
91024032	一种基于闪存的数据库恢复方法	孟小峰（1）	ZL 201010552789.3	2010-11-19	中国人民大学	2012-10-24
91024032	一种基于位置服务的连续查询隐私保护方法	孟小峰（1）	ZL 2010 1 0195409.5	2010-06-09	中国人民大学	2012-10-10
91224008	一种火灾火源位置及强度估计方法及系统	杨锐（2）张辉（3）姜子炎（4）	ZL 201210187210.7	2012-06-07	清华大学	2014-04-09
91224008	燃气管网泄漏源实时定位分析方法及系统	张辉（1）黄弘（2）刘全义（3）	ZL 201310082010.X	2013-03-14	清华大学	2016-08-10

续表

项目批准号	发明名称	发明人（排名）	专利号	专利申请时间	专利权人	授权时间
91024014	地铁车站及区间隧道现场热烟测试设备及方法	史聪灵（1）	ZL 201010607840.6	2010-12-27	中国安全生产科学研究院	2013-05-08
90924011	一种变异关键词间的提取方法	傅彦（1） 尚明生（4）	ZL 200810045712.X	2008-07-31	电子科技大学	2010-02-10
90924027	一种交互可视化综合集成研讨厅系统	王慧敏（1）	ZL 201110301525.5	2011-09-30	河海大学	2013-05-08
91024006	一种软件定义数据中心网络控制器的最小覆盖部署方法	郭得科（1）刘志（4）	ZL 201410748181.6	2014-12-09	中国人民解放军国防科学技术大学	2015-03-11
91024009	一种时序海量网络新闻的热点事件快速检测方法	王厚峰（1）	ZL 201210229377.5	2012-07-04	北京大学	2014-10-24
91024001	一种图像分割方法及系统	王晓茹（1）	ZL 201210224358.3	2012-6-28	北京邮电大学	2015-02-04
91024028	评估暴雨引发输电线路故障概率的方法	薛禹胜（1）	ZL 2013 1 0380170.2	2013-08-28	国网电力科学研究院 国电南瑞科技股份有限公司	2017-05-10
91024028	评估暴雨引发输电线路故障概率的方法	薛禹胜（1）	ZL 2013 1 0381792.7	2013-08-28	国网电力科学研究院 国电南瑞科技股份有限公司	2016-09-07
91124001	一种海量传感器数据存储与查询方法	丁治明（1）	ZL 2012 1 0093419.7	2012-03-31	中国科学院软件研究所	2014-01-015
91124001	面向物联网智能感知的数据索引建立与查询方法	丁治明（1）	ZL 2012 1 0364724.5	2012-09-26	中国科学院软件研究所	2015-07-01

注：1. 承担项目的专家申报国内专利98项，授权72项；申请国外发明专利4项，授权1项。在项目执行期间，本重大研究计划组织国际会议73次，国内会议150次，多位项目负责人在全国际会议做特邀报告152次。此外，在国内重要会议做特邀报告47次，在国内重要会议做特邀报告20项。表中只列了由本重大研究计划资助，已获授权的代表性发明专利20项。

2. 只列举了与本重大研究资助项目有关的发明人，括号中为排名顺序。

附录3　政策建议目录

"非常规突发事件应急管理研究" 政策建议目录

项目批准号	政策建议	采纳领导和部门	批示内容	时间
91224009	"科学构建社会稳定风险评价体系""社会生态系统治理视角下的中国社会风险评估的理论框架与指标体系新探索""社会稳定风险感知与社会心态报告"	公安部	采纳	2016-03
91224009	关于改善我国安全生产治理体系与能力的建议	国务院副总理马凯	采纳	2015-11
91224009	关于"东方之星"沉船事件事故调查的政策建议	国务院研究室	采纳	2015-06
91224003	加强航运管理和应急机制建设	中央政治局常委/新华社内参	机密	2014-11
91224003	国外危险品运输安全管理经验鉴	上海市市长应雄/上海市应急办	要进一步提高本市危化品道路运输的防范和事故处置能力	2014-07
91024028	关于加强城市安全案例库建设全面提升应急管理信息化水平的建议	深圳市人民政府	此项目很好，我们可给予支持，请杨威同志和伟力同志接洽	2013-11
91224001	天津"8·12"危化品仓库爆炸事件报告	国务院（张高丽、刘延东批示）	采纳	2015年
91224001	关于提升基层特大地震情境下的自救互救能力的建议	四川省委省政府决咨委报告	采纳	2015年
91224001	关于科学实施特大地震生命救援的建议	四川省委省政府决咨委报告	采纳	2015年
91224002	利他缓解癌症病人疼痛	河北省人民医院副院长、肿瘤科主任	采纳	2015-07
91224002	利他缓解癌症病人疼痛	重大肿瘤医院肿瘤科主任、保健科主任	采纳	2015-11
91024023	广西壮族自治区非常规突发事件处置模式及应急管理研究	郭声琨书记/中共广西壮族自治区委员会政策研究室	我在另件已有意见，今后着手要检查采纳应用实践成果	2012-03
91024023	广西壮族自治区非常规突发事件处置模式及应急管理研究	马飚主席/中共广西壮族自治区委员会政策研究室	转道伟同志、胜利同志和应急办阅处	2012-04

续表

项目批准号	政策建议	采纳领导和部门	批示内容	时间
91024023	广西壮族自治区非常规突发事件处置模式及应急管理研究	黄道伟常务副主席/中共广西壮族自治区党委会政策研究室	请应急对《研究报告》认真研办，把广西应急工作做好	2012-03
91024023	广西壮族自治区非常规突发事件处置模式及应急管理研究	危朝安副书记/中共广西壮族自治区党委会政策研究室	采纳	2012-03
91024023	广西壮族自治区非常规突发事件处置模式及应急管理研究	金远辉秘书长/中共广西壮族自治区党委会政策研究室	采纳	2012-03
90924303/91024031	建议北京市构建重大突发事件（巨灾）情景的建议	北京市郭金龙、王安顺等重要领导批示，北京市应急办组织开展了北京市特大级端突发事件情景构建研究	请市应急办研究有关方案：一、首先就我市目前的暴雨防汛预案进行研究……二、启动我市特大级暴雨突发事件情景构建，补充我市应急体系。提出框架方案后先做研究一次	2012-08
91024031	关于完善甬温线特别重大铁路交通事故调查过程中的建议	获得国务院总理温家宝同志的重要批示	采纳	2011-08
91324203	芦山地震灾后重建对策建议	国家行政学院送阅件	采纳	2015年
91324203	上海"12·31"踩踏事件的反思与建议	新华社内参	采纳	2015年
90924303/91024031	由繁到简简化优化我国应急预案体系	时任国务院秘书长马凯等领导同志批示，国务院应急办进行了专题调研，并发布了《突发事件应急预案管理办法》	请亚庆同志并应急办阅研，如何根据实践经验教训逐步完善各级应急类应急预案，可先做深入研究	2011-08
91224008	关于完善股市熔断机制与加强金融风险治理的建议	国务院领导	采纳	2016-01
91224008	关于我国应对巴黎系列恐怖袭击事件的政策建议	中央某部门领导	采纳	2015-11
91224008	关于加强我国生产安全治理体系顶层设计的建议	国务院领导	采纳	2015年
91224008	中国基因检测的临床应用亟待加强监管	国务院领导	采纳	2016-08

续表

项目批准号	政策建议	采纳领导和部门	批示内容	时间
91224008	关于创新监管，暂缓出台《网络预约出租汽车经营服务管理暂行办法》的建议	国务院领导	采纳	2016-04
91224008	关于改善我国安全生产治理体系与能力的建议	国务院某部门	采纳	2015-11
91224008	关于提升我国公共卫生应急体系水平，加强公共卫生领域国际合作的建议	国务院领导	采纳	2015-10
90924009	重庆突发事件应对条例（参与制定）	重庆市应急办	采纳	2011-08
90924009	重庆市九龙坡区十二五应急建设专项规划	重庆市九龙坡区政府	采纳	2011-11
90924010	关于预防及应对人群踩踏事故的若干建议	湖北省政协	采纳	2015-01
90924004	2008—2012年度上海应急管理报告	上海市政府	采纳	2013-01
90924004	上海市闵行区突发事件应急体系建设"十二五"规划研究报告	上海市闵行区突发公共事件应急管理委员会	采纳	2011-03
90924004	关于互联网突发群体性事件新动向	中宣部舆情局	采纳	2012-10
90924004	国际恐怖主义的新变化与新动向	上海市科技信息领导小组办公室	采纳	2015-10
90924004	重大城市基础设施（高架及地面）建设社会维稳风险影响及处置对策研究报告	上海市建设委、交通委、重大工程办	采纳	2015-12
91024010	创新网络社会管理，构建虚拟和谐社会	成都市人大常委会主任王东洲同志	新时期网络传递作用愈加显现，其作用远超出人们想象。运用得当与否，对执政起着关键影响，这已为实践所证实。刘怡君博士利用自己研究成果为我们上了生动一课，反应十分良好，希望这些成果能在各级政府产生更大、更积极影响，从而更好为贯彻十八大、建设美丽中国发挥更好作用	2012-12

续表

项目批准号	政策建议	采纳领导和部门	批示内容	时间
90924030	上海应加大危险化学品在运输环节中的安全管理	上海市市长韩正	有数据，有分析，有对策建议，很好。请安监局会经信委、环保、交通等有关部门认真研究，提出工作方案	2011-02
90924030	上海轨交空气污染问题应引起高度重视	上海市市长	请环保局研究	2016-08
90924030	上海轨交空气污染问题应引起高度重视	上海市副市长	请市交通委、申通集团阅研	2016-08
90924030	高度重视"应急避难所"建设，大幅提升城市防灾减灾保障能力	上海市副市长	请市规划局、市建交委重视研究，并逐步创造条件落实此事	2012-06
90924030	上海空气污染已到危险关头，亟待出重拳强化治理	上海市政府副秘书长	请将"专家反映"材料送市环保局、市建交委和市交通和港口局阅研，并目根据分析内容，研究制定相应的管理和遏止措施	2014-01
91024017	天津市应急平台	天津市应急办	提高了应急管理工作效率	2012 年
91024017	应急演练系统	天安门地区管理委员会	是重大活动预案和演练的重要技术支撑	2013 年
90924029	全面推进互联网治理系统化研究，确保国家长治久安	教育部科学技术委员会	转发刘延东、路甬祥、陈至立、韩启德、国务院办公厅、国家发改委、工信部、国家自然科学基金委、袁贵仁、杜玉波、鲁昕等	2011-06
90924029	美国《网络空间国际战略》及我国应对策略	教育部科学技术委员会	转发刘延东、路甬祥、韩启德、陈至立、国务院办公厅、国家发改委、工信部、国家自然科学基金委、袁贵仁、杜玉波、鲁昕等	2011-05
90924029	微博政治与社会影响力日益凸显，应加快构建引导微博健康发展的长效机制。	教育部科学技术委员会	转发刘延东、路甬祥、陈至立、韩启德、国务院办公厅、国家发改委、工信部、国家自然科学基金委、袁贵仁、杜玉波、鲁昕等	2011-08

续表

项目批准号	政策建议	采纳领导和部门	批示内容	时间
91024020	建议我省尽快完善突发事件预警信息统一发布系统	湖北省人大常委会副主任周洪宇	建议很好。请转教育厅刘传铁厅长阅研	2013-09
91024007	基于混合空间关联分析的应急预警网格划分系统	上海市奉贤区城市应急联动中心（具有应用证明）	采用	2013 年
91024007	互联网＋食品安全溯源信息系统	江苏省扬州市江都区（具有应用证明）	采用	2014 年
91224005	玉树地震应急医学救援评估报告	国家卫生部	采纳	2013 年
91224005	军队抗震救灾卫勤保障实证研究报告	总后勤部	采纳	2013 年
91224005	芦山地震应急医学救援调研报告	总后勤部	采纳	2014 年
91224005	"打仗型"卫勤体制研究成果	《解放军报》内参	采纳	2014 年

附录4　成果应用目录

"非常规突发事件应急管理研究"成果应用目录

项目批准号	应用内容	应用单位	应用单位主要评价	时间
91224008	Assisting Public Health Emergency Operations Centre; 参与整体的回顾，把WHO各个国家的系统与国的系统互联互通，建立互联互通的标准、包括数据、软件、设备等	WHO	You(Hui Zhang) and your team made remarkable contributions to WHO's work by assisting Public Health Emergency Operations Centre Network (EOC-NET) secretaries	2015-06
90924301	分布式交互应急演练仿真服务平台	国家行政学院	面向决策指挥人员的突发事应急指挥仿真演练	2015年
91024031	为国务院应急管理办公室起草发布《突发事件应急预案管理办法》提供技术支撑	国务院应急管理办公室	项目研究成果为《突发事件应急预案管理办法》编制提供了理论与方法基础	2011—2012
91024031	北京市重大突发事件（巨灾）情景构建	北京市应急管理办公室	项目研究成果为"北京市重大突发事件（巨灾）情景构建"提供了理论与方法基础	2013—2014
91024031	我国石油化工行业重大突发事件情景构建研究	国家安全生产应急救援指挥中心	项目研究成果为"我国石油化工行业重大突发事件情景构建研究"提供了理论与方法基础	2013—2014
91024031	我国应急物资管理体制机制研究	国家发展改革委经济运行调节局	项目研究成果为开展"我国应急物资管理体制机制研究"提供了理论与方法基础	2012—2013
91024031	为国家行政学院建设"突发事件应急推演系统"提供技术支持，并研制开发了软件应用系统。	国家行政学院应急管理培训中心	项目研究成果为开展"突发事件应急推演系统"建设提供了理论与方法基础，研制开发的软件应用系统可满足应急推演需要。	2012—2014
91024031	为深圳市开展"城市公共安全评估和白皮书编制"提供技术支持。	深圳市应急管理办公室	项目研究成果为开展"城市公共安全评估和白皮书编制"提供了理论与方法基础，是我国首次编制发布城市公共安全白皮书，具有创新性。	2012—2013
91024031	为青岛市编制"青岛市安全生产基础设施专项规划"提供技术支持	青岛市安全生产监督管理局	项目研究成果为开展"青岛市安全生产基础设施专项规划"提供了理论与方法基础	2012—2013
91024031	开展"十三五"规划前期重大课题研究——"十三五"应急体系建设研究	国家发展改革委规划司	项目研究成果为开展《"十三五"应急体系建设研究》提供了理论与方法基础。	2014年

续表

项目批准号	应用内容	应用单位	应用单位主要评价	时间
91024031	为《国家突发事件应急体系建设"十三五"规划》编制提供技术支持	国务院应急管理办公室	项目研究成果为《国家突发事件应急体系建设"十三五"规划》编制提供了理论与方法基础,首次将基于"情景-任务"的集成应用方法应用于应急体系建设规划,具有创新性和指导性	2015—2016
90924303/91024031	为《国家突发事件应急体系建设"十二五"规划》编制提供技术支持	国务院应急管理办公室	为《国家突发事件应急体系建设"十二五"规划》编制提供了理论与方法基础	2010—2011
90924303	为"安全生产应急管理'十二五'规划"编制提供技术支持	国家安全生产应急救援指挥中心	为"安全生产应急管理'十二五'规划"编制提供了理论与方法基础	2010—2011
90924303	为《重庆市安全保障型城市发展规划(2011—2015年)》编制提供技术支持	重庆市安全生产监督管理局	为《重庆市安全保障型城市发展规划(2011—2015年)》编制提供了理论与方法基础	2009—2010
91024027	北京市十大巨灾情景构建之一的"燃气多门站停气事件情景构建"	北京市城市公共设施事故应急指挥部、北京市政市容应急管理委员会	北京市领导多次专题听取汇报并予以充分肯定。相关建议在北京市应急体系"十三五"规划中体现。案例入选国家行政学院应急管理培训中心演练课程	2015年
91224003	上海市社区风险评估体系研究	上海市民政局	贴近上海城市社区特征,具有较强的针对性和实践性,在推广实施过程中获得了较好的社会效果	2013-06-08
91024028	在线跟踪智能电网实际工况与外部环境变化,使得电网调度运行从传统的"离线预案"提升到"在线预警及辅助决策"	国网江西省电力公司	通过气象信息系统、雷电定位系统、覆冰监测系统等获取外部环境信息,在线跟踪电网实际工况与外部环境变化,构筑自适应外部环境的、优化和协调的安全稳定控制体系。系统投运后运行稳定,提高了江西电网对自然灾害的安全防御水平	2012年
91024028	基于智能电网调度技术系统基础平台	华东电力调控分中心	实现了考虑多种自然灾害(台风、雷电、覆冰、暴雨)的大电网安全在线预警,各项应用功能运行稳定,通过对历史场景的反演仿真,验证了系统计算结果的正确性,形成范性	2015年
91024028 91024031 91324018	推行供电系统的防灾准备规划及其案例库构建	深圳市南山供电局	实现了应急准备的问题发现及针对性任务规划,形成范例。构建了南山供电局安全管理案例库,形成基于案例的安全培训工作规范	2013年

续表

项目批准号	应用内容	应用单位	应用单位主要评价	时间
9104024029	沈阳市和平区应急信息管理系统	沈阳市和平区数字和平行管理办公室	提高了沈阳市和平区突发事件应急处置效率。取得了良好的应用效果	2013-12-16
9104024029	国家安全生产应急平台	国家安全生产监督总局信息化工作领导小组办公室	取得良好应用效果	2013-12-18
9104024029	大连市核应急指挥中心建设项目初步设计方案	大连市核应急办公室	对推动大连市核应急指挥中心建设发挥了重要作用	2013-12-26
9104024029	领导辅助决策支持平台开发	大连奇天软件股份有限公司	取得良好应用效果	2013-12
9112024001	感知大数据存储与分析平台	北京未来网络高精尖中心	是物联网感知大数据领域领先的基础软件平台	2017-04
9102024023	宁波市镇海核心区域应急疏散方案	镇海区政府	方案切实有效，优化建议合理可行	2012-03
9122024004	国家核应急监测与演练	环保部核与辐射安全中心，环保部辐射环境监测技术中心	为核应急突发事件模拟演练和预案演练提供了一种新的先进技术手段	2013-03
9122024004	天安门地区运行调度平台	天安门管理委员会	平台圆满完成支撑重大活动演练和活动当天现场指挥、应急调度、全程监测和服务保障等工作	2015-06
9122024004	突发事件预警与信息发布	国家突发事件预警信息发布中心	预警精细化和靶向发布、国家构建统一的服务，推广给全国各级使用，便于统一业务功能升级型等，算法模	2015-05
9122024004	厄瓜多尔国家公共安全一体化平台项目	厄瓜多尔	为气象灾害等突发事件应急管理提供了技术和系统支持，提高了厄瓜多尔国家安全保障水平	2016-04
9122024008	城市脆弱性分析与综合风险评估系统	宁波市人民政府突发公共事件应急管理办公室	该系统整合了我市基础地理信息数据和公共安全专题信息数据，可对我市台风暴雨、危化品、溢油等公共安全风险开展综合评估，实现了对我市公共安全进行脆弱性分析和综合风险评估的重要技术突破，为城市的安全规划和高效应急提供了技术工具，在应用示范中起到了很好的作用和创新性，实现技术员有针对性。实用性、安全	2016-03
90924009	建议组建重庆市九龙坡应急专家委员会，并任委员会副组长与综合应急组召集人	重庆市九龙坡区	参与筹建	2011-06

续表

项目批准号	应用内容	应用单位	应用单位主要评价	时间
90924010	非常规突发事件敏捷应对原理及相关法则被采用	民航管理干部学院突发事件应急管理办公室	有重要的参考价值	2014-04
90924004	上海市青浦区工业园区脆弱性风险管理方法	青浦区科委、工业园区	管用，可操作性好	2012-10
90924004	社会脆弱性的风险管理方法	上海市科协	新方法，解决实际问题效果良好	2012-04
91024010	应用社会燃烧理论，采集和分析网络信息，研判社会稳定态势	北京市公安局第一总队	贵所社会稳定预警研究组牛文元研究员、刘怡君副研究员的提出的社会燃烧理论，并利用先进技术手段，广泛采集网络信息，构建系统仿真模型，提出引导干预策略，实现定性定量相结合的研判社会稳定态势。这些理论成果对我单位评估研判工作提供重要参考依据	2011-03-26
91024010	识别舆情危机，干预策略选择，提高网络突发事件的应对能力	中共唐山古冶区委宣传部	古冶区委宣传部积极创新网络时代下的社会管理，在构建和谐社会的过程中，充分借鉴和应用国家自然科学基金项目"非常规突发事件建模与仿真分析"（主持人：刘怡君副研究员）的研究成果，针对我区2012—2013年间网络环境，在识别舆情危机，干预策略选择，实时决策支持和网络管理实践等方面，提供了大量的理论指导，有效地提高了我区应对突发事件的能力	2013-06-10
91024013	脆弱性评估	上海市奉贤区应急办	良好	2013 年
90924029	2012年十八大召开	国家互联网信息办公室	对维护国内良好互联网环境做出了贡献	2012 年
90924029	2011年、2012年国庆安保	国家互联网信息办公室	对维护国内良好互联网环境做出了贡献	2012 年
90924029	获取高校校园网大学生舆情，进行深入分析和上报	教育部思政司	为了解高校校园舆情动态，特别是维稳时期，发挥了重要作用	2011 年
90924018	食品安全风险交流理论探索	国家食品药品监督管理总局，国家食品安全风险评估中心	对政府的风险交流理论及应用起到奠定性的作用	2015 年

续表

项目批准号	应用内容	应用单位	应用单位主要评价	时间
90924018	全国卫生系统食品安全风险交流培训手册	卫生部食品安全综合协调与卫生监督局，卫生部新闻宣传中心	是政府进行风险交流培训的必备教材	2012年
91024020	建议我省尽快完善突发事件预警信息统一发布系统	湖北省气象局	对湖北省科学防灾具有重要的理论价值和实践指导意义，该建议得到了湖北省人大常委会副主任周洪宇的批示。为了落实省领导批示，我局积极采纳了该建议的研究成果，取得了显著的社会效益	2014-02-13
91024014	地铁试运营大客流运安全分析模型和模拟方法	北京市地铁运营有限公司	已在北京地铁7号线一期工程器口站，及5号线东单站，9号线军博站，亦在线未翠主站，8号线北土城站，13号线勺药居站等多个地铁车站进行了成功应用。已经产生很大社会效益，确保未翠新线开通试运营安全，为车站制定限流方案提供流依据，保障了地铁车站客流运营安全	2012—2015
91024014	地铁客流监控预警系统	北京市地铁运营有限公司	已在北京地铁东单站进行了成功应用。为车站大客流运动态监控，实时预警和限流提供科学支撑，保障了地铁车站客流疏运安全	2012—2015
91024014	地铁试运营大客流运安全理论模型（广州地铁4号线黄村站，深圳地铁9号线红岭北，大剧院站）	广州地铁设计研究院有限公司	成果在我单位设计线路的多个车站得到应用，已经产生很大经济和社会效益，确保了地铁车站的设计和试运营客流运安全，为车站设计提供依据，优化了土建和设备建设方案，降低了建设费用，综合考虑给建设单位可增收节支2300万元。该成果已经在我单位成功应用，值得在国内外轨道交通领域推广应用	2012—2014
91024014	地铁试运营大客流运安全关键技术（苏州地铁1号线，2号线）	苏州轨道交通有限公司	技术成果在苏州轨道交通新线多个车站的应用，已经产生很大社会效益，确保新线开通试运营安全，为车站制定限流客流方案提供依据，保障了地铁车站客流疏运安全。该成果已经在我单位进行成功应用，值得在国内轨道交通领域推广应用	2014-05
90924015	舆情监控和预警系统平台	黑龙江省外宣办，新华社黑龙江省分社	对突发事件，涉及内容安全的敏感话题可以及时发现并报警	2012-04

续表

项目批准号	应用内容	应用单位	应用单位主要评价	时间
90924015	基于网络舆情监督的国家自然灾害综合管理体系及示范工程	国家减灾中心和黑龙江减灾中心	已应用	2012-05
90924015	沈阳民生微博平台	沈阳市纠风办	已应用	2012-06
90924020	消费品质量安全案例采集、分析及预警平台	中国消费者协会	为消费者权益保护提供了重要的技术支撑	2011-06
90924020	消费品质量安全案例采集、分析及预警平台	国家质量监督检验检疫总局	得到了深入应用，为政府工作提供了支撑	2011-06
90924020	消费品质量安全案例采集、分析及预警平台	全国纺织标准化技术委员会	提高了安全监督水平	2011-06
90924025	中国公共危机事件案例知识库	案例知识库面向社会提供开放服务，访问量稳步增加，已获得 3 万多次的访问	在国内唯一提供了中国公共危机事件的开放基础数据和管理平台，产生了积极社会反响，受到公共危机管理教学研究人员及应急管理人员及社会公众的较广泛的关注。	2011-06 至今
90924027	非常规突发水灾害事件应急合作机制与建模仿真、中国极端洪水干旱预警与风险管理关键技术	云南省水利水电科学研究院	重要指导意义、减灾效益显著	2011 年至今
90924027	大洪水和重旱早年份的灾害大数据分析预警与风险管理、综合集成研讨决策业务化应用平台	水利部海河水利委员会	减灾效益达 13 亿元	2012 年至今
90924027	极端洪水干旱预警与风险管理及多主体决策分析关键技术	水利部淮河水利委员会防汛抗旱办公室	技术支撑、减灾效益显著	2010 年至今
90924027	气候变化条件下水灾害应急管理决策支持技术研究	江苏省发展和改革委员会高技术产业处	技术支撑、减灾效益显著	2011 年至今
90924027	大数据驱动的洪早灾害及突发公共事件预警与漳河水量分配管理、综合集成研讨决策业务化应用平台	水利部海河水利委员会漳河上游管理局	减灾效益达 2 亿元／年	2013 年至今
90924027	大数据驱动的洪早监测预警与风险管理关键技术	江苏省防汛抗旱指挥部办公室	重要指导意义、减灾效益显著	2014 年至今

293

续表

项目批准号	应用内容	应用单位	应用单位主要评价	时间
90924027	洪旱灾害数据分析与多利益主体参与的风险管理综合集成研讨决策关键技术	贵州省水文水资源局	技术支撑，减灾效益显著	2011 年至今
90924028	国家综合防灾减灾机制、体制、法制战略研究报告	国家减灾委员会	对于我国防灾减灾体制、机制、法制的战略架构和长远发展具有建设性价值	2012-04
91024007	基于混合时空间关联分析的应急预警网格划分系统	上海市奉贤区城市应急联动中心	好	2013 年
91024007	互联网＋食品安全溯源信息系统	江苏省扬州市江都区	好	2014 年
91024001	旅游突发事件搜索系统	国家旅游局信息中心	旅游突发事件搜索系统已在全国 25 个省市推广使用，用户包括各地旅游局、旅游企业、旅游目的地和广大游客，极大促进了旅游数字化的进程，从而带来良好的经济效益和社会效益	2013 年
91024001	产品质量食品安全互联网舆情监控系统	国家质检总局信息中心	产品质量食品安全互联网舆情监控系统在全国 20 多个省市的质检局进行了运行，系统能够及时地采集用户设定内容的相关数据，为舆情分析与监控提供了快捷、有效、实用的方法	2011 年

附录5　编制标准规范目录

"非常规突发事件应急管理研究" 编制标准规范目录

项目批准号	类别	标准名称	标准号	时间
91224008	国际标准	Security and resilience–Emergency management–Guidelines for capability assessment	ISO 22325	2017-01
91224008	国际行业标准	Framework for a Public Health Emergency Operations Centre		2015-11
91024031	国务院规范性文件	突发事件应急预案管理办法	国办发〔2013〕101号	2013-10-25
91024031	国家发展和改革委规范性文件	应急保障重点物资分类目录（2015年）	发改办运行〔2015〕852号	2015-04-07
91024008	国家标准	自然灾害救助应急响应等级划分基本要求	GB/T 29425—2012	2012-12-31
90924029	国家标准	系统与软件工程服务行为可信监控系统 第1部分：概述和词汇	20120557-T-469	2012年
91024014	国家标准	地铁安全疏散规范	GB/T 33668—2017	2017-05-12
91024001	国家标准	旅游电子商务网站建设技术规范	GB/T 26360—2010	2011-06-01
91024031	地方规范性文件	北京市突发事件应急演练管理办法	京应急委发〔2010〕3号	2010-03-31
91024031	地方规范性文件	北京市突发事件应急演练实施指南	京应急办发〔2011〕11号	2011-10-09
91224004	地方标准	贵州省应急平台体系数据库规范	DB52/T 1119—2016	2016年
91224004	地方标准	贵州省应急平台系统数据采集规范	DB52/T 1120—2016	2016年
91024022	行业标准	生产安全事故应急演练指南	AQ/T 9007—2011	2011-04-19

续表

项目批准号	类别	标准名称	标准号	时间
91024014	行业标准	城市轨道交通试运营前安全评价规范	AQ 8007—2013	2013-10-01
91024031	行业标准	生产安全事故应急演练指南	AQ/T 9007—2011	2011 年
91024022	企业标准	地铁防灾系统热烟测试要求	Q/CYAKY 0001—2012	2012-07-13

注：类别包括国际标准、国家标准、地方标准、行业标准、企业标准等。

索 引

图书在版编目（CIP）数据

非常规突发事件应急管理研究 / 非常规突发事件应急
管理研究项目组编 . — 杭州：浙江大学出版社，2018.12
ISBN 978-7-308-18870-8

Ⅰ.①非… Ⅱ.①非… Ⅲ.①突发事件－公共管理－
研究－中国 Ⅳ.①D63

中国版本图书馆 CIP 数据核字（2018）第 293802 号

非常规突发事件应急管理研究
非常规突发事件应急管理研究项目组 编

丛书统筹	国家自然科学基金委员会科学传播中心
	唐隆华 张志旻 齐昆鹏
策划编辑	徐有智 许佳颖
责任编辑	金佩雯
责任校对	候鉴峰
封面设计	程 晨
出版发行	浙江大学出版社
	（杭州市天目山路 148 号 邮政编码 310007）
	（网址：http://www.zjupress.com）
排 版	杭州中大图文设计有限公司
印 刷	浙江海虹彩色印务有限公司
开 本	710mm×1000mm 1/16
印 张	19.5
字 数	291 千
版 印 次	2018 年 12 月第 1 版 2018 年 12 月第 1 次印刷
书 号	ISBN 978-7-308-18870-8
定 价	158.00 元